Элементы ГОРМОНии

Наталья Зубарева

Вальс Гормонов

вес, сон, секс, красота и здоровье
как по нотам

ПРАЙМ

Издательство
АСТ
Москва

УДК 616.43
ББК 54.15
З-91

Зубарева, Наталья Александровна.

З-91 Вальс гормонов: вес, сон, секс, красота и здоровье как по нотам / Наталья Зубарева. — Москва : Издательство АСТ, 2018. — 351,[1] с. : ил. — (Элементы ГОРМОНии).

ISBN 978-5-17-105796-1

Наталья Зубарева — врач, специализирующаяся на гормональном здоровье и питании для баланса эндокринной системы.

В блоге @doctor_zubareva, который читает более 1 миллиона подписчиков, — самые острые темы женского здоровья, бесценные советы и рекомендации, тысячи историй выздоровевших пациенток.

«Вальс гормонов» — это уникальная женская энциклопедия здоровья. Вы узнаете, как:

· снизить вес;

· избавиться от бессонницы;

· нормализовать женский цикл;

· стать красавицей с идеальными кожей, ногтями и волосами;

· почувствовать крылья за спиной и бесконечный приток энергии и сил.

Десятки ответов на самые важные и серьезные вопросы о женском здоровье, о связанных с гормональным дисбалансом проблемах и их решении.

Главное о женском гормональном здоровье простым и понятным языком от самого популярного доктора Instagram.

16+

Популярное издание

Наталья Зубарева

ВАЛЬС ГОРМОНОВ:

вес, сон, секс, красота и здоровье как по нотам

Подписано в печать 29.01.2018. Формат 70×90/16. Печать офсетная.
Усл. печ. л. 25,74. Доп. тираж 30 000 экз. Заказ № 3730.

Общероссийский классификатор продукции ОК-005-93, том 2–953000, книги, брошюры.

ООО «Издательство АСТ» 129085, г. Москва, Звездный бульвар, д. 21, стр. 1, комн. 39

Отпечатано в ООО «Тульская типография». 300026, г. Тула, пр. Ленина, 109.

Макет подготовлен редакцией

ПРАЙМ

ISBN 978-5-17-105796-1

Оглавление

В путь! Пусть эта книга станет вам доброй подругой 9

Глава 1. Соблюдать традиции, ломать стереотипы. Что привело меня в медицину, и почему я стала диетологом. Лечу едой — а как это? 12

Глава 2. Кто командует богиней? Гормоны — это важно .. 22

Глава 3. Что вам нужно знать о гормонах. Девять главных. К каким проблемам приводят гормональные нарушения, и как заметить, что вы в опасности 27

- № 1. Повышенный кортизол 29
- № 2. Повышенный инсулин 30
- № 3. Слишком много тестостерона 32
- № 4. Слишком много эстрогена 34
- № 5. Низкий уровень тиреоидных гормонов 35
- № 6. Высокий уровень лептина 38
- № 7. Низкий уровень соматотропина 40
- № 8 и № 9. Низкий уровень адипонектина и высокий уровень грелина 42

Глава 4. О чем говорят наши анализы. Какие показатели нужно отслеживать регулярно. Клиническийминимум 46

- Общий анализ крови + лейкоцитарная формула 47
- Коагулограмма 50
- Общий белок и альбумин 53
- Липидный спектр 54
- Глюкоза и инсулин 56
- Гормоны щитовидной железы: ТТГ, Т4св, Т3, АТ-ТПО 57
- Пролактин, кортизол 59
- Фолликулостимулирующий (ФСГ) и лютеинизирующий (ЛГ) гормоны 60

Тестостерон 62
Витамин D_3 (25-ОН) 62
Железо сывороточное, ферритин 63
Прогестерон 64
Анализ волос на микроэлементы 67

Глава 5. «Вальс гормонов» и циркадные ритмы. Кто ведет в этом танце? Как настроить организм на правильный лад 70
Немного хронобиологии 70
У гормонов свой график 72
Из «сов» в «жаворонки». Зачем перестраивать режим 75
Как просыпаться правильно 77

Глава 6. Таблетки — самый легкий способ все поправить. Но только на первый взгляд. А на самом деле? 80

Глава 7. Стресс и кортизол. Каков ваш уровень угрозы? Как приручить «плохой» гормон 82
Высокий и низкий уровень кортизола 83
Функции кортизола 86
Долгосрочный эффект увеличения кортизола: от лишнего веса и жира до бессонницы 94
Научный подход 96
10 простых способов «приручить» кортизол 97

Глава 8. Сон и мелатонин. Кому и сколько нужно. Зачем спать и как уснуть, если не хочется 104
Сколько нужно спать? 105
Связь сна и гормонов 106
Еще раз главные факты о мелатонине 108

Глава 9. Заболевания щитовидной железы. Гипотиреоз и АИТ. Щитовидка — королева метаболизма. Правила питания и распределения продуктов в течение дня 111
Признаки, указывающие на заболевания щитовидной железы 112

Психоматика заболеваний щитовидной железы 114
Гипотиреоз 116
Аутоиммунный тиреоидит (АИТ) 122
Гипертиреоз 126

Глава 10. Гиперинсулинемия и инсулинорезистентность. Как предположить, что эти нарушения есть у вас? Таблетки: пить или не пить? 130
Инсулин — друг или враг? 130
Практические советы для снижения уровня инсулина в крови 133
Это страшное слово — инсулинорезистентность 135
Дробное питание. Сколько раз в день нужно есть? 140

Глава 11. КОК. Коварство и любовь. Что делают оральные контрацептивы с вашим организмом. Лечение или маскировка? 148

Глава 12. Менструальный цикл. Гормоны (или физиология), питание и тренировки 161
Общее представление о менструальном цикле 162
Первая фаза: фолликулярная 164
Вторая фаза: овуляция 167
Третья фаза: лютеиновая 171
Четвертая фаза: менструальная 173

Глава 13. СПКЯ. «Поликистоз» истинный и мнимый. Диагностика, критерии и факторы развития. Устранение проявлений СПКЯ без лекарств 176
Психосоматика СПКЯ 177
Так что же за «зверь» такой — СПКЯ? 179
Причины развития СПКЯ 183
Лечение СПКЯ 186

Глава 14. «Не хочу его». Как связаны гормоны и проблемы с либидо. Гармонизируем секс 192
Причины снижения либидо 193
Как вернуть сексуальное влечение 195

Глава 15. Здоровая беременность и вес. Как прийти в норму после родов. Личный опыт 199
Есть не за двоих, а для двоих 199
Витамины для беременных 204
Тренировки и беременность — совместимы ли? 207
Мифы о беременности 210

Глава 16. Витамин-гормон D_3 213
Роль в организме 213
Немного интересных фактов о заболеваниях и симптомах, вызванных дефицитом «гормона D» 217
Если принимать, то что? 220

Глава 17. Жиры в рационе. Высокий холестерин 222
1. Холестерин: хороший и плохой 223
2. Триглицериды 229
3. Фосфолипиды 230
БАДы при высоком холестерине 233

Глава 18. Слишком худым тоже плохо. О чем говорит недостаток массы тела 235
Причины недостаточного веса 237
Что делать, чтобы набрать вес 239

Глава 19. Что делает нас счастливыми. Гормон радости 241
Как связаны серотонин и углеводы 241
Можно ли отказаться от «сладкой жизни»? 244

Глава 20. Здоровый вредный образ жизни. Мифы и правда о ПП 248
Миф 1. Дробное питание 250
Миф 2. Лучший ужин — творог 251
Миф 3. Есть после 18 часов вредно 253
Миф 4. ПП-пирожок — тонкой талии дружок 255
Миф 5. Детокс 256
Миф 6. Без супов желудок «к спине прилипнет» 259
Миф 7. Шоколад вреден 268

Миф 8. Картофель на диете есть нельзя 272
Миф 9. Продукты с «отрицательной» калорийностью 273

Глава 21. «Сушка» вашего тела — мой крик души 277

Глава 22. С чистыми намерениями 282

Глава 23. Фокус на еду. В праздники и в будни. Прекращаем «зажоры», выявляем и боремся с психологическими аспектами пищевой зависимости 290
Переедание — вычислить и обезвредить 290
Переход к ПП — терпение и труд 297
Психологические аспекты пищевой зависимости 302
«О, да, еда!» 307

Глава 24. Баланс калорий и распределение продуктов в течение дня 317
Баланс БЖУ: золотая пропорция 317
Как питаться в течение дня: правила и схемы 319

Глава 25. Еда и спорт 324
Кардиотренировки 324
Силовые тренировки и их роль в процессе жиросжигания 329

Глава 26. Мои лайфхаки красоты 334

Послесловие 339
Приложение 1. Важнейшие гормоны, вырабатываемые в организме человека 341
Приложение 2. Гликемический индекс пищевых продуктов по категориям 345

Наталья Александровна Зубарева

Терапевт, кардиолог, диетолог,
детский диетолог, спортивный нутрициолог.
Член Российского общества диетологов и нутрициологов,
член Российского союза диетологов

Дорогие девчонки! Позвольте называть вас так, без официоза и ненужного пафоса. Потому что эта книга написана, в первую очередь, чтобы стать вам доброй подругой. Такой, которой вы можете «поплакаться в жилетку», пожаловаться на привесы-отеки-хандру, широкую кость, выпадающие из джинсов бока и с завидной регулярностью доводящего вас до белого каления спутника жизни. Той, кому можно с легким сердцем доверить смешное, стыдное, волнующее и очень-очень важное. Сокровенное. Рассказать, что тревожит, портит настроение и мешает быть такой, как вам хочется, — и получить не совет, взятый с потолка или из личного опыта, разного, как каждая из нас, а подкрепленные научной базой и многолетней практикой четкие, понятные и легко исполнимые рекомендации.

Так сложилось, что в моей жизни много женщин — мои родные, близкие подруги, коллеги, знакомые, с которыми так или иначе пересекаюсь, десятки тысяч учениц моей онлайн-школы здоровья и более миллиона подписчиц в Instagram. Поэтому мне известны и очень понятны ваши проблемы, страхи и желания. И еще совершенно точно знаю, что в каждой, даже очень солидной по статусу и весу даме, живет девчонка, с которой я веду свой диалог о здоровье, красоте и женском счастье.

Эта книга — еще одно мое детище, большой научный и творческий проект, в который вложен колоссальный объем знаний и огромный кусок моей души. Я очень хочу, чтобы каждая из вас нашла здесь ответы на свои вопросы, открыла что-то новое и изменила жизнь к лучшему.

Часто достаточно примера со стороны, чтобы понять многое о себе, поэтому, наряду с ценной теоретической информацией и рекомендациями, вы найдете много непридуманных историй из жизни моей и моих пациентов. Тех, с кем мы плечом к плечу боролись с лишними килограммами, гормональными сбоями и удручающими диагнозами, с кем упорно шли вперед, к исполнению мечты: увидеть на весах радующую цифру, влезть в то самое платье, наладить сексуальную жизнь, стать мамой... К тому, чтобы просто быть женщиной, счастливой и гармоничной.

Знаю, сейчас многие из вас задаются вопросом: почему специалист, известный как диетолог, начинает лечить проблемы, не связанные с лишним весом? Не много ли на себя берете, Наталья Александровна? И я отвечу: имею на это полное право. В силу профессионального образования, со всей ответственностью и огромным желанием предостеречь и помочь.

Мне самой выпало пройти долгий путь к своему женскому счастью. Несколько лет пришлось ждать первой беременности, проверяя все, что только можно, и пытаясь лечить то, что именно *лечить* — в обычном понимании — было совершенно не нужно. Потом, наконец-то, рождение дочери, сложное восстановление, неправильно подобранные гинекологом контрацептивы, а вместе с ними — напрочь сбитый гормональный фон и множество попыток забеременеть снова.

Потраченные нервы, выброшенные деньги, подорванное женское здоровье, мои сначала робкие, а затем все более уверенные поиски альтернативного пути решения имеющихся проблем, изучение огромного количества сопутствующей информации и новейших открытий мировой медицины... Я буду рада поделиться с вами всем, что знаю, расскажу, что пришлось пережить мне самой, и помогу вам стать здоровыми, красивыми и счастливыми.

Этой книгой я собираюсь начать целую серию на темы женского здоровья и красоты. В первой я рассматриваю так называемый вальс женских гормонов, нарушение ритма которого приводит женщин к полному гормональному дисбалансу. С помощью моих методик женщины смогут привести в порядок свой «танец», восстановить или приумножить здоровье и женское благополучие. Во второй книге речь пойдет о женской красоте, которая идет изнутри: от идеального баланса гормонов, макро- и микроэлементов. Вы найдете там новые лайфхаки, секреты красоты кожи, волос, ногтей, добавки и БАДы для красоты. А в третьей мы поговорим о проблеме века — пищевых аллергиях и дерматитах (псориаз, астма, экзема) — как лечить их без таблеток, за счет правильного питания и лечебных диет.

Через несколько секунд я приглашу вас перелистнуть страницу, но прежде хочу сказать: миллион спасибо вам, мои дорогие, — за ваше доверие. Отдельно хочу поблагодарить мою семью — родителей, мужа Вадима, дочь Даниэлу, сына Демьяна. Эта книга появилась, потому что вы все есть в моей жизни.

Глава 1

Соблюдать традиции, ломать стереотипы. Что привело меня в медицину, и почему я стала диетологом. Лечу едой — а как это?

Я родилась в маленьком кубанском городке Лабинске. Кто жил в таких местах, тот знает — чуть ли не каждый тобой встреченный если не знакомый, то знакомый знакомого. Все у всех на виду, и мысль «что люди скажут» во многом определяет поведение. На мне с детства лежала огромная ответственность — вести себя так, чтобы никто даже не подумал обо мне ничего плохого. «Ты ведь из семьи врачей, как ты можешь?» — говорили взрослые, когда я попадалась на обычных летних детских шалостях: купание в ледяной горной речке, обрывание свисающих до земли веток с сочными абрикосами, сливами и пачкающей все вокруг шелковицей, а потом поедание этого витаминного клада, конечно, немытым. Будущая врач в шестом поколении прятала за спину фиолетовые руки и клялась, что больше ни-ни!

Читать я выучилась по детским книжкам, но еще до того, как пришло умение складывать буквы в слова, любимым моим занятием было рассматривать красочные медицинские атласы с непонятными тогда картинками, попутно терзая старших вопросами: «А это что? А зачем? А почему?» Умение задавать вопросы, иногда, кажется, совсем лишние, когда все и так вроде бы понятно, пригодится мне потом... Спустя годы я в полной мере оценю бесконечное терпение моих родных, которые ни разу не отправили меня «погулять», но всегда находили время, чтобы ответить, обсудить что-то важное для меня, поддержать интерес и подкинуть новую тему для размышления.

С детства мысль о том, что я буду помогать людям становиться здоровыми, была чем-то самим собой разумеющимся. Я росла, слушая рассказы отца, который еще подростком вместе со своим дедом ходил по горам по долам в поисках целебных трав, зная, что многие болезни можно вылечить без таблеток, а силой самой природы, помноженной на вековые знания. Дома у нас до сих пор хранятся справочники с тремя тысячами наименований растений и подробнейшим описанием их свойств.

Когда я чуть подросла, у нас появилась любимая семейная игра: папа открывал наугад ботанический атлас и говорил название травы, а мы со старшим братом Димой старались друг друга «переумничать», выдавая все свои познания. Ходить в проигравших не хотелось, поэтому ничего не оставалось, кроме как тянуться за знаниями. Уже лет с десяти, вслед за братом, я тихонько сидела в уголке, пока папа вел прием. К этому времени наряду с лечением травами он практиковал как мануальный терапевт. С восторгом наблюдала я каждый раз это чудо: пришедший с пухлой медкартой и бесконечными историями про свои болячки поникший пациент превращается в практически здорового человека, вновь полного планов. От рядового остеохондроза до жесточайшего псориаза, от проблем с желудочно-кишечным трактом до нормализации давления...

Еще 20 лет назад, когда никто слыхом не слыхивал про глютен (кажется, и слова-то такого не было), мой папа опытным путем вывел систему безглютенового питания и с помощью этой диеты лечил своих пациентов от различных видов аллергии.

Лет в 12 у меня приключился жуткий дерматит. Как говорится, ни с того ни с сего, ведь ничем «вредным» я не объедалась, у нас дома питание всегда было простым и полезным. Врачи однозначно прописывали гормональные мази, пугая экземой. Но папа посадил меня на «свою» диету, которую пришлось соблюдать больше года. Режим был жестким: едва ли наберется 15 продуктов в списке разрешенных — но с тех пор и навсегда у меня абсолютно здоровая, гладкая, красивая кожа! Даже подростковые прыщи обошли меня стороной.

В подростковом возрасте, как, наверное, многие девчонки, я грезила о карьере певицы или актрисы... Сейчас смешно вспоминать, как вытанцовывала перед зеркалом с флакончиком лака для волос в руках — он изображал микрофон. К счастью, родные ни разу не дали мне понять, что артистки из меня не выйдет и надо «делом заниматься». В тот год мой старший брат окончил школу и поступил в медицинский — его пример вновь сработал лучше любых нравоучений, и я решила, что пойду вслед за ним.

Поскольку стало понятно, что мы с братом долгие годы теперь будем жить и учиться в Краснодаре, на семейном совете было принято решение переехать в кубанскую столицу всем вместе. Папа перевез и свою клинику — теперь уже не в Лабинск, а в Краснодар со всей России стали приезжать его пациенты. Отучившись в Кубанском государственном медицинском университете по специальности «Лечебное дело», я благополучно пошла в ординатуру. Счастливое стечение обстоятельств плюс мой энтузиазм — и вот я в кардиореанимационном отделении Зиповской больницы.

Больница скорой помощи навсегда останется в моем сердце, это поистине пугающее место оказалось для меня стартовой площадкой, послужило становлению моей личности. Моим первым наставником был заведующий кардиореанимацией Константин Брониславович Зингилевский, доктор медицинских наук, умнейший и грамотнейший врач, удивительно сильная и волевая личность. Крупный, двухметрового роста, с очень строгим взглядом, когда он заходил в ординаторскую и мельком смотрел на меня, мое сердце уходило в пятки, мне все время казалось, что я опять сделала что-то не так, и он пришел «по мою душу». Помню, кричал на весь коридор перед всеми: «Зубарева, курица ты общипанная, ты почему пациенту вместо конкора кордарон назначила?» А потом подходил, протягивал носовой платок и говорил: «Спокойно, Зубарева, в армии не плачут! Сделаем из тебя хорошего бойца». Благодарна ему пожизненно, он для меня был настоящим наставником, лидером, беспрекословным авторитетом. К сожалению, через несколько лет его не стало, но я пронесу эту благодарность через всю свою жизнь.

Представляете, что для меня, фактически девчонки, значила ответственность, которая вдруг легла на мои плечи? Я ловила каждое слово своих наставников, одновременно штудируя справочники, чуть ли не наизусть запоминала результаты анализов своих пациентов, отслеживала изменения, помнила каждого и... страшно расстраивалась, встречая знакомые лица, порой всего через два-три месяца. Мы лечим-лечим, ставим пульс, нормализуем давление, даем рекомендации, да не просто так, а то, что предписано ВОЗ, стандарт из стандартов — и все без толку? Тогда, еще неосознанно, я начала применять свои знания в области диетологии и здорового образа жизни, внося «непорядок» в стройные и давно привычные правила.

Не секрет, что большинство кардиологических больных страдают лишним весом. И у всех без исключения высокий уровень холестерина. Его снижение значительно уменьшает риск развития заболеваний сердца, вероятность возникновения сердечного приступа или смерти от заболевания сердца, даже если человек им уже страдает. Поэтому принято сажать пациента на безхолестериновую диету и выписывать ему антихолестериновые препараты, которые, что греха таить, просто-напросто «убивают» печень, почки и все на свете. Но стоит только прекратить их прием, как все возвращается на круги своя. А что если попробовать нормализовать уровень холестерина исключительно с помощью питания, но подойти к этому вопросу не формально, а копнуть глубже? Я решила использовать все доступные мне знания и наработки, свои и отца, соединив современные научные знания с эмпирическим опытом нетрадиционной медицины.

Уже первые результаты моих пациентов вселили в меня огромный оптимизм. Люди, которые всю жизнь несли на себе груз лишнего веса и связанных с этим проблем, начали худеть, параллельно приходили в норму давление и пульс, исчезала одышка, появлялись силы... Это очень радовало и мотивировало, но о том, чтобы стать диетологом-эндокринологом, я тогда не задумывалась. Не знаю, как дальше складывалась бы моя профессиональная судьба, если бы не страшная трагедия, которая случилась в нашей семье. Погиб мой брат Дима. Именно на него, как на продолжателя династии врачей, возлагал все свои надежды папа. Все рухнуло в одночасье... Для меня до сих пор это очень тяжелая тема, думаю, как для каждого, кто терял близких...

Я немного пришла в себя после ухода Димы, все-таки юность — великое дело, сама жизнь не даст тебе дышать одним только горем. Но смотреть на родителей было невозможно тяжело. Нужно было сделать что-то, чтобы им опять было зачем жить, я должна была подхватить это знамя, совершить что-то такое, чтобы папа мной гордился, вновь зажечь огонь в его глазах. Как я могла этого добиться? Конечно, став лучшим врачом!

Как каждый молодой доктор, который влюблен в свою профессию и хочет в ней развиваться, я буквально жила в отделении. Мне же «спихивали» самых неудобных пациентов: от неплатежеспособных бабушек, плохо помнивших, как их зовут, до суровых краснолицых мужчин с большими животами — эти привыкли, что они самые умные и все решают, а уж позволить какой-то пигалице-врачу собой командовать — да ни в жизнь!

Я была молода и не всегда терпима к «дедовщине», но сейчас вспоминаю все это с такой благодарностью к моим старшим наставникам, врачам, которые десятки лет потратили на то, чтобы стать профессионалами.

Это было высшее благо для меня — находиться рядом с ними, перенимать их опыт и знания. А с пациентами мне всегда было легко. Я как-то умудрялась найти общий язык со всеми, где-то напускной строгостью, которая, как сегодня понимаю, скорее смешила моих взрослых пациентов, чем пугала, где-то лаской и уговорами убеждая следовать рекомендациям. Все это требовало огромного количества энергии и душевных сил.

А еще, как и в любом отделении кардиологии любой больницы мира, мои пациенты иногда умирали. Как и у других врачей. Мне было трудно с этим смириться. Ну как так, еще вчера я с человеком разговаривала, знала все не только про его здоровье, но и про семью, работу, увлечения, пожелала доброй ночи, а утром... Утром узнавала, что его больше нет. Рыдала над каждым. Рыдала еще и из-за сложившейся обстановки на работе. Я, наивная девчонка, думала, что мои успехи в лечении — а по большей части это были все же успехи, — будут радовать коллег, к моим идеям прислушаются... Но все оказалось наоборот. Чем больше пациентов, в том числе таких, которые могут позволить себе выбирать врача и палату, просились «только к Наталье Александровне», тем больше вокруг меня вилось негатива и сплетен. Конечно, были те, на чью поддержку я могла рассчитывать. Елена Леонидовна, Елена Геннадьевна, Наталья Валерьевна — вам низкий поклон и сердечное «спасибо» за искреннее участие в то сложное для меня время. Но основная часть коллектива — уставшие от своей действительно тяжелой работы и жизни женщины в два раза старше — не простили мне ни знаний, ни амбиций, ни цветущей молодости.

Несмотря на то, что на работе я находилась в постоянном стрессе, в личной жизни у меня все складывалось благополучно. К этому моменту я была замужем и мечтала стать мамой. Это сейчас понимаю, что в таких обстоятельствах зачатие было бы чудом, сродни непорочному, но тогда мы безуспешно пытались «сделать ребенка» на протяжении двух лет. Конечно, я пошла к врачам! И разумеется, мне выписали гормональную терапию. Выяснилось, что овуляции у меня не происходило (а откуда она возьмется при хроническом стрессе и зашкаливающем уровне кортизола соответственно?!). Год на таблетках — и вот они, кисты, которые также лечат гормонами, чтобы затем опять начать стимулировать овуляцию.

Поняв, что эта схема лечения смахивает на замкнутый круг, я решила взять на себя полную ответственность за свое здоровье и за будущую беременность. Первым делом избавилась от ненормального режима работы, начала применять методики отца, адаптированные под свои нужды, села на специальную диету, которая помогла нормализовать гормональный фон и давала мне нужное количество полезных веществ, бросила все-все таблетки вопреки советам гинекологов, а потом вместе с мужем отправилась в отпуск, которого у меня не было несколько лет. Из этого счастливого и долгожданного отпуска мы «привезли» Даниэлу.

В декрете я вплотную занялась своим образованием в области эндокринологии и диетологии, училась где только можно, заказывала медицинскую литературу с зарубежных сайтов, ездила по семинарам, прошла первичную специализацию по диетологии и нутрициологии.

В свободном доступе информации на эту тему тогда, как и сейчас, было мало, приходилось все собирать буквально по крупицам.

Когда дочке исполнилось два года, появились первые пациенты, а вместе с ними и мой Instagram. Там я рассказывала об их успехах, делилась рецептами, общалась с тогда еще небольшим количеством подписчиков, понимая, что людям нужны не только рекомендации, а поддержка, участие и мотивация. Возможно, не только мои, но и других специалистов. Ко мне обращались не только пациенты «с нуля», но и жертвы псевдодиетологов и «супертренеров», которые в попытках привести фигуру к идеалу буквально гробили свое здоровье. Посидевшие на «безуглеводке» перед свадьбой невесты ужасались, когда через месяц после торжества набирали килограммов пять, притом что завтракали овсянкой и бананом, фанатки спортзала жаловались на аменорею, любительницы поэкспериментировать над собой с помощью очередной монодиеты не знали, как привести в нормальное состояние тусклые секущиеся волосы и ломающиеся ногти...

Я жалела, что в наших школах не учат относиться к своему здоровью бережно, а питаться — правильно, что знания люди вынуждены черпать обрывками и не всегда из заслуживающих доверия источников, негодовала на «фитоняшек», которые одними своими отфотошопленными ягодицами могли подарить обычной девушке комплекс на всю оставшуюся жизнь, и вдруг меня осенило: если школы нет, я создам ее сама. В режиме онлайн, ведь мы живем в XXI веке, а это значит, что необязательно куда-то ехать или идти, чтобы сесть там за парту и получить нужные знания. Так родился мой обучающий интерактивный проект **#будьхудойнеголовой**, благодаря которому уже очень много людей стали здоровыми, красивыми и счастливыми. Сегодня, летом 2017 года, когда я пишу эту книгу, мою онлайн-школу окончили почти 20 тысяч человек! Успех каждого из них — мой успех, лучшее доказательство того, что моя работа нужна людям, а мои методы — эффективны.

Что я имею в виду, когда говорю, что лечу едой? Это сегодня один из самых часто задаваемых вопросов. Не надо понимать все буквально. Кабачок, авокадо или яйцо действительно нельзя приравнять к таблеткам. Ни к каким, даже самым «безобидным». Вы ведь не верите в безобидность химии, правда? Конечно, есть ситуации, когда без медикаментозного вмешательства не обойтись. Но, уверяю вас, совершенно «обычные» продукты действительно могут произвести кардинальные, волшебные изменения в вашем организме, причем сделать этом максимально мягким и безопасным образом. С помощью правильно подобранных и приготовленных продуктов можно регулировать многие процессы, вплоть до гормонального фона, и успешно решать самые различные проблемы со здоровьем.

!

Да, мой подход не отличается шаблонностью и не всегда соответствует общепринятым меркам. У кого-то из представителей «традиционной» в худшем понимании, закостенелой и негнущейся, как спина Бабы-яги, медицины я, наверное, отбираю хлеб и увожу пациентов. Меня не очень-то любят гинекологи, эндокринологи и диетологи, те, которые с бумажкой о прохождении 30-дневных курсов. Но главное — не они все, а вы, мои дорогие читатели и пациенты. Те, кому я уже помогла и помогу. На личном ли приеме, в онлайн-школе, постами в Instagram или тем, что написала эту книгу, в которой изложила все самое важное и актуальное по своей теме.

Глава 2

Кто командует богиней? Гормоны — это важно

Насколько сильно женщины отличаются от мужчин? Этот вопрос всегда волновал людей. Так было тысячи лет назад, когда слагались мифы вокруг единства и противоположности, взаимопроникновения мужского и женского начал. Так есть сегодня, когда понятия сильного и слабого пола размыты, женщины летают в космос и добывают мамонтов, а мужчины примеряют юбки и с гордостью ведут хозяйство. Идея гендерного равенства охватила умы миллионов людей, и примерно такое же их количество, напротив, весьма аргументированно доказывают — мужчины с Марса, женщины с Венеры.

! Пусть так, пусть все мы, женщины, родом с одной, отличной от «мужской», планеты, но следует помнить, что и на этом, «внутрипланетном» уровне различий больше, чем сходства. Принадлежность к разным расам, национальностям, религиям, социальным группам. Абсолютно разные взгляды на жизнь и на свое место в ней. Вспомним хотя бы, как все это многообразие женских характеров отражено в тех же древнегреческих мифах, от времени создания которых мы, в масштабах Вселенной, в сущности, ушли совсем недалеко!

Есть женщины-Музы и женщины-Мегеры, есть пленяющие красотой Афродиты и есть Немезиды, строгие блюстительницы нравов. Встречаются среди нас олицетворения гармонии и согласия, воплощения соблазна и, напротив, светочи целомудрия. И — кто с этим поспорит — бывает, воинствующая, безжалостная Алекто с регулярностью раз в месяц просыпается в нежной Психее, а несущая раздор и хаос Эрида, родив ребенка, вдруг приобретает черты и привычки матери всего живого Геи.

К чему такой экскурс в мифологию? Да все просто: даже выдуманной женщиной управляют гормоны. Они присутствуют в организме каждой из нас на протяжении всей жизни, и, начиная с момента рождения, нет такого периода, когда мы не чувствовали бы на себе их влияния.

Различные гормоны оказывают очень мощное воздействие на женский организм, в то время как большинство из нас даже и не подозревают об их назначении. Силой их влияния, замаскированного под «голос разума» или «зов сердца», могут быть приняты важнейшие, судьбоносные решения в жизни. И принимаются. И, конечно, не счесть моментов, когда гормоны оказывают влияние на сиюминутные поступки, из которых, в конце концов, подобно мозаике, и складывается наша жизнь. Какая картинка получится в итоге? Будут ли на ней темные пятна?

!

История пациента

Вера обратилась ко мне по поводу, который многие сочли бы не стоящим переживаний. Всего лишь небольшой лишний вес, но ничего особо критичного, просто стрелка весов не идет вниз, хоть ты тресни, — несмотря на старания соблюдать режим питания и здоровую физическую нагрузку. Просто недовольство собой, чувство вины, лавиной накрывающее после регулярных попыток добавить в жизнь ярких красок с помощью «разрешенного» тортика раз в неделю — за которым, увы, следует очередной «зажор». И муж, привычно отмалчивающийся после ее эмоциональных вспышек, которые уже давно перестали случаться только в период ПМС. И дети, чей разговор Вера как-то случайно услышала: «Да у мамы опять крышу рвет...» Ну с кем не бывает? А представьте, если это состояние тянется годами? Вот и моя пациентка, в общем-то, совсем неплохая и нисколько не агрессивная женщина, задумалась о перспективе и реально струхнула. Думала, придет на прием, получит «индивидуальные и специальные» рекомендации по правильному питанию, а вышла с направлениями на анализы. Лишние килограммы, ничем не обоснованная чувствительность и рефлексия, невозможность управлять своими мыслями, эмоциями и реакциями, часто подавленное настроение — звенья одной цепи...

Именно гормональный фон — основа хорошего самочувствия и настроения. И то, какой будет наша жизнь, зависит от женского гормонального здоровья. Поэтому стоит узнать об этом побольше.

Но, прежде чем мы перейдем к обсуждению специальных тем, хочу, чтобы вы на минуту остановились и подумали о том, что отвлекает вас: работа, карьера, чужие проблемы, — все это кажется важнее, чем собственное здоровье. У вас не оказывается времени подумать о себе, и вы не замечаете, как психологический дискомфорт перерастает в физические проблемы (да, так бывает, и мы об этом тоже поговорим). Зачем дожидаться этого момента? Известно же, что болезнь проще предупредить, чем лечить.

Мои дорогие девчонки, пациентки и читательницы! Я призываю вас отбросить все, что мешает вам уделять внимание себе, тому, что интересует и волнует лично вас! Ничего невозможно в этом нет. Забота о своем здоровье, красоте и настроении не требует каких-то фантастических усилий, огромных финансовых вложений и особых условий, в чем вы убедитесь, прочитав эту книгу.

Начинайте менять свою жизнь понемногу, но сейчас. Станьте Богиней — прежде всего, для самой себя. Оставаясь загадкой для мужчин, досконально поймите свою божественную женскую природу и выучите язык, на котором с вами разговаривает ваше тело, усвойте сигналы одобрения и порицания, которые оно вам подает. Сделайте так, чтобы ваш организм был вашим союзником. !

Отношение к себе — вот с чего все начинается. Это не просто слова, а реальные действия. Вы уже сделали выбор и купили эту книгу, предпочтя ее чашке кофе с десертом где-нибудь в кафе. Читаете сейчас, а могли бы посвятить это время какой-нибудь полезной домашней работе, которая обязательно находится. Так продолжайте в том же духе. Занимайтесь тем, что действительно вам нужно. Пляски в клубе до утра в алкогольном угаре, потому что «мне было весело», – это не любовь к себе. Покупка очередного балахончика, скрывающего рыхлые бока, вместе того чтобы оплатить курс массажа или занятия в спортзале, – это не любовь к себе. Съесть «для поднятия настроения» дрянную шоколадку с кучей консервантов – нет, тоже не любовь. Будьте разумны, милые мои! Будьте по-хорошему расчетливы, всегда думая, к чему приведет тот или иной ваш шаг в ваших отношениях с самой собой. Выстраивайте их по любви. И готовьтесь воспринимать очень важную информацию в следующей главе.

Глава 3

Что вам нужно знать о гормонах. Девять главных. К каким проблемам приводят гормональные нарушения, и как заметить, что вы в опасности

Даже если вы далеки от медицины, как балерина Большого театра от проектирования космических ракет, есть вещи, которые вам жизненно необходимо знать. Итак, знакомьтесь —ведущие солисты «вальса гормонов» в нашем организме: кортизол, инсулин, эстроген и тиреоидные гормоны. Когда наша гормональная система здорова, гормоны исполняют свои партии безупречно и «кружатся» по организму в строгом порядке, создавая гармонию и поддерживая гомеостаз.

Гомеостаз, говоря простым языком, это когда у вас ровное, стабильное настроение и вес, вы хорошо спите, вы устойчивы к стрессу, обладаете шикарными густыми волосами, крепкими ногтями, чистой кожей, хорошим пищеварением и не имеете проблем с либидо. Как только гормональная система подвергается воздействию тех или иных факторов, будь то избыток сахара или недостаток полиненасыщенных жиров в рационе, «вальс» превращается в беспорядочный твист или даже брейк-данс, и мы начинаем чувствовать все то, что в народе называется «гормональный сбой».

Факторов, влияющих на темп и мелодию «внутреннего танца», огромное количество. Даже элементарный недосып, прием антибактериальных или противовирусных препаратов, нарушение постоянства микрофлоры кишечника или депрессивные мысли могут привести к полному дисбалансу организма.

На мой взгляд, самый весомый фактор возникновения гормональных проблем — стресс. Понятие это обширное и очень размытое, поэтому подробнее о стрессе, причинах его появления и развития, о наиболее важных гормонах, связанных со стрессом, а также способах нормализации стрессового состояния поговорим в отдельной главе (см. главу 7).

Выделяют девять главных гормонов, уровень которых влияет на гомеостаз организма. Далее мы рассмотрим, к каким неприятностям может привести изменение уровня (повышение или понижение) каждого из них. Чтобы привести их в равновесие, не обязательно сразу же прибегать к лекарствам или пищевым добавкам, для начала стоит попробовать отрегулировать ситуацию, употребляя специально подобранные продукты, которые обладают способностью восстанавливать гормональный баланс.

Девять гормонов, уровень которых влияет на гомеостаз

1. Кортизол	4. Эстроген	7. Соматотропин
2. Инсулин	5. Тиреоидные гормоны	8. Адипонектин
3. Тестостерон	6. Лептин	9. Грелин

№ 1. Повышенный кортизол

Кортизол — гормон, который вырабатывается надпочечниками. Принято считать его гормоном стресса, но также он является гормоном энергии и бодрости. Именно поэтому очень важно уметь управлять циркадными ритмами, не давая кортизолу стать «плохим парнем», а, наоборот, помогая ему работать нам во благо, оставаться для нас источником хорошего настроения и высокой работоспособности.

Повышенный уровень кортизола влечет за собой рост кровяного давления и уровня сахара. Хронически высокие значения этого гормона могут привести к синдрому истощения надпочечников, что сопровождается чувством повышенной усталости или «неловкости» в теле, депрессии, скорому старению, низкой стрессоустойчивости, набору веса, ослаблению иммунной системы.

Признаки, которые могут указывать на повышенный уровень кортизола

- Чувство, будто вы постоянно суетитесь, выполняя одно задание за другим; постоянная тревога и беспокойство без повода.
- «Спасательный круг» в области талии при общем адекватном распределении жира.
- «Все делаю правильно: и тренируюсь, и ем рационально, а вес не уходит».
- Возбудимость и нервозность, чувство паники.
- Тяга к соленому и — реже — к сладкому.
- Неспособность справиться со стрессом.
- Нетерпение, раздражительность с другими людьми.

- Головокружение и дрожь (это может быть также признаком перепроизводства адреналина при низком кортизоле).
- Дрожание рук — обычное следствие высокого кортизола.
- Ускоренное или дробное сердцебиение.
- Проблемы со сном ночью.
- Частая смена настроения или депрессия и проявление мгновенных вспышек злости или ярости.
- Невозможность расслабиться, отпустить мысли вечером и плохой сон.
- Слабые ногти и/или проблемы с кожей, такие как экзема или тонкая кожа.
- Высокое давление или повышенный уровень сахара в крови (или оба симптома).
- Провалы в памяти или недостаточное внимание, особенно во время стресса.
- Низкое либидо.

№ 2. Повышенный инсулин

Естественной реакцией организма при попадании любой пищи в ротовую полость является повышение уровня глюкозы в крови. Компенсаторно, в ответ на это, подже-

К СВЕДЕНИЮ

✷ **Основная функция поджелудочной железы** — производство ферментов для пищеварения. Но в ее структуре имеются скопления специальных эндокринных клеток — островков Лангерганса, названных в честь открывшего их немецкого патологоанатома. В этих островковых клетках вырабатывается гормон инсулин, отвечающий за обмен веществ.

лудочная железа выделяет определенное количество инсулина, в зависимости от того, что вы съели. Инсулин выступает как регулятор уровня глюкозы у нас в крови.

Главная проблема с инсулином в том, что при некоторых условиях восприимчивость клеток организма к нему снижается, и, чтобы вернуть уровень глюкозы к нормальному, требуется больше инсулина — возникает так называемая инсулинорезистентность. Поджелудочная железа, вынужденная вырабатывать все большее количество этого гормона, в какой-то момент перестает справляться с этой задачей, и глюкоза в крови повышается до преддиабетического уровня или даже уровня диабета.

Признаки, которые могут указывать на повышенный уровень инсулина

- Отсутствие чувства насыщения даже после плотного приема пищи, желание вскоре перекусить еще чем- либо, постоянное чувство голода и готовность поесть.
- Индекс массы тела выше 25.

К СВЕДЕНИЮ

✷ **Индекс массы тела, ИМТ** (англ. *body mass index, BMI*) — величина, позволяющая оценить степень соответствия веса человека и его роста и тем самым косвенно оценить избыток или недостаток массы тела. Важен при определении показаний для необходимости лечения.

Рассчитывается по формуле: $\text{ИМТ} = \dfrac{\text{масса тела} \quad (\text{кг})}{(\text{рост})^2\ (\text{м})}$

Измеряется в кг/м².

Нормальными считаются значения от 18,5 до 24,99.

Показатель ИМТ следует применять с осторожностью, исключительно для ориентировочной оценки. Он является лишь одним из факторов, определяющих опасность для здоровья.

- Огромная тяга к сладостям.
- Трудно перестать есть или остановиться после одной порции высокоуглеводной пищи, такой как шоколад, мороженое или картофель фри.
- Уровень сахара в крови натощак выше нормы (норма 3,3–5,5 ммоль/л).
- Уровень инсулина натощак выше нормы (норма 3–25 мкЕД/мл).
- Чувство дрожи, беспокойства или раздраженности между приемами пищи.
- Для женщин объем талии 89 см и больше (на уровне пупка), а для мужчин — 102 см.
- Синдром поликистозных яичников, мультифолликулярные яичники, нерегулярный менструальный цикл, акне, повышенный рост волос, кисты на яичниках.
- Бесплодие.
- Низкий уровень ЛПВП («хорошего» холестерина, мы еще поговорим о нем в следующей главе) и/или высокий уровень триглицеридов.
- Высокое кровяное давление (выше 140/90).
- Сильный зуд и долго затягивающиеся раны.

№ 3. Слишком много тестостерона

Все привыкли считать тестостерон мужским гормоном, но в норме в женском организме он также должен вырабатываться в определенных количествах. Например, для женщин от 20 до 39 лет нормальный показатель тестостерона — от 0,13 до 3,09 пг/мл.

Этот гормон синтезируется в яичниках женщин, яичках мужчин и в надпочечниках.

Он отвечает за углеводно-жировой обмен, работу сальных желез, либидо (в гораздо большей степени, чем у мужчин), регуляцию менструального цикла, рост костной системы во время физического формирования, поддержание тонуса мышц, а также за наше настроение, ощущение благополучия и уверенности в себе.

По статистике, повышенный уровень тестостерона отмечается у 30% женщин. «Перебор» именно этого гормона чреват акне, нерегулярными менструациями, усиленным ростом волос на теле, потерей волос на голове и бесплодием.

Признаки, которые могут указывать на повышенный уровень тестостерона

- Синдром поликистозных яичников, бесплодие.
- Акне, воспалительная сыпь.
- Лишние волосы на груди, лице и руках.
- Жирная кожа и волосы.
- Выпадение волос на голове.
- Изменение цвета подмышек: они становятся темнее и толще, чем ваша нормальная кожа.
- Папилломы, особенно на шее и в верхней части туловища.
- Гипергликемия или гипогликемия, или же нестабильный уровень сахара в крови.
- Вспыльчивость или раздражительность, чрезмерно агрессивное поведение.
- Депрессия или тревога.
- Нерегулярность и удлинение менструального цикла.

№ 4. Слишком много эстрогена

Эстроген отвечает за формирование красивой и женственной фигуры, перераспределяя жировые отложения в область бедер, ягодиц и молочных желез. Именно благодаря этому веществу у девочек в подростковом возрасте появляется грудь и округляются бедра. Обычно о нем говорят в единственном числе — эстроген и эстроген. Но на самом деле это ошибка, ведь эстрогены — целая группа гормонов, строительным материалом для которых является холестерин: эстрадиол, эстриол и эстрон.

Главным в этой тройке можно считать эстрадиол, именно он вырабатывается в яичниках и способствует нормальному вынашиванию детей. Когда говорят об эстрогенах, часто подразумевают именно эстрадиол. Этот гормон отвечает не только за формирование вторичных половых признаков. При достаточном количестве эстрогенов растет слой эндометрия. На подготовленный толстый слой может присоединиться оплодотворенная яйцеклетка. При недостатке гормона слой эндометрия оказывается очень тонким, нарушается менструальный цикл, развивается бесплодие.

Однако, при всей необходимости данных гормонов их переизбыток тоже не сулит ничего хорошего. Откуда

К СВЕДЕНИЮ

✷ **Ксеноэстрогены** — это искусственные вещества, которые имитируют эстроген в организме, выступая в роли эндокринных разрушителей. Многие из повседневных бытовых продуктов, которые мы используем: пластмассы, лакокрасочные изделия, моющие и дезинфицирующие средства, косметика, пестициды, инсектициды, гормональные остатки в мясе и молочных продуктах, — содержат ксеноэстрогены.

он берется? Организм может производить его в избыточном количестве сам, либо мы получаем его из окружающей среды вместе с пищей и даже водой. Известно более 700 веществ, которые могут имитировать эстроген и таким образом привести к загрязнению организма чрезмерным количеством гормонов.

Признаки, которые могут указывать на повышенный уровень эстрогена

- Перепады настроения, ПМС, раздражительность, плаксивость, небольшие срывы или тревожное состояние.
- Миома, эндометриоз или болезненные менструации.
- Увеличение размера молочных желез или их чувствительность.
- Отечность и задержка жидкости в организме.
- Сильное кровотечение, в том числе и при менопаузе.
- Быстрый набор веса, особенно на бедрах и ягодицах.
- Мигрени или другие виды головных болей.
- Красный румянец на лице.

№ 5. Низкий уровень тиреоидных гормонов

Щитовидная железа — такой невероятно важный орган в жизни женщины! А почему только женщины, спросите вы? И я отвечу: часто ли вы встречаете мужчин с заболеваниями «щитовидки», как в народе говорят? Очень редко. По статистике, в десять, а то и более раз реже, чем женщин.

!

Щитовидная железа – самый известный регулятор обмена веществ. Она влияет не только на метаболизм, но также настраивает ваше давление, пульс, частоту дыхания, температуру тела и т. д. Учитывая, что щитовидная железа управляет многими элементами женского здоровья, задумайтесь, насколько важно нам холить и лелеять ее.

Практически у каждой второй женщины сегодня отмечается то или иное расстройство работы «королевы метаболизма». В чем причина? В гиперчувствительности щитовидной железы к тому, что творит с собой хозяйка. Будь то бессонные ночи, стресс после расставания с любимым или налет на холодильник в то время, когда все системы нашей сложной машины под названием организм должны отдыхать.

Избыток сахара, консервантов, трансжиров, сочетание первого с третьим, лошадиные дозы кофеина, повышенный уровень стрессовых гормонов, инсулина, недостаток гормонов счастья, сна, дефицит воды, обезвоживание клетки – да практически все, что мы делаем, непосредственным образом влияет на состояние этого органа.

Нормальная работа щитовидной железы требует адекватного количества йода (который содержится во многих пищевых продуктах) и соединения его с аминокислотой тирозином для производства тиреоидных гормонов: гормона тироксина (Т4) и активного тиреоидного гормона под названием трийодтиронин (Т3).

Очень часто щитовидная железа работает слишком медленно и не может обеспечить организму достаточный уровень тиреоидных гормонов. В этой ситуации организм тратит энергию на более важные задачи, не удовлетворяя потребности волос, кожи и кишечника. Женщины с недостаточной функцией щитовидной железы страдают от медленного метаболизма: они подавлены, измучены запорами, быстро набирают вес и имеют проблемы с волосами, кожей и суставами.

Также встречается и гиперфункция щитовидной железы, вызванная повышением ее гормональной активности и характеризующаяся избыточной продукцией тиреоидных гормонов Т3 и Т4. Перенасыщение крови гормонами щитовидной железы вызывает ускорение в организме всех обменных процессов (так называемый «пожар обмена веществ»). Это состояние противоположно гипотиреозу.

Признаки, которые могут указывать на гипофункцию щитовидной железы

- Сухие, похожие на солому волосы, которые легко запутываются и выпадают (проблема потери волос также может коснуться ресниц и наружной трети бровей).
- Сухая кожа, снижение потоотделения, тонкие и ломкие ногти.

К СВЕДЕНИЮ

✷ Тироксин (Т4) и трийодтиронин (Т3):

- активируют процессы метаболизма;
- регулируют глюкозу в крови, влияют на распад жировой ткани;
- стимулируют синтез белков и нуклеиновых оснований (РНК);
- повышают температуру тела;
- контролируют процессы роста и развития организма в детском возрасте;
- активируют моторику всего желудочно-кишечного тракта;
- увеличивают частоту сердечных сокращений;
- способствуют росту эндометрия у женщин;
- усиливают обменные процессы в тканях нервной системы.

- Вялость и усталость, особенно по утрам, депрессия и смена настроения, отсутствие эффекта при приеме антидепрессантов.
- Медленная речь, возможно, хриплым или прерывающимся голосом, сниженная мозговая активность и заторможенный мыслительный процесс, сложности с концентрацией, вялые рефлексы и замедленная реакция.
- Болезненные менструации или другие проблемы с ними, бесплодие, невынашивание беременности или преждевременные роды.
- Дополнительные килограммы, от которых невозможно избавиться, задержка жидкости.
- Вздутие кишечника, испражнения реже одного раза в день или чувство неполного опустошения кишечника.
- Мышечные и суставные боли.
- Холод или покалывание в руках и ногах, непереносимость тепла или холода, возможно, чувствительность к холоду (вы начинаете дрожать раньше остальных, хотя всегда тепло одеты).
- Увеличение щитовидной железы и трудности при глотании.

№ 6. Высокий уровень лептина

Лептин вырабатывается жировыми клетками, под его действием снижается аппетит и, соответственно, потребление пищи, увеличиваются энергетические траты организма. Именно он посылает сигнал в мозг, что мы сыты. Смотрите, как это происходит.

1. После очередного приема пищи жировые клетки продуцируют гормон сытости

↓

2. Клетки жировых тканей выпускают фермент в кровоток

↓

3. С кровью гормон попадает в один из отделов головного мозга, гипоталамус

↓

4. Гормон насыщения лептин передает в гипоталамус сигнал о том, что организм получил необходимое ему количество питательных веществ

↓

5. В качестве ответной реакции на действие лептина мозг отдает команду увеличить энергетические траты и снизить уровень аппетита

Но, как ни странно, при переизбытке лептина сигналы о сытости перестают поступать в мозг: так, у тучных людей уровень этого гормона заметно превышает норму. Надежды, которые одно время возлагались на синтетический лептин в качестве действенного и универсального средства для похудения, не были оправданы. Добавление его в препараты для снижения массы тела не приносит никаких результатов.

В случае, когда концентрация лептина в крови является нормальной, происходит поддержание оптимального уровня глюкозы, так что организм получает достаточное количество энергии, и обмен веществ происходит правильно.

Кроме основного предназначения — регуляции и корректировки энергетического баланса — лептин имеет еще некоторые дополнительные обязанности:

- влияет на фертильность;
- участвует в работе головного мозга;
- участвует в иммунных процессах.

Правильно функционирующая лептиновая «система» оберегает организм от развития патологий пищевого поведения — переедания и анорексии.

Основными последствиями, к которым приводит повышенный лептин, являются следующие патологические состояния:

- сахарный диабет из-за угнетения продуцирования поджелудочной железой инсулина;
- снижение эластичности сосудов;
- образование тромбов;
- повышенный риск развития заболеваний сердечно-сосудистой системы.

№ 7. Низкий уровень соматотропина

Соматотропин, или же гормон роста, — очень важное во всех отношениях вещество. Он выполняет множество функций. Начнем с того, что соматотропин усиливает синтез белка и тормозит его распад, способствует снижению отложения подкожного жира, усилению сгорания жира и увеличению соотношения мышечной массы к жировой. Также этот гормон принимает участие в регуляции углеводного обмена, вызывая выраженное повышение уровня глюкозы в крови и являясь одним из антагонистов инсулина по действию на углеводный обмен.

Описано также его действие на островковые клетки поджелудочной железы, иммуностимулирующий эффект, усиление поглощения кальция костной тканью и влияние на многие другие процессы в организме.

СТГ — так мы для краткости будем называть соматотропин — вырабатывается в гипофизе человека. Именно от него зависят рост и развитие детей. СТГ выделяется импульсами. Кроме того, его уровень в крови зависит от возраста человека: максимальное значение приходится на возраст от года до трех лет, а вот к 20 годам концентрация резко снижается. Выработка соматотропина происходит ночью, и именно в это время его уровень в организме наиболее высок. Кроме того, уровень СТГ повышается при физических нагрузках и голодании, а вот сразу после приема пищи его концентрация падает.

СТГ контролирует количество холестерина в организме. При его недостатке может возникнуть атеросклероз, инсультные состояния либо же другие болезни сердечно-сосудистой системы.

СТГ участвует в выработке коллагена, который необходим для нормального состояния кожных покровов. Если возникает дефицит этого вещества, кожа начинает быстрее терять свою упругость и стареть.

Очень важен гормон роста для похудения. Дело в том, что во время ночного сна он участвует в расщеплении липидов. Если же соматотропный гормон понижен, часто у человека появляется избыточный вес.

У детей СТГ оказывает влияние на удлинение костей и тем самым на рост всего тела. А вот **у взрослых он отвечает за крепость костной ткани**, помогает тканям и мышцам быть более прочными и крепкими.

При нормальном уровне СТГ человек чувствует себя более энергичным и веселым.

Снижение выработки соматотропина провоцирует депрессию и ведет к дисбалансу всех вышеописанных процессов организма.

№ 8 и № 9. Низкий уровень адипонектина и высокий уровень грелина

Если про инсулин и тестостерон слышали все, то вот со следующими нашими «героями» знаком далеко не каждый. Прошу любить и жаловать – адипонектин. Участвует в регуляции уровня глюкозы и расщепления жирных кислот, по сути, является связным между вашими жировыми клетками и мозгом. Чем больше адипонектина в вашей крови, тем больше жира вы сжигаете. Соответственно, низкие уровни адинопектина могут привести к избыточному накоплению жира в организме.

Адипонектин усиливает чувствительность клеток к инсулину и понижает количество глюкозы в крови, уменьшая риск развития сахарного диабета.

Делает он это за счет активизации фермента, который наращивает выработку энергии путем потребления глюкозы и жирных кислот. Также адипонектин увеличивает употребление сахара мышцами, печенью и снижает выработку глюкозы печенью.

Такое взаимодействие дало возможность ученым предположить, что синтез гормона во многом зависит от уровня инсулина в крови: чем ниже количество инсулина, тем выше концентрация адипонектина. При сахарном диабете количество рецепторов первого и второго типа снижается, что приводит к аномально высокому уровню адипонектина в крови.

Можно сказать, рука об руку с адипонектином идет грелин, или, по-простому, гормон голода, вырабатываемый в желудке в ответ на его опорожнение. Из желудка грелин попадает в кровоток и достигает мозга, где воздействует на гипоталамус.

Основная функция грелина — возбуждение аппетита.

Грелин заставляет человека больше есть, потребляя как можно больше калорий и переводя их в жировые отложения.

Чем больше грелина в вашем организме, тем сильнее вы чувствуете голод. Если вас тянет к холодильнику после обеда, вероятно, у вас повышен грелин.

Грелин воздействует непосредственно на центр голода в вашем мозге, в результате чего вырабатывается стойкое привыкание к сладким и жирным продуктам.

Помимо функции возбуждения аппетита, у грелина есть и другие задачи. Так, данный гормон принимает участие в регуляции циркадного цикла сна-бодрствования, в метаболизме углеводов, ощущении вкуса и поведении, направленном на поиск вознаграждения.

В норме уровень гормона повышается, когда желудок пуст, и уменьшается при его заполнении. Но не все так просто. Логично было бы предположить, что у людей со значительным лишним весом выделяется очень много грелина. Впрочем, как часто бывает в жизни, не все на первый взгляд очевидное таковым является. Установлено, что люди, страдающие ожирением, нередко имеют более низкий уровень данного гормона, чем худые участники обследования.

Самое неприятное для желающих похудеть заключается в том, что количество выбрасываемого грелина, чувствительность его рецепторов и перевод потребляемых калорий в жир никак не зависят от массы тела человека. И даже когда организм явно страдает ожирением, грелин продолжает работать, не сбавляя оборотов. !

А потому, когда вы садитесь на диету, происходит следующее:

- вы меньше едите, и пустой желудок выбрасывает в кровь больше грелина, который подталкивает вас вновь начать потреблять больше калорий и запасать их в виде жира;
- снижается уровень гормона насыщения лептина, и вы вновь еще сильнее хотите есть;
- снижается скорость метаболизма.

Все эти события являются звеньями нормальной адаптации организма человека к голоду. Они необходимы, чтобы индивид выжил в дикой природе, но делают крайне сложной задачу потери лишнего веса в наши дни, когда имеет место переедание и ни о каком подлинном голодании речи не идет.

Уровень гормона голода грелина начинает повышаться уже в первый день диеты, продолжая расти в течение последующих недель и даже месяцев. И это существенно уменьшает мотивацию к похудению. По разным оценкам, уровень грелина у людей, соблюдающих диету с жестким ограничением калорий, увеличивается на 24–43%. Причем, чем дольше человек находится на диете, тем больше увеличивается выброс грелина. Таким образом, сохранение результатов похудения после окончания диеты становится крайне проблематичным. Вот почему мои пациенты никогда не голодают, не сидят на диетах в привычном понимании этого слова, страдая от многочисленных ограничений и запретов, а кардинально меняют свой образ жизни и подход к питанию.

* * *

Ну что, достаточно? Испугались или хотите больше, мои любознательные? Специально для вас я подготовила таблицу-шпаргалку, в которой указано, какие гормоны в каких железах вырабатываются и за что в нашем организме отвечают. Если почувствовали, что необходимо освежить знания, — ищите ее в приложении 1.

Что теперь делать и куда бежать со всей полученной выше информацией — спросите вы. Как жить, чтобы сбалансировать всю эту кучу гормонов? Что есть? Можете выдохнуть и расслабиться: на самом деле, все совсем не так мудрено, как могло показаться на первый взгляд. Существуют естественные, натуральные методы, позволяющие контролировать все гормоны, о значении которых для организма я рассказала вам в этой главе. Читайте об этих методах далее, а начнем, пожалуй, с главного, на мой взгляд, «заводилы» хаоса в нашем организме — кортизола. Но прежде, чем говорить о том, как нормализовать «вальс гормонов», давайте обсудим, как нам узнать, что на самом деле не в порядке в нашем организме.

Глава 4

О чем говорят наши анализы. Какие показатели нужно отслеживать регулярно. Клинический минимум

Хотя бы раз в жизни каждый человек, выходя из кабинета врача с направлениями на анализы, задавался вопросом: а зачем мне это? Порой связь между болезненным состоянием и желанием доктора исследовать конкретные показатели слишком неочевидна, тем более для того, кто не связан с медициной профессионально. И сколько потом волнений в ожидании следующего приема и «расшифровки» этих «страшных» цифр и букв. Вот почему я написала главу, посвященную тому, о чем говорят ваши анализы и как понять их «язык».

Общий анализ крови + лейкоцитарная формула

Правила проведения анализа: лучше сдавать натощак.

Средний чек: 450 рублей.

Что покажет: содержит информацию о клеточном составе крови и его характеристиках. Расшифровка лабораторного результата поможет диагностировать различные заболевания, даже если у человека нет симптомов болезни. Врач своевременно назначит пациенту лечение, позволяющее убрать воспалительный процесс.

Ниже описаны самые важные для гормонального здоровья показатели.

Гемоглобин

У мужчин нормальный гемоглобин — 130–140 г/л, у женщин — от 120 до 130 г/л. У маленьких деток нормальный показатель зависит от возраста. У новорожденных 200 г/л, а у годовалого малыша нормой является 120 г/л.

Понижение гемоглобина указывает на анемию и другие заболевания крови, дефицит железа, фолиевой кислоты и витамина B_{12}. Пониженный показатель бывает также у заядлых курильщиков.

Повышение свидетельствует о непомерной физической нагрузке или о заболеваниях сердца, легочной недостаточности и непроходимости кишечника.

Эритроциты

Уровень эритроцитов в норме составляет:
- для новорожденных — $3{,}9–5{,}5 \times 10^{12}$ на литр;
- для детей двухмесячного возраста — $2{,}7–4{,}9 \times 10^{12}$;

- для детей от 6 до 12 лет — $4–5,2 \times 10^{12}$;
- для женщин — $3,7–4,7 \times 10^{12}$;
- для мужчин — $4–5,5 \times 10^{12}$.

Понижение эритроцитов — признак анемии или хронического воспалительного процесса в организме. У женщин это может быть связано с беременностью.

При беременности считается нормой, если уровень эритроцитов снижается. Это происходит из-за увеличения общего объема крови, которая циркулирует в системе.

Повышение эритроцитов говорит об обезвоживании организма по различным причинам.

СОЭ (скорость оседания эритроцитов)

Норма у мужчин — не больше 10 мм/час, у женщин — не больше 15 мм/час.

Повышение СОЭ происходит во время воспалительных процессов и инфекций, при заболеваниях почек и печени, при разных эндокринных патологиях и после переломов. После любой операции показатель тоже возрастает.

Понижение СОЭ говорит о нехватке в рационе питания витаминов и минералов, анемии.

Цветовой показатель

Это расчетный показатель крови, он отражает отношение уровня гемоглобина к количеству эритроцитов. То есть, попросту говоря, он позволяет определить, соответствует ли норме количество гемоглобина в одной клетке эритроцита. Нормальным считается значение от 0,85 до 1,05.

Когда цветовой показатель крови повышен (индекс больше 1,1), можно говорить о макроцитарной или гиперхромной анемии.

Если цветовой показатель крови понижен (индекс менее 0,8), мы имеем дело с микроцитарной или гипохромной анемией.

Тромбоциты

Нормативный показатель для взрослой женщины составляет $180–320 \times 10^9$/л. Такое же значение считается нормой для годовалых малышей.

Недостаток тромбоцитов может указывать на заболевания, связанные с нарушением свертываемости крови.

Повышение бывает после приема антибиотиков и препаратов против аллергии, а также может указывать на наличие воспаления, инфекции, на низкий уровень железа или наличие опухолей.

Лейкоциты

У взрослого человека их уровень одинаковый — от $4,0 \times 10^9$/л до $9,0 \times 10^9$/л.

Если в анализе значение больше верхнего предела, развивается лейкоцитоз. Если значение меньше нормы — лейкопения.

Повышение лейкоцитов указывает на вирусные и грибковые инфекции, злокачественные опухоли. После травм, родов и сильных физических нагрузок показатель тоже увеличивается.

Понижение может быть вызвано рядом причин, в основном после перенесенных заболеваний, антибактериального или противовирусного лечения.

Коагулограмма

Правила проведения анализа: утром натощак, накануне не рекомендуется принимать в пищу острые, жирные, копченые продукты, алкоголь. Перед забором запрещается курить. Предупредить о постоянном приеме антикоагулянтов.

Средний чек: 600–750 рублей.

Что покажет: это набор показателей, характеризующий функционирование гемостаза — системы свертывания крови. Коагулограмма крови позволяет выявить, нет ли отклонений и нарушений в работе этой системы.

Норма свертывания крови: по Ли-Уайту — 5–10 мин., по Масс и Магро — 8–12 мин.

Время кровотечения: по Дюку — 2–4 мин., по Айви — до 8 мин., по Шитиковой — до 4 минут.

Повышение свертываемости (гиперкоагуляция) ведет к тромбообразованию при кровотечении, может вызвать патологию в виде тромбозов и тромбэмболии. Снижение (гипокоагуляция) наблюдается при острых кровопотерях, может использоваться подконтрольно для лечения тромбозов. Все показатели, составляющие коагулограмму крови, относятся к ориентировочным. Для полной оценки необходимо исследование факторов свертываемости. Их всего тринадцать, но недостаточность каждого приводит человека к серьезным проблемам. Рассмотрим важнейшие показатели.

Протромбиновое время

ПВ — это лабораторный показатель, определяемый для оценки внешнего пути свертывания крови.

Нормы протромбинового времени в разном возрасте:

- новорожденные недоношенные дети — 14–19 с;
- новорожденные доношенные дети — 13–17 с;
- дети младшего возраста — 13–16 с;
- дети старшего возраста — 12–16 с;
- взрослые — 11–15 с.

Терапия антикоагулянтами считается действенной, если ПВ увеличивается хотя бы в 1,5–2 раза.

АЧТВ

Активированное частичное тромбопластиновое время (АЧТВ) — медицинский тест, имитирующий процесс свертываемости крови по внутреннему пути, нацеленный на оценку наличия в крови плазменных факторов, ингибиторов и антикоагулянтов. Позволяет диагностировать гемофилию.

Норма — от 25 до 40 секунд.

Понижение АЧТВ говорит о повышенной свертываемости, возможности формирования тромбов. Повышение указывает на снижение гемостаза.

МНО

Международное нормализованное отношение (МНО), или протромбиновый коэффициент — это отношение ПВ пациента и ПВ здорового человека (контрольная пробирка).

Норма — 0,82–1,18.

Повышение свидетельствует о дефиците витамина К при энтеропатиях, кишечных дисбактериозах, амилоидозе, нефротическом синдроме, ДВС-синдроме (нарушение свертываемости крови).

Понижение: риск тромбообразования, при низких или высоких показателях гематокрита, повышенном уровне антитромбина III, при приеме определенных лекарственных препаратов (противосудорожных, мочегонных, глюкокортикоидов, КОК). Также встречается на поздних сроках беременности.

Фибриноген

Фибриноген – это белок, который находится в плазме крови и служит основой для образования тромба.

Норма – 5,9–11,7 мкмоль/л (2,0–3,5 г/л).

Повышение: тяжелые воспалительные заболевания (пиелонефрит, пневмония, перитонит), инфаркт миокарда, системные заболевания соединительной ткани, злокачественные опухоли, ожоги, амилоидоз, лечение гепарином, прием комбинированных оральных контрацептивов (КОК). При беременности.

Понижение: ДВС-синдром, патологии печени, лейкозы, рак простаты с метастазами, состояние после кровотечения.

Антитромбин III

Антитромбин – белок, который находится в плазме и угнетает процесс свертывания крови.

Нормы в разном возрасте:

- взрослые – 75–125%;
- дети до 10 лет – 60–100%;
- дети 10–16 лет – 80–120%.

Повышение может наблюдаться при тяжелых воспалительных заболеваниях (пиелонефрит, перитонит, пневмония), гепатите, недостатке витамина К, а также при лечении глюкокортикостероидами, анаболиками.

Понижение: хронические патологии печени, ДВС-синдром, ишемическая болезнь сердца, тромбозы и тромбоэмболии, сепсис, лечение гепарином. Последний триместр беременности.

Общий белок и альбумин

Правила проведения анализа: утром натощак. За день до сдачи лучше не есть много белковой пищи, не пить слишком большого количества жидкости, избегать тяжелой физической нагрузки.

Средний чек: 350 рублей.

Что покажет: определение белка в сыворотке крови используется для диагностики заболеваний почек, печени, онкологии, при нарушении питания и истощениях, нарушениях процессов обмена веществ, анемии, обширных ожогах.

Норма общего белка для взрослых составляет 65–85 г/л, альбуминов — 35–55 г/л.

Норма общего белка для детей первого года жизни — 47–72 г/л, до 5 лет — 61–75 г/л, у подростков — 58–76 г/л.

Повышение: миеломная болезнь, ревматоидный артрит, хронический гепатит, цирроз печени, несахарный диабет, нефрит, злокачественные опухоли, аллергии.

Понижение: заболевания печени, гломерулонефрит, заболевания желудочно-кишечного тракта, тиреотоксикоз, анемии, сахарный диабет, интоксикации, отравления. У беременных снижается до 30% от общепринятой нормы.

Липидный спектр

Правила проведения анализа: утром натощак, за 24 часа исключить прием алкоголя, жирной пищи, за 1 час — курение. Исключить повышенные физические и психоэмоциональные нагрузки.

Средний чек: 750–900 рублей.

Что покажет: позволит определить отклонения в жировом обмене, что имеет большое значение в диагностике атеросклероза, ишемической болезни сердца, после инфаркта миокарда, при сосудистых заболеваниях мозга.

Холестерин

Холестерин — жироподобное соединение, которое содержится в клетках всех живых существ. Он необходим для нормального функционирования клеток, осуществления обменных процессов, а также создания гормонов. Подробнее о нем — см. в главе 17.

Норма — 3,6–5,2 ммоль/л.

Повышение: атеросклероз, ишемическая болезнь сердца, инфаркт миокарда, болезни печени, холестаз, болезни почек, хронический панкреатит, сахарный диабет, гипотиреоз, дефицит соматотропного гормона, ожирение, подагра, диета, богатая углеводами и белками. При беременности.

Понижение: голодание, нарушение всасывания в кишечнике, гипертиреоз, анемии, хронические обструктивные заболевания легких, цирроз печени, ревматоидный артрит.

Дальше мы узнаем, какие показатели позволяют понять, кто для нас холестерин: друг или враг.

ЛПВП

Липопротеины высокой плотности. Так как высокая концентрация ЛПВП существенно снижает риск атеросклероза и сердечно-сосудистых заболеваний, его называют «хорошим холестерином» в отличие от «плохого холестерина» ЛПНП, который, наоборот, увеличивает риск развития атеросклероза.

Норма у мужчин – 0,7–1,7 ммоль/л, у женщин – 0,8–2,2 ммоль/л.

Повышение: цирроз печени, гипертиреоз, прием глюкокортикоидов, инсулина, фенитоина, алкоголизм.

Понижение: сахарный диабет, заболевания печени и почек, острые бактериальные и вирусные инфекции.

ЛПНП

Липопротеины низкой плотности.

Норма у мужчин – 2,2–4,8 ммоль/л, у женщин – 1,9–4,5 ммоль/л.

Повышение: неправильное питание, ожирение, малоподвижный образ жизни, курение, алкоголизм, сахарный диабет, артериальная гипертензия, заболевания печени, гипотиреоз.

Понижение: наследственная гипохолестеролемия, тяжелые заболевания печени, гипертиреоз, анемии, ожоги, острые заболевания.

Коэффициент атерогенности

Это баланс «хорошего» холестерина и общего холестерина, который в будущем может перейти в связанное состояние (ЛПНП).

Вычисляется по формуле: $\dfrac{\text{Общий холестерин} - \text{ЛПВП}}{\text{ЛПВП}}$

Норма до 30 лет – 2,2–2,5, после 40 лет – до 3,5. У новорожденных – 1.

Повышение: при беременности, менопаузе. Длительное голодание, прием стероидов, курение, риск развития атеросклероза и ИБС, сахарный диабет.

Понижение: пациент на гипохолестериновой диете, прием статинов.

Триглицериды

Триглецириды – это очень важные липиды, они служат источником энергии для клеток нашего организма.

Норма – 0,41–1,8 ммоль/л.

Повышение: алкоголизм, хроническое воспаление почек и почечная недостаточность, гипотиреоз, панкреатит, не компенсированный сахарный диабет, инфаркт миокарда, подагра. Богатая жирами пища, прием комбинированных оральных контрацептивов, стероидов, мочегонных. Беременность.

Понижение: гипертиреоз, нарушение всасывания в кишечнике, хроническое обструктивное заболевание легких, прием статинов, метформина.

Глюкоза и инсулин

Правила проведения анализа: сдавать натощак. Вечером накануне последний прием пищи в 19–20 ч., далее только вода. Не нервничать накануне.

Средний чек: 800–900 рублей.

Что покажет: позволит заподозрить наличие/отсутствие нарушений углеводного обмена: сахарного диабета, инсулинорезистентности.

В случае повышенных значений глюкозы и инсулина необходимо провести дополнительные исследования.

Индекс инсулинорезистентности (HOMA, Caro)

Стоимость: 800–1000 рублей.

- Индекс Caro ниже 0,33 свидетельствует об инсулинорезистентности.
- Индекс HOMA выше 2,86 свидетельствует об инсулинорезистентности.

Глюкозотолерантный тест, нагрузочный (ГТТ)

Стоимость: 650–800 рублей.

Уровень глюкозы в крови (через два часа после нагрузки глюкозой):

- Норма — менее 7,8 ммоль/л;
- Нарушение толерантности к глюкозе – 7,8–11,0 ммоль/л;
- Сахарный диабет — свыше 11,0 ммоль/л.

Гормоны щитовидной железы: ТТГ, Т4св, Т3, АТ-ТПО

Правила проведения анализа: сдавать лучше утром, прием пищи не имеет значения, день цикла не имеет значения.

Средний чек: 1800–2000 руб.

Что покажет: снижение функции щитовидной железы (гипотиреоз), повышение функции щитовидной железы (гипертиреоз), наличие/отсутствие аутоиммунных заболеваний щитовидной железы (аутоиммунный тиреоидит).

Тиреотропный гормон (тиреотропин, ТТГ) вырабатывается в гипофизе и оказывает непосредственное влияние на щитовидную железу, стимулируя образование и секрецию тироксина (Т4) и трийодтиронина (Т3), о которых мы уже говорили в главе 2. Т4св — это та часть Т4, которая циркулирует в организме в свободном виде.

Присутствие в крови антител к тиреопироксидазе (АТ-ТПО) может указывать на развитие аутоиммунных процессов.

ТТГ

Норма — 0,4–4 мЕд/л.

Повышение свидетельствует о развивающемся гипотериозе, понижение говорит о гипертиреозе.

Нормы ТТГ у беременных:

- 1-й триместр — 0,1–0,4 мЕд/л;
- 2-й триместр — 0,3–2,8 мЕд/л;
- 3-й триместр — 0,4–3,5 мЕд/л.

Т4св

Норма — 9–22 пмоль/л.

Понижение: гипотиреоз, дефицит йода, голодание, резкая потеря веса, тяжелые физические нагрузки, период беременности.

Повышение: хорионкарцинома, миелома, токсический зоб, заболевания печени, ожирение, нефротический синдром.

Т3

Норма — 2,6–5,7 пмоль/л.

Повышение: различные виды тиреотоксикоза, хориокарцинома, миелома, хронические заболевания печени, нефротический синдром.

Понижение: тиреоидит Хашимото, применение тиреостатиков, удаление щитовидной железы или ее части, первичная надпочечная недостаточность.

АТ-ТПО

Норма: до 50 лет — менее 35 МЕ/мл; старше 50 лет — менее 85 МЕ/мл.

Повышение: аутоиммунный тиреоидит, тиреоидит Хашимото, диффузный токсический зоб, послеродовый тиреоидит, неаутоиммунные заболевания щитовидной железы, ревматоидный артрит, дисбактериоз.

Пролактин, кортизол

Правила проведения анализа: утром натощак. Чтобы правильно определить уровень кортизола в крови, анализ необходимо сдать в 8:00, пролактин — в период 7:00–8:00 на третий-пятый день цикла.

Средний чек: 900 руб.

Что покажет: гормоны стресса. Причина увеличения веса, сбои менструального цикла, проблемы со щитовидной железой.

Кортизол

Норма — 138–635 нмоль/л.

Повышение: стресс, реакция организма на прием психотропных средств. Аденома гипофиза, надпочечника, синдром Иценко-Кушинга, рак надпочечника, гипертиреоидное состояние, гипогликемия, ожирение, цирроз печени.

Понижение: болезнь Аддисона, адреногенитальный синдром, резкое снижение веса, печеночно-клеточная недостаточность.

Пролактин

Норма для женщин – 109–557 мЕд/л; для мужчин – 73–407 мЕд/л.

Повышение: заболевания гипоталамуса, гипофиза, первичный гипотиреоз, СПКЯ, цирроз печени, гиповитаминоз B_6, мастопатия. Период кормления грудью.

Понижение: апоплексия гипофиза, истинное перенашивание беременности, прием некоторых препаратов (противосудорожных, дофаминергических, кальцитонина и пр.).

Фолликулостимулирующий (ФСГ) и лютеинизирующий (ЛГ) гормоны

Правила проведения анализа: утром натощак, на третий-пятый день цикла.

Средний чек: 900 руб.

Что покажет: причина женского и мужского бесплодия, преждевременного полового созревания, влияние на синтез эстрогенов и выработку других половых гормонов.

ФСГ

Показатели в норме:

- для мужчин старше 18 лет – 0,95–11,95 мЕд/мл;
- для женщин до менопаузы:
  - – фолликулярная фаза – 3,03–8,08 мЕд/мл,
  - – овуляторная фаза – 2,55–16,69 мЕд/мл,

– лютеиновая фаза – 1,38–5,47 мЕд/мл;

- женщины в постменопаузе – 26,72–133,41 мЕд/мл.
- женщины на КОК – до 4,9 мЕд/мл.

Повышение: синдром истощения яичников, аденома гипофиза, эндометриоидные кисты яичников, тестикулярная феминизация, дисфункциональные маточные кровотечения и т. д.

Понижение: вторичная (гипоталамическая) аменорея, гипофизарный нанизм, гиперпролактинемия, голодание, ожирение.

ЛГ

Показатели в норме:

- для мужчин старше 18 лет – 1,14–8,75 мЕд/мл;
- для женщин до менопаузы:
  - фолликулярная фаза 2,39–6,6 мЕд/мл,
  - овуляторная фаза 9,06–74,24 мЕд/мл,
  - лютеиновая фаза 0,9–9,33 мЕд/мл;
- женщины в постменопаузе – 10,39–64,57 мЕд/мл;
- женщины на КОК – до 8,0 мЕд/мл.

Повышение: аденома гипофиза, синдром истощения яичников, синдром поликистозных яичников (СПКЯ), эндометриоз, тестикулярная феминизация, голодание, почечная недостаточность и т. д.

Понижение: вторичная аменорея, гиперпролактинемия, гипогонадотропный гипогонадизм, гипофизарный нанизм, ожирение, стресс.

Тестостерон

Правила проведения анализа: утром натощак, женщинам — на шестой-седьмой день цикла.

Средний чек: 450 руб.

Что покажет: возможные заболевания различных систем и органов.

Норма для женщин (от 18 лет):

- пременопауза, овуляция — 0,31–3,78 нмоль/л;
- КОК — 0,45–2,88 нмоль/л;
- постменопауза 0,42–4,51 нмоль/л.

Для мужчин:

- 18–50 лет — 5,76–30,43 нмоль/л;
- старше 50 лет — 5,41–19,54 нмоль/л.

Повышение: болезнь и синдром Иценко-Кушинга, адреногенитальный синдром (женщины), продуцирующие тестостерон новообразования яичков (мужчины), вирилизирующая опухоль яичников. Период беременности.

Понижение: нарушение продукции гонадотропных гормонов гипофиза, прием глюкокортикоидов, недостаточность надпочечников, гипогонадизм, хронический простатит, ожирение, вегетарианство, голодание, диета с низким содержанием жиров.

Витамин D_3 (25-OH)

Правила проведения анализа: утром натощак.

Средний чек: 1200–1500 руб.

Что покажет: уровень витамина D в организме (подробно о том, зачем нужен этот витамин, мы поговорим в главе 16).

Норма — 50–100 нг/мл.

Повышение: интоксикация витамином D, интенсивная экспозиция к солнечному свету, прием этидроната динатрия.

Понижение: нарушение питания, остеопороз, нарушение всасывания в кишечнике, стеаторея, цирроз, остеомаляция, тиреотоксикоз, целиакия, рахит, болезнь Альцгеймера, гипопаратиреоидизм, хроническая почечная недостаточность.

Железо сывороточное, ферритин

Правила проведения анализа: утром натощак.

Средний чек: 600 руб.

Что покажет: помогает выявить погрешности в питании, установить степень интоксикации, является индикатором нарушения обменных процессов, понижения или повышения количества полезных веществ, показывает запасы железа в организме.

Железо сывороточное

Норма для женщин — 7,2–25,9 мкмоль/л; для мужчин — 10,7–28,6 мкмоль/л.

Повышение: повышенное поступление в организм, гемохроматоз, повторные гемотрансфузии, анемии (гемолитические, гипо- и апластические, витамины B_{12} и B_6 и фолиеводефицитные), талассемия, нефрит, заболевания печени, острая лейкемия.

Понижение: железодефицитная анемия, острые и хронические инфекционные заболевания, опухоли, кровопотери, гипотиреоз, повышенное потребление железа организмом (беременность, грудное вскармливание, подростковый период, повышенные физические нагрузки), нефротический синдром, хронические заболевания печени.

Ферритин

Норма для женщин — 10–120 мкг/л; для мужчин — 20–250 мкг/л.

Повышение: избыток железа при гемохроматозе, патология печени, острый лейкоз, лимфогранулематоз, рак молочной железы, голодание, прием КОК.

Понижение: железодефицитная анемия, целиакия.

Прогестерон

Правила проведения анализа: утром натощак, на 21-й день цикла.

Средний чек: 500 руб.

Что покажет: причину маточных кровотечений, нарушений цикла, бесплодие, патологию яичек, возможные заболевания щитовидной железы, надпочечников.

Норма для мужчин — 0,9–2,9 нмоль/л.

Норма для женщин:

- фолликулярная фаза — до 3,6 нмоль/л;
- овуляторная фаза — 1,5–5,5 нмоль/л;
- лютеиновая фаза — 3–68 нмоль/л;
- постменопауза — до 3,2 нмоль/л;
- прием КОК — 1,1–2,9 нмоль/л.

Беременные:

- 1-й триместр — 29,6–106 нмоль/л;
- 2-й триместр — 93,8–159 нмоль/л;
- 3-й триместр — 264–509 нмоль/л.

Повышение: дисфункциональные маточные кровотечения с удлинением лютеиновой фазы, вторичная аменорея, дисфункция фетоплацентарного комплекса, замедленное созревание плаценты, почечная недостаточность.

Понижение: хроническое воспаление внутренних половых органов, персистенция фолликула, ановуляторные дисфункциональные маточные кровотечения, первичная и вторичная аменорея, угроза прерывания беременности эндокринного генеза, плацентарная недостаточность, задержка внутриутробного развития плода, истинное перенашивание.

ПРОФИЛАКТИКА — ВОТ ЛУЧШЕЕ ЛЕЧЕНИЕ!

Рекомендую

✓ Посещение гинеколога — один раз в год.

✓ УЗИ органов малого таза — один раз в год.

✓ Мазок на онкоцитологию — один раз в год.

✓ Мазок на флору — один раз в год.

✓ УЗИ молочных желез (до 35 лет) — один раз в год.

✓ Маммография (старше 35 лет) — один раз в два года.

Рекомендуемый минимум лабораторных анализов

✓ Общий анализ крови.

✓ Общий анализ мочи.

✓ Биохимический анализ крови.

✓ Обследование на инфекции, передающиеся половым путем.

✓ Гормоны крови.

Симптомы, на которые следует обращать особое внимание

✓ Нарушение менструального цикла (обильные частые менструации, редкие скудные менструации или их отсутствие, болезненные менструации, межменструальные кровотечения).

✓ Боли внизу живота и в области придатков.

✓ Боли во время полового акта.

✓ Учащенное мочеиспускание.

✓ Болезненность или дискомфорт в молочных железах.

✓ Зуд, жжение во влагалище, выделения с неприятным запахом, а также сухость во влагалище.

✓ Депрессия, плаксивость, агрессивность, головная боль, головокружение, тошнота, нагрубание молочных желез.

При появлении вышеперечисленных симптомов необходимо незамедлительно обратиться к врачу.

Анализ волос на микроэлементы

Неожиданно? Может быть. Зато полезно — наверняка. Сразу хочу сказать, что за последние несколько лет я часто назначала такой анализ своим пациентам, они все остались очень довольны и сейчас чувствуют себя намного лучше.

Анализ волос на микроэлементы намного показательнее анализа крови. Изучая минеральный состав тела, мы получаем информацию о функционировании организма на биохимическом уровне. А исследуя роль отдельных элементов и их взаимосвязи, можем противодействовать последствиям их дефицита или избытка. На основании результатов минерального анализа волоса и истории болезни пациента врач (нутрициолог, диетолог) может подобрать строго индивидуальную терапию.

Анализ волос на микроэлементы может быть вспомогательным элементом базовой диагностики и окажет помощь в выборе подходящего диетического плана и пищевых добавок. В общем, не жалейте средств на это ценное диагностическое исследование.

В результатах анализа волос есть много графиков, на которых нарисованы столбики разного цвета. Для каждого микроэлемента есть свой отдельный график, где показан нормальный уровень, который должен быть у здорового человека, и тот, который обнаружили в анализе пациента.

По токсическим элементам есть отдельные графики. В них наглядно показано, обнаружен ли данный токсический элемент, сколько его, и на какое значение превышена допустимая доза.

Графики, на которые надо обратить внимание, — соотношение всех элементов в организме, что очень важно. Опять же, в результатах будет показано нормальное соотношение, которое должно быть, и то, что обнаружили в образце волос. Перекос сразу отражается на общем состоянии организма и проявляется различного рода болезненными симптомами.

Например, у пациента количество натрия — 145% от нормы. А он постоянно удивляется, почему ему «как-то плоховато» от продуктов с повышенным содержанием соли. Получалось, что по незнанию к высокому уровню соли в своем организме он добавлял еще соль, что сказывалось на самочувствии.

А что означает повышенное содержание натрия? Это указывает, что в организме имеются какие-то воспалительные процессы. Если в анализах выявлен очень низкий уровень магния, это означает, что, если не принять мер, может произойти экстренное состояние со стороны сердечно-сосудистой системы.

Кто должен сделать анализ волос на микроэлементы:

- ✓ люди, живущие в напряжении и стрессе;
- ✓ спортсмены — с целью повышения эффективности тренировок и для улучшения состояния здоровья при интенсивных физических нагрузках;
- ✓ беременные женщины, кормящие или планирующие беременность;
- ✓ люди после перенесенных заболеваний — для более быстрого выздоровления;
- ✓ люди с симптомами синдрома мальабсорбции (целиакией, воспалительными заболеваниями кишечника, гастрологическими нарушениями);

- ✓ страдающие от гормональных, неврологических, дерматологических (псориаз, витилиго, выпадение волос), сердечно-сосудистых расстройств;
- ✓ люди с избыточным весом и ожирением;
- ✓ страдающие от заболеваний костей, ревматоидного артрита, других болезней суставов;
- ✓ подвергающиеся контактам с токсинами и тяжелыми металлами, при отравлениях токсическими элементами;
- ✓ люди с неспецифичными симптомами недиагностированных болезней;
- ✓ все, кто хочет изменить к лучшему свои привычки питания, улучшить самочувствие.

А в следующей главе — о том, как и почему улучшать самочувствие нужно прямо сейчас, не дожидаясь анализов.

Глава 5

«Вальс гормонов» и циркадные ритмы. Кто ведет в этом танце? Как настроить организм на правильный лад

Немного хронобиологии

Тик-так, тик-так... Слышите? Это работают «мировые часы», суточные ритмы, которым подчиняются все живые существа на Земле: растения, микроорганизмы, беспозвоночные и позвоночные животные, вплоть до высших млекопитающих. Механизмы, конечно, отличаются друг от друга, но принципы работы очень похожи. Наша с вами жизнь также подчиняется этим ритмам, задаваемым циклическими колебаниями концентраций гормонов в крови. С ними в унисон меняются физиологическое состояние, настроение, уровень энергии, интеллектуальная активность каждого человека.

Исследованием периодических (циклических) феноменов и адаптацией процессов, протекающих в живых организмах, к солнечным и лунным ритмам занимается хронобиология. Эта наука начала зарождаться еще в первой половине XVII века, когда английский естествоиспытатель Джон Врен в своем «Трактате о травах» впервые описал дневные циклы тканевых жидкостей в организме человека. Биоритмы и их работа интересовали ученых в разных странах мира. Например, в 1751 году шведский ботаник и натуралист Карл Линней сконструировал реальные «биологические часы», используя растения, цветки которых раскрываются в разное время суток. По ним можно было сверять механические часы! Но основные понятия хронобиологии как науки сформулировали выдающиеся ученые из Германии и США Юрген Ашофф и Колин Питтендриг. В начале 80-х годов прошлого века они даже были выдвинуты на соискание Нобелевской премии за свои труды.

Прежде чем мы начнем говорить о влиянии биоритмов на гормональные циклы, хочу, чтобы вы усвоили главное понятие хронобиологии — дневные циклы, то есть колебания интенсивности биологических процессов в течение суток. Они называются циркадными ритмами, от латинского «circa», что значит «около», и «dies», то есть «день» или «сутки». Таким образом, «циркадный» — это «околосуточный». Другими словами, циркадные ритмы — это наши биологические часы. Они напрямую связаны с циклической сменой дня и ночи, то есть с вращением Земли вокруг своей оси. Именно от гармоничного, соответствующего природным циклам соотношения сна и бодрствования зависят хорошее самочувствие, нормальное функционирование организма и правильный ритм «вальса гормонов» в нашем организме. !

В течение «циркадного дня», то есть всего времени бодрствования наш организм работает, словно высокотехнологичный завод. В основном он настроен на переработку накопленных питательных веществ с целью получения энергии для активной деятельности. А вот в период «циркадной ночи», что логично предположить, происходит накопление питательных веществ, восстановление сил и «ремонтные работы». Открою вам очень важный секрет: циркадными ритмами, изменениями в интенсивности обмена веществ, настроением и аппетитом в течение дня управляет наша эндокринная система, то есть гормоны.

У гормонов свой график

Вечером, перед наступлением ночи, шишковидное тело – эпифиз – выделяет **гормон сна мелатонин**. Это удивительное вещество производится только, когда мы спим, при полной темноте. Любые световые лучи, попадающие на сетчатку глаза, даже если глаза закрыты, мелатонин разрушают. Вот почему так важно позаботиться о светоизоляции. Кстати, в ряде случаев бессонница у пожилых людей связана с недостаточностью секреции мелатонина эпифизом.

! Продолжительность присутствия мелатонина в крови прямо пропорциональна длительности световой ночи, а время, когда он вырабатывается, крайне непродолжительно: с 23 часов до 1:00–1:30 ночи. Именно поэтому нужно обязательно ложиться спать до одиннадцати вечера, о чем подробнее поговорим в главе про сон.

Как проявляется действие мелатонина в организме? Он вызывает снижение температуры тела, регулирует продолжительность и смену фаз сна: медленноволновой и парадоксальной. Не стоит пугаться «сложных» терминов, все очень просто запомнить. Вот смотрите: медленноволновый сон – это тот самый сладкий «сон без задних ног», во время которого мозг полностью отдыхает. Он отличается низкочастотной активностью коры полушарий. Во время парадоксального сна частота колебаний электрической активности мозга, напротив, повышается, благодаря чему мы с вами видим сны. Эта фаза близка к бодрствованию и служит как бы «трамплином» в пробуждение. Медленноволновая и парадоксальная фазы сменяют одна другую четыре-пять раз за ночь, в такт изменениям концентрации мелатонина.

Кроме поступления в кровь гормона сна, наступление световой ночи сопровождается и другими гормональными изменениями: повышается выработка **гормона роста (соматотропного гормона)** и снижается выработка **адренокортикотропного гормона (АКТГ)** другим мозговым придатком — гипофизом. Сейчас расскажу, как они связаны с нашей темой, и почему я так настаиваю, чтобы мои пациенты, «вставшие на путь исправления», ложились спать и, соответственно, вставали вовремя.

Вы удивитесь, но именно гормон роста, помимо других его функций, является самым жиросжигающим гормоном. Он стимулирует анаболические процессы, например, размножение клеток и накопление питательных веществ (гликогена) в печени. Соматотропный гормон вырабатывается во сне, с 23 часов до часу ночи. Если вы в это время бодрствуете, значит, лишаетесь самого жиросжигающего гормона.

АКТГ — давайте так для простоты называть этот сложнопроизносимый адренокортикотропный гормон — вызывает выброс в кровь адреналина и других гормонов стресса (глюкокортикоидов) из коры надпочечников, поэтому снижение его уровня позволяет снять дневное возбуждение и мирно заснуть.

В момент засыпания из гипофиза выделяются опиоидные гормоны, обладающие наркотическим действием, — **эндорфины** и **энкефалины**. Вот так сюрприз!

Именно поэтому процесс погружения в сон сопровождается приятными ощущениями.

Ну а перед пробуждением здоровый организм должен быть готов к активности, поэтому ближе к утру кора надпочечников начинает вырабатывать возбуждающие нервную систему гормоны глюкокортикоиды. Наиболее активный из них – **кортизол**, который приводит к повышению давления, учащению сердечных сокращений, повышению тонуса сосудов и снижению свертываемости крови. Вот почему, согласно клинической статистике, острые сердечные приступы и внутримозговые геморрагические инсульты в основном приходятся на раннее утро. Сейчас разрабатываются такие препараты для снижения артериального давления, которые, будучи принятыми перед сном, смогут достигать пика концентрации в крови только к утру, предотвращая смертельно опасные приступы. Уверена, что у этих препаратов большое будущее – в прошлом, работая доктором в отделении кардиологической реанимации, я глубоко изучала взаимосвязь острых сердечно-сосудистых состояний и циркадных ритмов и очень четко осознаю их необходимость для миллионов людей.

Но вернемся к кортизолу. Надпочечники начинают синтезировать его в три-четыре часа ночи, а пика его концентрация достигает к шести-семи утра, как раз параллельно со снижением концентрации мелатонина. Предполагается, что именно в это время человек пробуждается. Если этого не происходит, «хороший парень», гормон бодрости и энергии кортизол превращается в «плохого парня» и становится гормоном стресса. «Построить» его можно, просыпаясь вовремя. Ежедневный подъем до семи утра – один из методов контроля стресса. Подробнее об этом мы поговорим в главе, посвященной кортизолу.

Из «сов» в «жаворонки». Зачем перестраивать режим

«Но я же сова!» — сейчас воскликнул каждый второй мой читатель. Понимаю, я сама была такою... Нет, не триста лет тому назад, как пела черепаха Тортилла в известной песенке, но давно, так давно, что почти забыла — как это, когда не встречаешь рассветы, не слышишь пение утренних пташек, не наслаждаешься волшебством наступления нового дня и ничего не успеваешь. К слову, именно жесткий цейтнот, а не лирика подтолкнули меня когда-то на эксперимент: а как это, ложиться в 22 часа и вставать в шесть утра? Честно признаюсь, сейчас мне не всегда удается соблюдать такой режим — вспоминайте поговорку про сапожника без сапог. Но стремиться к этому надо, даже если вы махровая «сова».

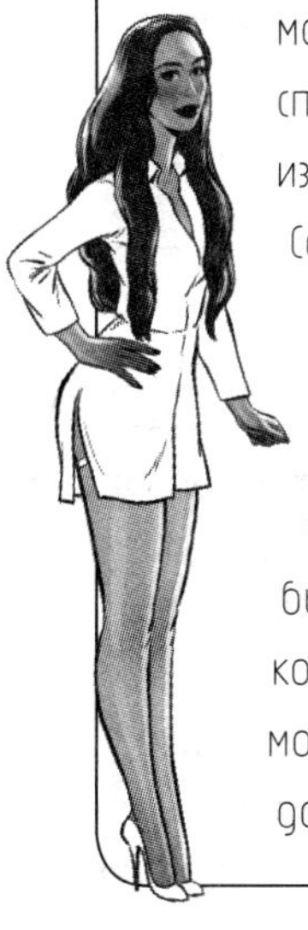

К слову, эта теория про пернатых, дающая столько возможностей пошутить и оправдаться любителям поспать подольше, основана на работах Жэми Зейцер из Исследовательского центра сна (Sleep Research Center) Стэнфордского университета в Калифорнии. Согласно этой теории, у «жаворонков» максимум выброса кортизола происходит раньше, чем у большинства людей, в четыре-пять часов утра. Отсюда большая активность утром и более быстрое утомление к вечеру. Обычно «жаворонков» начинает клонить ко сну рано, поскольку гормон сна мелатонин поступает в их кровь задолго до полуночи. У «сов» ситуация обратная: мелатонин выделяется позже, ближе к полуночи, а пик выброса кортизола сдвинут на восемь-девять часов утра. Указанные временные рамки сугубо индивидуальны и могут варьироваться в зависимости от выраженности утреннего («жаворонки») или вечернего («совы») хронотипов.

Мой опыт работы с тысячами пациентов говорит, однако, что все «совы» очень быстро и безболезненно трансформируются в «жаворонков», стоит лишь немного призвать себя к порядку и режиму. Легче всего сказать: «Я сова, не могу я соблюдать ваши правила». А вы попробуйте ложиться до 23 и вставать до семи утра! Через несколько дней почувствуете прилив сил, бодрости и энергии — во-первых, а во-вторых, увидите, насколько повысились ваша производительность и КПД, и удивитесь, как вдруг вы стали все успевать.

! Несоответствие внутренних биологических ритмов реальному суточному циклу активности приводит к «циркадным стрессам», которые, в свою очередь, могут служить причиной развития многих заболеваний, включая гормональные сбои, депрессии, бессонницу, патологию сердечно-сосудистой системы. Эпидемиологические исследования указывают также на связь между нарушениями циркадной ритмики и онкологическими заболеваниями у человека: так, частота развития рака молочной железы у женщин, длительно работающих в ночную смену, по разным данным, почти на 60% выше, чем у женщин, работающих в дневное время.

Кроме того, существует даже такое понятие, как сезонная аффективная болезнь — сезонная депрессия, связанная с уменьшением продолжительности светового дня зимой. Известно, что в северных странах, например в Скандинавии, где несоответствие длительности светового дня активному периоду особенно ощутимо, среди населения очень велика частота депрессий и суицидов. При сезонной депрессии в крови больного повышается уровень основного гормона надпочечников кортизола, который сильно угнетает иммунную систему. А сниженный иммунитет неминуемо ведет к повышенной восприимчивости к инфекционным болезням. Так что не исключено, что короткий световой день — одна из причин всплеска заболеваемости вирусными инфекциями в зимний период.

Как просыпаться правильно

Итак, мои дорогие, думаю, после всего, что вы узнали, валяние в кровати до полудня уже не кажется вам таким привлекательным, как раньше. Возможно, вы даже рады теперь своему рабочему графику, который обязывает вас вставать в шесть-семь утра, и вдвойне внимательно начнете относиться ко времени отхода ко сну, чтобы не раскачивать свой гормональный фон. Давайте посмотрим, как вам помочь организму начать день?

Вот вы услышали звонок будильника, встали с кровати, сделали стандартные гигиенические процедуры, а что же дальше? Правильно! Нужно выпить стакан воды комнатной температуры и позавтракать в первый час после пробуждения. Это снизит уровень кортизола и запустит правильную работу всех органов и систем.

В течение дня тоже существуют различные пики выработки гормонов. Например, инсулин. Когда нам больше всего хочется сладенького? Наверняка вы скажете:

после обеда, через часок, и вечером. Как раз в это время организм по-максимуму производит инсулин. Вы помните, что он может быть и «плохим», и «хорошим парнем», и от нас зависит, будет этот гормон играть на нашей стороне или в команде наших жировых отложений?

Первый пик инсулина приходится на 16–17 часов, назовем это время «секретным». Запомните его, подробнее мы поговорим о нем чуть позже, когда речь зайдет о распределении продуктов в течение дня. Второй пик выработки инсулина приходится на 21 час, именно после этого времени поджелудочная железа, которая синтезирует инсулин бета-клетками островков Лангерганса, должна закрыть свои дружелюбные двери, а завод по переработке пищи, то есть наш желудочно-кишечный тракт, должен готовиться ко сну вместе со всем организмом. Все, баста, на сегодня работа закончилась! Когда у вас снова потянется рука к еде в неурочный час, представьте, что вы в 17:59 встаете из-за стола в офисе, выключаете компьютер, а тут вам начальник подкидывает еще задание на пару-тройку часиков... Возмущены? Вот вашему организму тоже не нравится перерабатывать. Именно с приходящимся на 21 час вторым пиком выработки инсулина связаны мои рекомендации делать последний прием пищи за три часа до сна. И для того, чтобы инсулин оставался «хорошим парнем», я не рекомендую есть молочную и кисло-молочную продукцию вечером.

Повышение уровня инсулина в вечернее время, после 21 часа (если вы не смогли преодолеть притяжение холодильника), снижает выработку того самого, важного для стройности и здоровья, самого жиросжигающего гормона — соматотропного. Теперь вы понимаете, как все взаимосвязано в нашем организме, и знаете, что нарушение выработки одного гормона ведет за собой нарушение синтеза других, не менее важных элементов гармонии. Запускается целый каскад неправильных реакций и механизмов. Выйти из этого порочного круга бывает порой очень сложно, но здесь, прежде всего, нужны самодисциплина и четкое осознание своих действий и их последствий.

Подводя итог этой главы, я хочу еще раз подчеркнуть, что циркадные ритмы — один из основополагающих биологических механизмов, благодаря которому за миллионы лет эволюции все обитатели Земли приспособились к световому суточному циклу. Именно то, что человек является высокоприспособленным существом, и позволило ему стать самым многочисленным видом среди млекопитающих, однако с каждым десятилетием цивилизация все сильнее разрушает его биологический ритм. По сравнению с растениями и животными, которые следуют природной смене дня и ночи, человеку в этом смысле приходится намного сложнее. Циркадные стрессы стали неотъемлемой чертой нашего времени, и противостоять им крайне непросто. Однако вы, друзья, теперь предупреждены и вооружены знаниями, которые позволят вам бережно относиться к своим биологическим часам, четко следуя режиму сна, бодрствования и питания.

Глава 6

Таблетки – самый легкий способ все поправить. Но только на первый взгляд. А на самом деле?

Честно сказать, я испытываю шок и даже негодование, когда вижу, какие назначения получает буквально каждый второй пациент. Врач действует по шаблону, и 16-летняя девчонка, которая даже не ведет половую жизнь, но полностью усыпана акне, принимает оральные контрацептивы. Зачем это делает, конечно же, она не понимает. Мама, пришедшая с ней на прием, тоже не понимает. Так ведь врач назначил. Девушки, которые просто хотят похудеть и при этом не имеют нарушений и заболеваний углеводного обмена, таких как инсулинорезистентность, совершенно бездумно принимают препараты метформина («Глюкофаж», «Сиофор»).

Женщины, которые понятия не имеют, как худеть правильно, не знают, что такое гликемический индекс, как распределять продукты в течение дня, с упорством считают какие-то мифические калории, всеми мыслимыми и немыслимыми способами пытаются уложиться в заданное количество, не обращая внимания на качество этих самых калорий; пьют повально «Редуксин» в надежде на чудесное избавление от аппетита, не понимая, что угнетают этим препаратом все свои жизненно важные функции. Каждая вторая пьет «Ксеникал», мучается от его побочных эффектов, но спроси, зачем он ей, она не ответит. Я уже молчу про назначение тиреоидных гормонов *для похудения* женщинам, не имеющим проблем со щитовидной железой.

И все эти шаблонные назначения вводят меня в ступор #остановитеземлюясойду.

В поисках волшебной таблеточки «от всего» женщины годами пьют лекарства, которые только усиливают состояние дисбаланса, и просто ходят по кругу, с каждым витком усугубляя свои проблемы. Дорогие женщины, ну будьте благоразумны! Прежде чем положить что-то в рот, задумайтесь, для чего «это» вам нужно. И в прямом, и в переносном смысле. Вы поймите, все эти препараты – лекарства специфичного направленного действия, они назначаются только по показаниям и для определенных целей.

Ни один препарат не должен приниматься бездумно. Вы обязаны четко понимать, что он собой представляет и для чего вам необходим. Отсутствие этого понимания и ответственности за свое здоровье и называется аморальным отношением к себе и угнетением своей внутренней Богини. Какая уж тут Богиня, когда вас несет во все стороны от «Ксеникала» или трясет после «Редуксина». Одно лечим, другое калечим. Будьте грамотны, читайте хотя бы аннотации. Если вам один специалист с ходу назначает «препарат для похудения или от прыщей», сходите к другому, выслушайте конкурентное мнение для своего же спокойствия.

Правильно сказал один мой друг: «Так и хочется кричать: „Остановите гормональное безумие!"». Включайте голову!

Глава 7

Стресс и кортизол. Каков ваш уровень угрозы? Как приручить «плохой» гормон

У кортизола плохая репутация: все знают его как гормон стресса, гормон голода, в общем, «плохого парня». Но мало кому известно, что тот же кортизол — еще и просто замечательный, необходимый нам гормон энергии и бодрости. И только своими неправильными действиями мы превращаем кортизол из друга во врага, тем самым провоцируя нарушения в нашем танце гормонов. Как приручить кортизол, сделать его своим соратником, вы узнаете из этой главы.

Итак, кортизол вырабатывается надпочечниками, которые — в случае, если функционируют нормально, — наиболее активны в промежутке от восьми утра до восьми вечера. Они начинают работу большим всплеском, пробуждающим вас утром, и поддерживают организм еще несколькими пиками в течение дня. Как мы уже выяснили в предыдущих главах, наше тело очень мудрое, каждый орган подчиняется циркадным и солнечным ритмам, и надпочечники не исключение: они синхронизированы с солнцем таким образом, чтобы вы были наиболее активны в течение светового дня, а к вечеру снижали свою бурную деятельность.

Можно даже нарисовать график работы кортизола в течение дня. Или просто представьте его себе в виде своеобразной «дуги», верхняя отметка которой соответствует утру, а затем эта воображаемая линия ползет вниз в течение дня и вечером.

Высокий и низкий уровень кортизола

Повышение кортизола утром и вечером

Если вы просыпаетесь до рассвета в состоянии тревоги, чувствуете учащенное сердцебиение, мысли скачут и не дают спать, значит, уровень кортизола повышается слишком рано.

Признаки раннего повышения уровня кортизола:

- вы просыпаетесь несколько раз за ночь;
- вы просыпаетесь с роем мыслей в голове;
- по утрам вас раздражает любая мелочь, а неосторожное слово может вызвать конфликт;
- уже в середине утра вы чувствуете упадок сил.

Объясняться такое состояние может следующими причинами:

- вы испытываете высокий уровень стресса в течение дня;
- ваша работа построена на соблюдении жестких дедлайнов;
- вы употребляете большое количество кофе;
- вы соблюдаете низкоуглеводную диету.

Если вы работаете допоздна, ведя переговоры или горячие споры вечером, или если у вас тренировка позднее 21 часа, вполне вероятно, что уровень кортизола взлетает в ночное время — именно тогда, когда должен снизиться. Идет перекос.

Признаки высокого уровня кортизола вечером:

- вы долго засыпаете, ворочаясь с боку на бок и гоняя мысли по кругу;
- по вечерам вас одолевает беспокойство;
- вы не можете по-настоящему расслабиться и забыть о дневных проблемах;
- ближе к поздней ночи у вас разыгрывается аппетит;
- сильная тяга к углеводам — весь день вы держитесь, но к вечеру не можете устоять перед конфетами или куском торта с чаем;
- вы проводите много времени в Интернете или перед телевизором;
- вас «пробивает» на активность поздним вечером, что может привести к еще более высокому уровню кортизола.

Пониженный уровень кортизола

Когда наш организм в силу каких-либо причин живет с постоянно повышенным уровнем кортизола в течение длительного времени, надпочечники, в конце концов, оказываются не в состоянии работать как прежде, выделяя такое же большое количество кортизола. В результате он может упасть полностью. Это состояние называется **усталостью надпочечников**.

Теперь уровень кортизола у нас слишком низок, и мы становимся слабыми, вялыми, апатичными, аллергичными, уязвимыми для инфекций и вирусов.

Что может вызвать усталось надпочечников? На самом деле, причин много. Конечно, первыми на ум приходят длительные стрессы, которым подвергается человек. А ведь известно, насколько наполнена сейчас стрессами наша жизнь. Большая опасность в этом плане подстерегает женщин, которые испытывают неадекватные для своего организма физические нагрузки. Вот почему тренировки ни в коем случае не должны быть изнуряющими — все, что вы сожжете в спортзале, будет тут же «отложено в запас» напуганным таким обращением с собой организмом. Кроме того, сказываются на уровне кортизола периоды бессонных ночей (привет, первые месяцы материнства и ночные смены) и общий недостаток физического и психологического комфорта.

Заподозрить, что у вас низкий уровень кортизола, можно по следующим признакам:

- даже если вы много спите, чувствуете усталость после пробуждения;
- вам хочется прилечь сразу после завтрака, да и вообще, вы засыпаете буквально везде, даже на рабочем месте клонит в сон;
- дни тянутся бесконечно, но вы при этом ничего толком не успеваете;
- ненадолго взбодриться вам помогают только кофе, энергетики и интенсивные упражнения;
- вы ощущаете полное отсутствие энергии и жизненных сил;
- вы не находите сил даже на вещи, которые вас по-настоящему увлекают.

К слову, вышеперечисленные симптомы характерны и для других состояний, таких как гипотиреоз (снижение функции щитовидной железы) и дефицит железа в организме.

Функции кортизола

Когда кортизол полезен

Уже хорошо знакомый нам парень, гормон стресса кортизол секретируется, когда мы находимся под давлением и ощущаем угрозу, будь она мнимая или реальная. К ситуациям, которые организм понимает именно таким образом, относятся: недосып, переутомление, голодание, инфекции, чрезмерные физические нагрузки, эмоциональные переживания, умственное напряжение и наличие угрозы для жизни. Сдача экзаменов, собеседование при приеме на работу, ссора с близкими или аварийная ситуация на дороге – гипофиз определяет количество гормонов, которые должны выработать надпочечники, чтобы помочь нам оптимально разрулить ситуацию с максимально благоприятным для нас исходом.

Кроме того, кортизол участвует в метаболизме углеводов, белков и жиров и играет важнейшую роль в борьбе с инфекционными заболеваниями, поддерживая основные звенья иммунитета, регулирует оптимальный уровень сахара в крови, взаимодействует с другими ключевыми гормонами. Нормальный уровень кортизола имеет решающее значение для поддержания устойчивой активности в течение дня.

Если ситуация начала развиваться внезапно, и спасти нас может только мгновенная реакция, гормоны стресса действуют как наши защитники, мгновенно синтезируя и выбрасывая в кровь большое количество адреналина и кортизола.

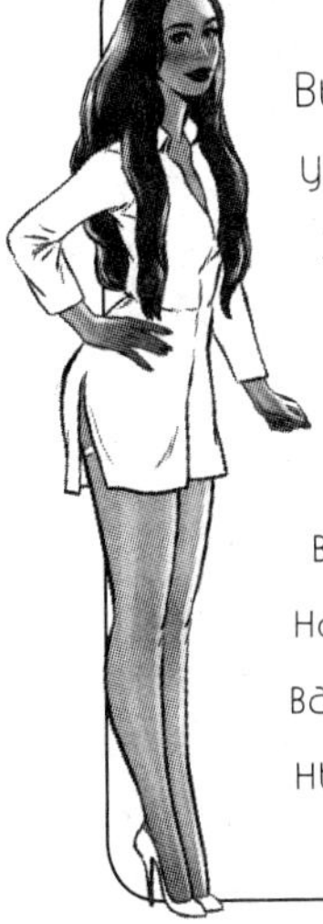

Вы заходите в комнату и видите, что ваш ребенок умудрился влезть на подоконник и любуется происходящим на улице, опираясь на еле держащуюся москитную сетку. Вас бросает в пот, чаще всего в холодный, сердце выпрыгивает из груди, повышается артериальное давление. В это же время вы буквально в прыжке хватаете малыша, не осознавая, как это вообще произошло. Опасность миновала, и ребенок спасен благодаря вашим решительным действиям и успешной работе гормонов стресса.

На выброс кортизола в кровь организм тотчас отвечает импульсивной взрывной реакцией, и из этого состояния нелегко выйти. Синтезируется кортизол не так быстро, как адреналин, но остается в организме дольше и сохраняет свою активность еще долго после того, как кризис миновал.

Вот уже все нормально, окно надежно закрыто, ребенок прижат к сердцу, но вас продолжают наполнять гормоны стресса: на щеках румянец, сердце стучит «как у зайца», вы потеете, нервничаете и никак не можете прийти в себя. Это физиология — внезапно запущенную стрессовую ситуацию невозможно сразу же «выключить».

Кортизол и ежедневный стресс

Мгновенные выбросы гормонов стресса спасают нам жизнь во многих опасных ситуациях. Без этой функции в организме человечество вряд ли могло выжить. Но, согласитесь, как-то многовато стресса в нашей обычной, вроде бы мирной жизни. Часто ли вам приходится встречаться с умиротворенными, лишенными всяких волнений людьми? Даже если такие попадаются нам на пути, на общем фоне они вызывают настороженность и недоверие. «Блаженные», «ненормальные», «человеку не может быть все время хорошо», — говорим мы и оттачиваем свои реакции в разных жизненных ситуациях, часто сами, своими руками создавая стресс. Я наблюдаю это ежедневно на протяжении многих лет у своих пациентов.

Вот, например, сообщение, которое прислала мне в личную переписку одна из пациенток моей онлайн-школы #будьхудойнеголовой.

История пациента

Мне кажется, что у меня ничего не выйдет с похудением. Нет, ваши рекомендации я соблюдаю, и, когда дома, все нормально. Не голодная, занимаюсь. Вроде бы даже нравлюсь себе в зеркале больше, чем раньше. Но как только прихожу на работу, настроение ноль. Дело в том, что со мной в кабинете работает моя подруга. То есть я считала ее подругой и делилась с ней своими переживаниями насчет фигуры. Она даже со мной за компанию начала питаться правильно, пытается подбадривать меня, но я вижу, что все это фальшь. Худеет она быстрее меня и прямо радости не скрывает по этому поводу. А еще мы обсуждали, как важна для женщины красивая грудь, и вот она пошла и сделала пластику. При том что прекрасно знает, какая для меня, с моей «единичкой», это болезненная тема, и что сейчас на операцию у меня денег не предвидится. Начинаю ее ненавидеть за это, но сказать ничего не могу — формально она моя начальница. Хоть увольняйся, но глупо же увольняться из-за чужой красивой груди.

Печальная история, правда? И я уверена, что ничего «такого» коллега-подруга моей пациентки не подразумевала, когда решилась произвести улучшения в своей внешности. Вряд ли ее главным мотивом было желание досадить соседке по комнате. Иногда мы внедряем стресс в свою жизнь настолько глубоко, что, фактически, ежедневно наполняем организм «сильнодействующими» гормонами, которые в итоге приводят в дисбаланс нервную систему, нарушают душевное равновесие. Как следствие, неадекватно реагируем на любые раздражающие факторы, будь то телефонный звонок, получаемая почта, громкий или внезапный шум. Естественно, все эти реакции сопровождаются выбросом кортизола. Наряду с этим, в качестве спускового механизма для синтеза кортизола начинают выступать внутренние факторы. Мы чувствуем себя напряженными, возбужденными, утомленными и втянутыми в жизнь, которая нам совсем не по душе. Соответственно, раздражаемся еще больше, еще острее реагируем на все. Замкнутый круг.

> На своих семинарах я всегда рассказываю о психосоматике. Ни один орган не болеет сам по себе. Если что-то в организме «ломается», значит, тому есть причина. Как раз, когда женщина живет не своей жизнью, все время угнетая собственное внутреннее «я», день за днем заставляя себя делать то, что ей не по нутру, у нее начинает «болеть» щитовидная железа, будь то снижение ее функции (гипотиреоз) или аутоиммунный процесс (разрушение клеток щитовидной железы своей же иммунной системой). Пусковым механизмом психосоматической проблемы с тем или иным органом является, опять же, перманентный стресс. Так можно обозначить любое заболевание, и пока человек не начнет глубоко работать со своим сознанием и подсознанием, регулируя и нивелируя свои стрессы, его лечение обречено на неудачу.

Удивительно, но факт: чем больше кортизола циркулирует у нас в крови, тем чувствительнее мы к стрессу. Даже такие мелочи, как опоздание на работу или незначительная аллергическая реакция, вызывают активный выброс гормонов.

Мы не можем справиться с ежедневным неотступным стрессом, чувствительность к нему растет, и мы невольно начинаем чувствовать себя настороженно и неспокойно, наши реакции обострены и большую часть времени готовы к борьбе. И это превращается в образ жизни.

В современном мире многие из нас почти не выходят из состояния стресса. При этом организм регулярно наполняется соответствующими гормонами. И если их не хватает для удовлетворения потребности, мы опять же оказываемся в кризисной ситуации — организму приходится искать способ увеличить количество кортизола и адреналина. Один из таких способов — пожертвовать частью половых гормонов. Я уже упоминала, что из прогестерона может синтезироваться кортизол. Ну а о том, чем чревата для организма недостаточность половых гормонов и как важно иметь нормальный их уровень, говорить не приходится, вы и сами это прекрасно знаете.

Циркуляция в организме избытков кортизола приводит к резистентности ко многим гормонам, включая гормоны щитовидной железы и половые гормоны. Это означает, что чувствительность организма к ним снижается, и для выполнения необходимых функций гормонов требуется все больше. Железа выбивается из привычного режима, начинает работать с повышенной нагрузкой, что в итоге приводит к ее гипо- или гиперфункции. Избыток кортизола мешает оптимальной работе всех органов и систем: разрушаются костная и мышечная ткани, стареет кожа, ослабляется либидо, блокируется способность прогестерона выполнять свои функции...

!

Многие женщины ошибочно считают, что полнеют именно из-за излишнего кортизола. Включается стереотип: «гормон голода, гормон стресса». В действительности, сам по себе кортизол является катаболическим гормоном, он разрушает ткани и способен вызывать снижение веса, но при избытке он может препятствовать оптимальной работе инсулина, что и ведет к росту жировых отложений, от которых многим женщинам так трудно избавиться. Видите «спасательный круг» на своей талии, притом что вроде и питаетесь неплохо и пытаетесь активничать? У вас, вероятнее всего, устойчиво высокий уровень стресса.

Если уровень кортизола перманентно высок в течение слишком долгого времени, он ускоряет старение, даже если в организме в нормальных количествах циркулируют половые гормоны. Избыток кортизола мобилизует все ресурсы организма и держит их «на низком старте», обеспечивая организму готовность так или иначе справиться с опасной ситуацией. При этом отнимается энергия у жизненно важных органов и ухудшается работа иммунной системы. Это провоцирует повышение уровня холестерина и сахара в крови, способствует развитию заболеваний сердечно-сосудистой системы, остеопороза и ослаблению памяти. Снижение иммунитета может играть роль в развитии рака и хронических инфекционных заболеваний. Если образ жизни не поменялся, а энергии на привычные дела не хватает — проверьте кортизол. Частые простуды также являются характерным признаком проблем с этим гормоном.

И слишком низкий, и слишком высокий уровень кортизола нарушает правильный ритм «вальса гормонов». Поэтому очень важно научиться осознавать и принимать факт наличия стресса в вашей жизни, и самое главное — грамотно и последовательно управлять кортизолом. Он может быть и «хорошим», и «плохим» — это зависит от вас. На то, чтобы нормализовать сниженный из-за хронического стресса уровень кортизола, могут уйти годы. Но это стоит сделать, потому как огромное количество проблем со здоровьем у женщин связано именно с данным фактором: от бессонницы и судорог во время месячных до очень тяжелых заболеваний.

Плохой, хороший, плохой

Этот «зверь» по имени кортизол вполне поддается дрессировке, что позволяет нам с вами создавать идеальные условиях для «вальса гормонов». Свое поведение кортизол меняет очень быстро: изначально в стрессовой ситуации вы ощущаете всплеск энергии и предельную концентрацию, необходимые для выхода из опасности. На физическом уровне это происходит благодаря функциям кортизола: он поднимает уровень сахара в крови, что дает заряд мышцам; повышает артериальное давление; модулирует иммунную функцию. Правда, здорово?

Но вскоре кортизол исчерпывает свою способность быть хорошим и начинает действовать во вред организму. Это происходит достаточно быстро: вот только вы пили бодрящий кофе, представляя себя героиней рекламного ролика и с упоением строя грандиозные планы на день, а уже через 17–20 минут ваши ощущения становятся совсем иными. Откуда-то приходит тревожность, мысли разбредаются, уровень сахара в крови растет, а затем резко падает, кислотность в желудке повышается, голова тяжелеет и немеет.

Со временем устойчивый высокий уровень кортизола приводит к таким неприятным последствиям, как высокое кровяное давление, инсулинорезистентность и диабет, увеличение жировых отложений вокруг живота по типу «спасательного круга», изменения мозга (атрофия гиппокампа, имеющая следствием снижение памяти и внимания), депрессия и бессонница, плохое заживление ран. И, наконец, ожирение: в жировых клетках живота содержится в четыре раза больше рецепторов кортизола по сравнению с жировыми клетками в других местах, и при повышенном кортизоле вы не можете убрать избыточный жир. Как решить проблему?

«Вернуть расположение» кортизола, вновь переведя его в нормальный рабочий режим, дающий нам энергию, бодрость и хорошее настроение.

Этот импульсивный гормон с непростым характером заставляет вас чувствовать себя умной и всесильной и вместе с тем очень любит поворачиваться к вам спиной. А ведь к хорошему, в том числе, к положительному воздействию кортизола быстро привыкаешь!

Слишком высоко кортизол поднимается, когда стресс становится хроническим. Давайте подробнее рассмотрим уже упомянутые мной в этой связи проблемы.

Долгосрочный эффект увеличения кортизола: от лишнего веса и жира до бессонницы

Нарушения углеводного обмена: инсулинорезистентность, сахарный диабет

Основная задача кортизола — повысить уровень глюкозы, и даже небольшое его количество (например, выпитая вами чашка обычного кофе) может повысить уровень сахара в крови и резистентность к инсулину.

Устойчивость к инсулину также мешает поддерживать здоровый вес или беспрепятственно худеть. Если клетки не получают необходимого топлива (глюкозы), поскольку действие инсулина блокируется, мозг принимает логичное решение — употреблять больше пищи, причем высококалорийной, что приводит к набору веса.

Плохое настроение, депрессия, синдром хронической усталости

При стойком стрессе увеличивается производство химических веществ, и в первую очередь выделяется слишком много «возбуждающих» нейромедиаторов, таких как адреналин и норадреналин. Чрезмерный уровень кортизола подавляет выработку веществ, ответственных за хорошее настроение, таких как триптофан и серотонин, регулирующие настроение, сон и аппетит. Тогда вы становитесь подавленными, вам трудно сосредоточиться. Сон и мотивация ухудшаются, аппетит становится неуправляемым, вам все время хочется сладкого. Некоторые женщины начинают снимать стресс алкоголем.

Я не советую вам прибегать к искусственным методам борьбы со стрессом, будь то антидепрессанты или алкоголь: вы должны работать над более эффективным управлением стрессом и коррекцией уровня кортизола, а не повышать серотонин с помощью приносящих мнимое счастье мер!

Кортизоловый живот и увеличение общего количества жира в организме, ожирение

Из-за большого количества кортизола вы набираете жир, особенно на животе. Постоянно повышенный уровень гормона стресса приводит к перемещению хранимых триглицеридов в висцеральные жировые клетки, в особенности в области живота, где, как мы уже знаем, находится в четыре раза больше рецепторов к кортизолу. Это провоцирует созревание жировых клеток и увеличение выработки кортизола на уровне тканей. Отсюда и название — стрессовый жир, кортизоловый живот.

Бессонница и другие неприятности

Повышение кортизола в вечернее время подавляет секрецию гормона сна мелатонина и нарушает циркадные ритмы.

Кроме того, повышенный кортизол — это:

- подавление иммунной системы;
- дисфункция щитовидной железы;
- проблемы с репродуктивной функцией;
- сердечно-сосудистые заболевания;
- болезни печени.

Научный подход

Наш друг кортизол становится нашим злейшим врагом, когда перестает давать нам энергию и повышать продуктивность и запускает негативные процессы. Почему так происходит? В любой стрессовой ситуации, будь она реальной или мнимой, со знаком плюс или со знаком минус, мозг — через ваши нейроны, а затем кровь — посылает сигнал надпочечникам. Команда звучит так: «Повысить адреналин и кортизол!» Адреналин является нейромедиатором — так называют биологически активные химические вещества, посредством которых осуществляется передача электрохимического импульса через синаптическое пространство от одной нервной клетки к другой, а также, например, от нейронов к мышечной ткани или железистым клеткам. Уровень адреналина падает примерно через 17–20 минут, в то время как уровень кортизола остается высоким. В этот самый момент кортизол, что называется, включает буку. Ну, вы понимаете, о чем я.

Еще одна проблема с избыточным кортизолом — он сокращает ваши теломеры. Это концевые участки хромосом, которые выполняют защитную функцию. Существует так называемый предел Хейфлика, связанный с сокращением длины теломер, — количество делений соматических клеток приблизительно равно 50, после чего клетки начинают проявлять признаки старения. Теломеры являются одним из ключевых биомаркеров этого процесса. Другое исследование показало, что избыточный стресс, и как следствие избыточный кортизол, укорачивает теломеры и снижает активность теломеразы (фермент, который препятствует укорочению теломер). Проще говоря, лауреаты Нобелевской премии по физиологии и медицине за 2009 год, американские ученые Элизабет Блэкберн (Elizabeth Blackburn), Джек Шостак (Jack Szostak) и Кэрол Грейдер (Carol Greider) научно подтвердили широко известный в народе факт — избыточные переживания укорачивают жизнь.

Теперь, рассмотрев ситуацию на столь глубинном уровне, мы понимаем, что можем ее изменить и — главное — зачем вообще прилагать к этому усилия. Хотим же быть молодыми, не стареть дольше? Значит, нужно ослаблять реакцию на стресс, сохранив нормальный уровень кортизола, и тем самым приостановить процесс ускоренного старения.

10 простых способов «приручить» кортизол

1. Ешьте больше углеводов

Странная рекомендация от диетолога, подумают некоторые, и будут неправы. Потому что правило о потере веса с помощью низкоуглеводной диеты не относится к тем, у кого нарушен синтез кортизола. В результате клинических исследований выяснилось, что пациенты с высоким уровнем кортизола теряли вес, когда ели завтраки с низким содержанием углеводов, употребляли умеренное количество сложных углеводов во второй половине дня и большое количество сложных углеводов вечером. Под сложными углеводами понимаются макароны твердых сортов (состав: мука твердых сортов, вода, соль), цельнозерновые крупы и хлеб, отруби, бобовые и т. д. Углеводы повышают уровень сахара в крови, поэтому поджелудочная железа вырабатывает больше инсулина, чтобы управлять процессом. Инсулин снижает выработку кортизола. Когда уровень сахара в крови поднимается, кортизол снижается.

2. Откажитесь от кофеина

Вот увидите, как изменится ваше общее состояние через некоторое время. Я проверяла неоднократно на себе данный метод. Используйте кофе либо в лечебных целях, когда невыносимо хочется спать, либо вообще не употребляйте его. Через 15–20 минут после чашечки крепкого кофе уровни адреналина и норадреналина начинают падать, а уровень кортизола все еще остается высоким, что вполне может увеличить симптомы тревоги.

! Вообще, знайте, что использовать кофе для поднятия тонуса – это все равно что покупать желанную вещь в кредит. Вы становитесь обладателем «сокровища» и радуетесь жизни ровно до момента, пока не наступает необходимость платить по кредиту. В данном случае «плата» выражается в дезорганизации работы гормонов, ощущении тревоги, жире на животе и прочих неприятностях.

Хуже всего приходится в данном случае людям, которые генетически запрограммированы к медленному метаболизму кофеина. Однако при этом есть довольно большая группа людей, которые совершенно спокойно могут выпить самый крепкий эспрессо и спокойно уснуть. В общем, хочу подвигнуть вас хотя бы поэкспериментировать с этим напитком (вернее, без него).

3. Добавьте в рацион Омега-3 и принимайте 5-HTP, витамин С, витамины группы В (особенно B_5)

Британские ученые, не те, которые из анекдотов, а самые настоящие и уважаемые в международном научном сообществе, доказали, что ежедневный прием Омега-3 в больших дозировках снижает уровень кортизола. Какую баночку выбрать, спросите вы, ведь этой Омеги-3 на просторах аптек и интернет-магазинов завались. Все просто, смотрим состав:

> Сумма DHA+EPA (докозагексаеновой и эйкозопентаеновой кислот) должна быть не менее 700 мг, А ЛУЧШЕ 1000 МГ, иначе такая добавка просто не будет работать.

Пантотеновая кислота (витамин B_5) и витамин С (800–1000 мг в сутки) уменьшают гиперсекрецию кортизола.

Витамины группы В положительно влияют на нервные клетки, успокаивая, снимая напряжение. Желательно употреблять все витамины группы В комплексно, чтобы побороть депрессию, усталость.

5-HTP — триптофан, «незаменимая» аминокислота, предшественник гормона счастья серотонина, снижает тягу к сладкому, мучному, улучшает настроение.

4. Принимайте адаптогены

Мака перуанская, женьшень, родиола розовая, ашваганда, шизандра — их дозировки строго индивидуальны и подбираются врачом, согласно этиологии и симптомам заболевания.

5. Спите не менее восьми часов в сутки

Ложитесь спать в 23:00, просыпайтесь в семь утра по циркадным ритмам. Нездоровый график кортизола ухудшает качество сна и укорачивает его, и, напротив, полноценный сон и режим только улучшают показатели этого гормона. Жизнь в соответствии с циркадными ритмами — один из самых эффективных методов борьбы с лишним кортизолом.

Если не можете уснуть самостоятельно, нужно использовать натуральные, естественные способы помощи

К СВЕДЕНИЮ

✷ **Аминокислоты** — это вещества, из которых образуются белки в организме, они являются основным «строительным материалом» для синтеза всех тканей организма, ферментов, гормонов и других физиологически активных соединений.

Большинство аминокислот синтезируются в теле человека и животных из продуктов обмена веществ и усвояемого азота — их называют «заменимые» аминокислоты.

Существуют также аминокислоты, которые не синтезируются в организме человека, но необходимы для нормальной жизнедеятельности. Это — «незаменимые» аминокислоты. Они должны поступать в организм с пищей. В случае, когда хоть одна незаменимая аминокислота отсутствует, образование белков приостанавливается.

организму. Подробнее о сне буду рассказывать в следующей главе.

6. Выбирайте правильное время для тренировок

Хотите получить заряд бодрости поутру или в середине дня? Интенсивные физические упражнения помогут вам в этом, повысив уровень кортизола. Но вечерние или ночные тренировки принесут больше вреда, чем пользы, приводя к бессоннице и провоцируя тревожное состояние.

7. Применяйте ароматерапию

Как известно, запахи способны оказывать замечательное влияние на наш организм. Бодрят, возбуждают, расслабляют... В нашем случае нужны как раз последние. Лаванда, апельсин, кедровое дерево, ладан, бергамот, мята и сандал — вот только некоторые «помощники» в деле снятия напряжения.

8. Если вам плохо, удвойте заботу о себе

Когда вы чувствуете обиду — на конкретного человека или на весь мир, переживаете какую-то досадную ситуацию, ваш уровень кортизола повышается. Чтобы его снизить, надо, фигурально выражаясь, окружить себя заботой. У каждого свои рецепты, но есть и стандартные рекомендации: прогулка, чашка ароматного травяного чая и что-то вкусное, небольшой (или большой, чего уж мелочиться) подарок...

9. Научитесь говорить «нет»

Наверняка, если бы нам не нужно было делать столько всего на протяжении дня, мы не чувствовали бы себя в напряжении. Огромный список необходимых дел — это одна из причин тревожного состояния. Многим знаком настоящий бич сегодняшнего дня, так называемый синдром временно́го сжатия: слишком много дел, слишком мало времени. Плотный график плюс высокий трафик — и вот стресс сначала встречает вас с распростертыми объятиями, а затем и вовсе переселяется к вам жить. Даже если вы и швец, и жнец, и на дуде игрец одновременно, и, как вам кажется, справляетесь вполне успешно — я вас разочарую. Исследования доказывают, что такая «многозадачность» тесно связана с расстройством внимания, депрессией, тревогой и с уменьшением плотности серого вещества в мозге. Вот почему ваше умение отказывать так важно для контроля уровня тревожности. Не соглашайтесь на то, что вам претит, только из опасения обидеть кого-то отказом или ложных представлений о добродетели и благотворительности. Невозможно помочь всему миру, как бы цинично это ни звучало. Но если так хочется помогать, начните с себя.

10. Практикуйте релаксацию и дыхательные упражнения

У наших надпочечников нет глаз, и им совершенно все равно, является стресс психическим или физическим. Они становятся на защиту, когда вам что-то угрожает, и будут синтезировать свой кортизол всякий раз при возникновении тревожной ситуации — по крайней мере, пока не выгорают. Часто духовные практики являются реальным спасением от постоянного чувства тревоги.

Вы можете мне сказать: какая йога, какие духовные практики, тут иной раз поесть некогда!

Ну что мне ответить, милые мои: если вы действительно хотите сохранить свою женскую энергию и внутреннюю гармонию организма, на это нужно находить время.

Стресс и тревога вызывают поверхностное дыхание (дышим верхом грудной клетки, а не с помощью живота), потому что активируют симпатическую нервную систему.

Глубокое же дыхание животом стимулирует блуждающий нерв, который помогает утихомирить симпатическую нервную систему, активируя парасимпатическую. Оно также провоцирует выброс нашего собственного нейромедиатора ГАМК (гамма-аминомасляная кислота). Глубокое дыхание принесет еще больше пользы в сочетании с медитацией, в процессе которой снижается уровень кортизола и высвобождается серотонин. Если вам кажется, что у вас совсем-совсем нет времени, выделите себе для начала хотя бы пять минут. Даже такой короткий период спокойного созерцания и глубокого дыхания поможет вам перезагрузиться.

Что можно делать? Как минимум, спокойно посидеть, прикрыв глаза и прислушиваясь к окружающему миру. Можно заняться дыхательной практикой, прогуляться на природе, послушать мантры или почитать молитвы. Релаксация полезна в любое время суток, в какой бы точке графика ни находилась ваша «кривая» кортизола. Но, как логично предположить, наибольшую пользу расслабляющие практики принесут вечером, поспособствовав хорошему сну.

Глава 8

Сон и мелатонин. Кому и сколько нужно. Зачем спать и как уснуть, если не хочется

На мой взгляд, в нашей сложной жизни незаменимыми являются две вещи: аминокислоты и хороший сон. Поговорим о банальщине, о том, почему так важно ложиться спать до 23 и вставать до семи утра, как сон влияет на вес, настроение, ну и, конечно же, о гормонах. И пусть некоторые читатели совершенно недооценивают роль биоритмов, я все равно буду об этом говорить и говорить.

Что радует? Тысячи пациентов моей онлайн-школы, доверяя мне, изменили свою жизнь, поборов самую вредную привычку — не спать по ночам, спать мало, просыпаться поздно. Да, жизнь — она такая: работа, переживания, совы/жаворонки, все понятно, но я совершенно согласна с моим любимым профессором Неумывакиным: если человек хронически не спит ночами, он просто не может быть здоровым.

Сколько нужно спать?

Я уже рассказала в предыдущих главах о циркадных ритмах, значение и влияние которых невозможно переоценить. И скажите мне, дорогие читатели, а вот предки наши, неужели они были глупцами? Замачивали крупы, делали хлеб на закваске, жили по световому дню, отправляясь спать с закатом и пробуждаясь с восходом солнца... И потом нас, таких умных родили.

А вы знаете, что только трем процентам людей достаточно шести часов сна, чтобы высыпаться и бодро себя чувствовать? Как же остальные 97%? Сон — вещь сугубо индивидуальная, так что время, за которое человек полностью высыпается, тоже зависит от его организма. Согласно исследованиям ученых из Отдела медицины Гарвардской школы, существуют два фактора, определяющие данный показатель: это возраст и генетика.

Наследственность влияет не только на количество, но и на структуру сна и время пробуждения, а также на ваши предпочтения для выполнения определенных задач в разное время дня. Большинству взрослых требуется около восьми часов сна в сутки, а вышеуказанный очень маленький процент людей, которые высыпаются за шесть часов и потом остаются продуктивными в течение дня, обязан этому именно своим генам.

Обычно чем старше вы становитесь, тем меньше вам требуется сна. Приведу данные о том, сколько часов в среднем нужно спать людям разных возрастов:

- новорожденные (от месяца до двух) — от 10,5 до 18 часов;
- младенцы (от трех до 11 месяцев) — от 10 до 14 часов;
- маленькие дети (от года до трех лет) — от 12 до 14 часов;

- дети дошкольного возраста (от трех до пяти лет) – от 12 до 14 часов;
- дети (от пяти до 12 лет) – от 10 до 11 часов;
- подростки (от 12 до 18 лет) – от 8,5 до 9,5 часа;
- взрослые (от 18 лет до конца жизни) – от 7,5 до 8,5 часа.

Исследования подтвердили, что у тех, кто спит слишком много или слишком мало, возрастает риск развития серьезных заболеваний по сравнению с теми, кто спит достаточно. Мамы малышей и мамочки на грудном вскармливании, наверное, читая меня сейчас, хотят этой книжкой запустить в мимо проходящего папу. Запомните: малыши растут, эти трудности со сном временные, скоро-скоро ваше грудное вскармливание, зубы и колики пройдут, и вы станете «нормальными» людьми. Сама была такой, знаю, о чем толкую.

Это короткий период, который просто нужно пережить.

Связь сна и гормонов

Итак, ближе к делу. Такие гормоны, как мелатонин, серотонин и дофамин, влияют на мотивацию, настроение, сон, аппетит и вес. Также имеет огромное значение правильный баланс соматотропного гормона, гормона роста, потому что его недостаток приводит к накоплению жира. А вот гормон стресса кортизол, наоборот, при своем избытке приводит к уничтожению белков и накоплению жиров.

Серотонин и дофамин – нейромедиаторы, они отвечают за сообщение между нервными клетками. Мелатонин управляет циркадными ритмами.

Сон играет важную роль в регулировании всех этих гормонов. Во сне организм осуществляет, так сказать, капитальный ремонт, в ходе которого, помимо всего прочего, вырабатываются многие «нужные» гормоны, а уровень «ненужных» снижается.

Если человек спит мало, нарушается выработка лептина и грелина — гормонов, ответственных за чувства сытости и голода. Когда недосыпание приобретает системный характер, уровень лептина понижается, а грелина — растет. Вы ощущаете сильное чувство голода, а процесс поглощения пищи зачастую переходит в переедание. Легли спать в полночь, час или два ночи, а то и позже — знайте, что оставили свой организм без самых жиросжигающих гормонов и получили гормональный дисбаланс со всеми вытекающими последствиями. Многочисленными исследованиями доказано, что люди, которые спят меньше семи часов в сутки, в 4,5 раза чаще страдают лишним весом, ожирением и депрессией. Оно вам надо?

Если вы пренебрегаете правилами царства Морфея, то рано или поздно недосып даст о себе знать, ударив именно по тому месту, где тонко. А, как известно, где тонко, там и рвется. Производится мелатонин эпифизом — шишковидной железой, которую еще называют «третьим глазом». За ночь вырабатывается около 70% суточной нормы мелатонина. Этот гормон помогает нашему организму соблюдать биоритмы, приспосабливаться к самым разным условиям жизни, смене дня и ночи, заставляет нас спать хорошо и крепко. Но самое важное его свойство заключается в другом. Вспомните, как часто бывало, когда вы ложились спать больной, а наутро просыпались, чувствуя себя гораздо лучше. Или, например, приходили домой после косметических процедур, стараясь не попадаться мужу на глаза при безжалостном свете ламп — но за ночь кожа успокаивалась, «приходила в себя», и вы встречали новый день раскрасавицей. Все благодаря мелатонину, который во время сна занимается восстановлением всего, что пострадало днем. Он считается самым сильным естественным иммуномодулятором и антиоксидантом, серьезным борцом со свободными радикалами — теми зловредными молекулами, которые разрушают гены, клетки и ткани и вызывают многие болезни. С возрастом организм производит все меньше мелатонина, и, как доказано исследованиями, дефицит этого гормона является одним из признаков старения.

Еще раз главные факты о мелатонине

1. Он классный парень. Он запускает механизмы нашего с вами настроения, ощущения счастья/депрессии, аппетита, либидо. Заметьте, не выспались — зверский аппетит.

2. Когда свет перестает попадать на ваши глаза, мозг получает соответствующий сигнал, и серотонин преобразуется в мелатонин.

   Мелатонин, попадая в кровь, проникает в каждую клетку нашего тела, и организм засыпает. Этому процессу мешать нельзя.

   Он вырабатывается только в полной темноте. При попадании света на сетчатку глаза (даже при закрытых глазах) эпифиз прекращает синтез мелатонина.

3. Мелатонин влияет на уровень гормона роста. Соответствующее исследование было проведено в 2007 году.

Выяснилось, что мужчины, которые получали мелатонин, независимо от дозировки имели уровень гормона роста в два раза выше, чем те, которые не принимали его. Вот не зря наши предки говорили, что во сне растут!

4. Мелатонин — гормон-антистресс, что подтверждают исследования ученых из Калифорнийского Университета. Взаимосвязь мелатонина и кортизола очевидна, и особенно это важно для женщин зрелого возраста.

5. Мелатонин работает на уменьшение жировой прослойки.

6. Мелатонин увеличивает размер мышц и усиливает липолиз.

7. Уровень мелатонина снижается после 25 лет, начинаются процессы старения.

8. Мелатонин — гормон anti-age. В США уже давно считают его лекарством от старости.

9. Иммунитет, либидо, аппетит — имеют прямую связь с количеством мелатонина.

10. Мелатонин обладает противораковыми свойствами.

11. На уровень мелатонина негативно влияют алкоголь, низкокалорийное питание, переедание на ночь и кофе.

Еще раз повторяю: чтобы мелатонин вырабатывался в достаточном количестве, удовлетворяя все наши потребности и выполняя все свои многочисленные функции, необходимо ложиться спать по циркадным ритмам, в 22:30–23:00. Ваши первые помощники в этом деле — повязка на глаза или плотные темные шторы, которые не пропускают свет от внешних источников. Это особенно важно для жителей больших городов, где то фонарь, то фары, а то и свет из окон дома напротив постоянно нарушают покой.

Очень многие мои пациентки жалуются, что в силу привычки не могут настроиться на циркадные ритмы и заснуть вовремя, соответственно, утром не высыпаются, оттягивают время подъема, потом опять ворочаются с боку на бок и не могут заснуть. Рекомендую в таких случаях принимать мелатонин в виде добавки: каждый день, за 30 минут до сна, выключая при этом все источники света, гаджеты, телевизор, до тех пор, пока ваш сон не наладится самостоятельно. Это натуральное вещество не является снотворным и не вызывает привыкание. На мой взгляд, добавка мелатонина является неким «маст-хэв» в нашей современной жизни. Дозировка очень индивидуальна и зависит от состояния вашей нервной системы. Опять же, рекомендую начинать прием с 3 мг, постепенно повышая дозировку до оптимальной именно для вас. Когда вы увидите, что сон стал глубоким, вы крепко спите всю ночь, отлично высыпаетесь и утром бодры как огурчик — значит, дозировка подобрана верно.

Глава 9

Заболевания щитовидной железы. Гипотиреоз и АИТ. Щитовидка — королева метаболизма. Правила питания и распределения продуктов в течение дня

«Щитовидку проверьте!» — совет, сравнимый с обвинением: «Да вы истеричка».

По данным Американской тиреоидологической ассоциации, около 20 миллионов американцев страдают той или иной формой заболевания щитовидной железы.

При этом 60% из них до сих пор не подозревают об этом. В России, по разным данным, эта проблема наблюдается у 5–15% населения, больная щитовидка — второй по популярности (после диабета) повод для визита к эндокринологу, и практически у каждой пятой женщины после родов щитовидка, как говорят в народе, «едет». В общем, масштабы бедствия вам понятны.

Как заподозрить, что заболела именно щитовидная железа? На что обратить внимание?

Признаки, указывающие на заболевания щитовидной железы

Вы невероятно раздражительны

Может, вы и раньше не отличались покладистым характером, но теперь проявления вашего «все бесит» больше напоминают ядерный взрыв: никаких признаков надвигающейся беды, а потом как шарахнет, и все, всем конец! Будь то неудачно разувшийся не там, где надо, муж, или подруга, которая похудела слишком быстро, быстрее, чем вам хотелось бы.

Не успела проснуться, уже устала

Слабость, усталость, апатия, депрессивное настроение.

Если это не накопившаяся усталость из-за отсутствия отпуска в последние несколько лет.

Ваш вес стоит как вкопанный

Это при том, что вы вроде и питаетесь правильно, и достаточно активны, либо скачет плюс-минус пять килограммов.

Сниженная функция королевы метаболизма не даст вам сбросить вес эффективно. Плюс это может быть далеко не жир, а отечность.

Скачет настроение

Наступает эмоциональная нестабильность: резкие перепады настроения, плаксивость и агрессия, то есть поведение, которое мы можем принять за нервный срыв, — типичные признаки гипертиреоза.

Это не обычная смена настроения, когда у вас есть реальный повод: произошло что-то забавное — смеемся, грустное — задумались или поплакали. Нет, это похоже на то, как будто в вашей голове поселились четыре личности: сангвиник, флегматик, меланхолик и холерик, и они без конца ведут истерическую борьбу без правил за то, кто сегодня дежурит.

Выпадение волос, ломкость ногтей, сухая кожа, нарушение менструального цикла

Кстати, дорогие женщины, прежде чем лечить бесплодие, проверьте щитовидную железу.

Какие анализы? Элементарно: УЗИ щитовидной, кровь на ТТГ, Т3, Т4, АТ-ТПО (см. главу 4).

Очень часто можно услышать от пациентов, страдающих заболеваниями щитовидной железы, следующий вопрос: «Неужели я буду всю жизнь на таблетках?» Да, такое может быть, если человек мало знает о своем заболевании и не интересуется им, а следовательно, и своим здоровьем, подсознательно видит выгоду в своей болезни, и, соответственно, мотивация к выздоровлению хромает, после череды неудачных попыток излечения нет веры в себя и желания что-то менять. Но если пациент упорно и тщательно выполняет все рекомендации, как бы сложно ему ни было, то наверняка — мой практический опыт это подтверждает — он получает улучшение состояния и в ряде случаев насовсем прощается с химическими медицинскими препаратами.

Психоматика заболеваний щитовидной железы

Щитовидная железа — такой невероятно важный орган в жизни женщины. Почему женщины? Задумайтесь, часто ли вы встречаете мужчин с заболеваниями ЩЖ? Очень редко. Щитовидная железа — орган очень чувствительный, отвечающий за самовыражение, творческое начало и чувствительность. Это «энергетическая железа», вырабатывающая гормоны для регулировки темпа жизни человека. Основными заболеваниями щитовидной железы являются гипотиреоз и гипертиреоз — результаты психологических блокировок или физических нарушений в организме.

Щитовидка — центр между физическим телом человека и его горловинной чакрой (энергетическим центром). Она определяет, насколько человек способен управлять своей жизнью, нести за себя ответственность и принимать решения, жить так, как диктуют его собственные желания и предпочтения. Вот почему принято считать, что ЩЖ попадает под удар первой, когда человек живет «не своей жизнью», но уже смирился с этим и махнул на себя рукой. Но это ведь тоже происходит по разным причинам. Давайте рассмотрим их поподробнее.

Психосоматика гипертиреоза

Отсутствие чувства защищенности и надежды — такова психологическая подоплека гипертериоза. Откуда берется? Да из семьи, конечно. Потеря одного из родителей, в буквальном смысле, то есть смерть, или в переносном, когда родитель по факту отсутствует в жизни ребенка, и неважно, сколько этому ребенку лет, будь он хоть сто раз взрослый по общепринятым меркам. Кроме того, спровоцировать это заболевание могут негативные отношения с членами собственной семьи, когда человек не уверен в самых близких, в том, что получит их помощь и поддержку в любой ситуации. Пациент постоянно на подсознательном уровне чувствует угрозу своей безопасности, а потому находится в постоянном напряжении.

Психосоматика гипотиреоза

Гипотериоз — это болезнь разбитых мечтаний и несбывшихся планов, когда человек теряет интерес к происходящему. Помните, как в сказке «Марья-искусница» Марья говорила: «Что воля, что неволя, все равно». Несоответствие желаний имеющимся возможностям и отсутствие инициативы, стремления к переменам вынуждают организм вот на такой доступный ему бунт. То есть пациенту только кажется, что он со всем смирился, но его психика так не думает.

Увеличение щитовидной железы и узлы

Увеличение щитовидки с точки зрения психосоматики объясняется постоянным давлением со стороны окружающих, будь то тиран-начальник, муж-алкоголик или деспотичная свекровь, унижающая невестку и диктующая, как ей вести хозяйство. Человек не в силах противостоять тирании и считает себя жертвой, постоянно чувствует себя униженным и даже неполноценным. Кстати, это болезнь не только взрослых, но и детей, к которым в семье относятся неуважительно. Знакомо выражение «ком в горле от обиды»? Вот это первый шаг к возникновению зоба щитовидки.

* * *

Хорошая новость — щитовидку можно «выключить» из психосоматики. И главная рекомендация тут проста: не молчите! Говорите о своих проблемах, озвучивайте обиды, просите помощи, перестаньте тянуть на себе всю ответственность. И, конечно, лечитесь от страха за будущее. Как бы нам того ни хотелось, мы не можем контролировать все и не знаем, что готовит нам завтрашний день. Так какой смысл в пустых переживаниях, которые только повышают «градус страха» в нашем сознании?

Более того — часто работу щитовидной железы можно наладить за счет правильно подобранного питания. Вернее, не просто правильного питания, одна диета тут не поможет. Как мы говорили в главе 3, «королева метаболизма» крайне чувствительна ко всему, что творит с собой ее хозяйка. Так что, пока вы не измените сам образ жизни и мыслей, вы не сумеете помочь своему заболевшему органу. Изменить образ жизни вы сможете самостоятельно, а я со своей стороны могу дать советы, как питаться, какие добавки и витамины необходимо принимать при нарушениях функций щитовидной железы.

Гипотиреоз

Гипотиреоз — синдром, который развивается при низкой концентрации гормонов щитовидной железы, является одним из самых распространенных заболеваний эндокринной системы. Клиническая картина гипотиреоза может быть представлена симптомами основного заболевания щитовидной железы, которое стало причиной ее дисфункции, и непосредственными признаками гипотиреоза.

Симптоматика гипотиреоза

Если говорить кратко, то основные симптомы гипотиреоза — это:

- менструальные сбои;
- резкий набор веса, отечность лица и конечностей;
- ощущение тошноты, вздутия живота, запоры;
- волосы заболевшего человека становятся сухими и ломкими, начинают сильно выпадать;
- кожа головы может приобрести желтоватый оттенок;
- может нарушаться слух и меняется голос;
- быстрая утомляемость, слабость; мышление и речь становятся медленнее; появляется чувство озноба, что вызвано медленным обменом веществ.

Правила питания и образа жизни

Запрещенные продукты

- Исключить продукты **соевого происхождения**, так как они в своем составе имеют изофлавоны (гормональноподобные вещества).
- Ограничить употребление **овощей, входящих в семейство крестоцветных**:
  - разные сорта капусты — белокочанная, цветная, брюссельская, брокколи, а также кольраби;
  - репа, брюква, горчица.

В них содержатся изотиоцианаты, которые плохо влияют на работу щитовидки.

Нужно избегать и **пищи, которая повышает уровень эстрогена,** — это свинина, баранина и говядина, молоко, все бобовые.

Снизить употребление **продуктов, содержащих глютен**: изделия из пшеницы и муки, глютеновые крупы.

Исключаем также льняное семя и масло, арахис, грецкие орехи.

Исключите полностью **простые углеводы**, снизьте количество сложных. Каши и крупы едим только на завтрак.

Увеличьте употребление белка

Белок является основным «фундаментом» для построения и роста клеток организма. Белки принимают непосредственное активное участие в важнейших метаболических процессах, а нормальный обмен веществ особенно важен при нарушениях функций щитовидной железы.

Поэтому рацион должен быть обогащен:

- рыбой и морепродуктами, нежирным мясом, птицей (кроме курицы, если это не фермерская курица);
- злаковыми (лучше без глютена), орехами (кроме арахиса и грецкого), кисломолочными продуктами.

К СВЕДЕНИЮ

✷ **Глютен, или клейковина** — растительный белок, состоящий из двух других белков: глютенина и глиадина. Содержится во многих злаках, особенно много его в пшенице, овсе и ячмене. Высоким содержанием глютена отличаются:

- хлебобулочная продукция, мука;
- колбасные изделия, фарш;
- напитки, изготовленные на основе злаковых культур (пиво, виски и водка);
- шоколадная продукция;
- соусы, кетчупы, майонез.

Крупы без глютена: рис, гречка, киноа, амарант, полба.

При этом употребление соевых продуктов должно быть резко ограничено или исключено совсем.

Откажитесь от жирного мяса и рыбы, не используйте в приготовлении блюд продукты, содержащие насыщенные жирные кислоты (сало, сливочное масло, сливки, тропические растительные масла).

Самое главное: режим питания

Количество приемов пищи — три раза в день **без перекусов!**

Размер порций — 400–450 г.

Между приемами пищи – полный голод, только вода!

Один день в неделю — полностью белковый (плюс немного некрахмалистых овощей).

Схема питания:

- завтрак — сложные углеводы с фруктами и орехами;
- обед — белок и клетчатка;
- ужин — белок и клетчатка.

Последний прием пищи — в 18–19 часов

Ограничьте потребление жидкости

Рекомендуется выпивать не более 1,5 литра жидкости в день, включая всю воду, которая содержится в блюдах.

Жидкость в виде компотов, соков, чая, кофе и т. д. резко ограничиваем. Пейте простую воду. Это правило обусловлено тем, что из-за нарушения метаболических процессов выведение воды из организма замедляется. Большое количество потребляемой жидкости почти всегда вызывает у больного умеренную или сильную отечность.

Исключите из рациона супы.

Потребляйте больше клетчатки

Клетчатка, или грубые пищевые волокна — ценный продукт для общего здоровья организма. При гипотиреозе, ввиду резкого замедления обменных процессов, заболеванию часто сопутствуют запоры и нарушения работы кишечника. Чтобы нормализовать работу кишечника, ешьте больше продуктов, содержащих клетчатку: 500 г овощей в день — ваша норма. Можно также добавлять в рацион аптечную клетчатку.

Чашечка кофе вам не повредит

Кофе отличается высоким содержанием магния и витаминов группы В, которые необходимо постоянно восполнять даже здоровому человеку. При гипотиреозе разрешается и даже рекомендуется прием одной чашки некрепкого натурального кофе в день. Разумеется, речь идет не о растворимом кофе. А вот с чаем дела обстоят иначе — из-за содержания в нем фтора, который в больших количествах пагубно воздействует на щитовидку, следует ограничить его употребление. Потребляемую воду лучше очищать с помощью специального фильтра.

Контролируйте уровень холестерина в крови (очень важно!)

При сниженной функции щитовидной железы вырабатывается недостаточное количество тиореоидных гормонов, которые отвечают за расщепление липидов. Уровень холестерина растет, и почти весь он превращается в «плохой» холестерин. В свою очередь, холестерин отвечает за синтез стероидных гормонов, избыток которых нарушает работу щитовидной железы, — замкнутый круг!

Поэтому регулярно проверяйте свой холестерин (анализ — каждые три месяца!), балансируйте жиры в своем рационе (70% — растительные, 30% — животные), принимайте хорошие дозы Омега-3. Это поможет контролировать уровень холестерина.

Принимайте витамин D и L-тирозин

Контролируйте уровень витамина D, при снижении — прием биологически активных добавок.

Принимайте L-тирозин. L-тирозин (одна из форм аминокислоты тирозина) крайне необходим! Он обеспечивает необходимый материал для формирования основы гормонов щитовидной железы.

Такой важный селен

Я специально вынесла его в отдельный пункт! Селен имеет огромное значение для превращения Т4 в Т3 (тиреоидные гормоны). Дефицит селена крайне нежелателен, если у вас гипотиреоз. Большинство врачей просто дают своим пациентам синтетический гормон щитовидной железы, который содержит только Т4 (L-тироксин). Даже если у пациентов низкий Т3, его успокаивают тем, что Т4 будет конвертироваться в Т3. Но если у человека дефицит селена, то этот процесс будет затруднен. Конечно, не во всех случаях низкий Т3 вызван дефицитом селена, но все же...

И последнее по порядку, но не по важности.

Живите по циркадным ритмам:
сон в 22:30, подъем в 7:00!

Аутоиммунный тиреоидит (АИТ)

Ткань щитовидной железы по каким-то причинам воспринимается собственным же организмом как чужеродная, и В-лимфоциты начинают вырабатывать против нее антитела. Эти антитела могут оказывать стимулирующее действие, и тогда мы наблюдаем явления **тиреотоксикоза**: потливость, повышение температуры тела, агрессия, беспричинное снижение веса, тремор и перебои в работе сердца. Также действие антител может быть, наоборот, угнетающим, в этом случае будут наблюдаться явления **гипотиреоза**: запоры, набор веса, отеки, сонливость, слабость, сухость кожи и локтей и т. д.

Антитела в анализе крови иногда обнаруживают случайно, потому как АИТ может в течение длительного времени протекать без выраженной симптоматики — до накопления определенного количества антител, — соответственно, жалобы у пациента также отсутствуют.

А вот вопрос: почему это наша родная щитовидка вдруг становится нам чужой? Смотрите, в чем дело: при наличии дисфункции кишечника, дисбактериоза, недостаточной ферментации в кровоток могут попасть крупные непереваренные частицы пищи, глютен, казеин, вирусы и бактерии. То есть все то, чего в принципе там быть не должно. Конечно, на защиту организма грудью встает иммунная система, вырабатывая антитела. Они, как выпущенные из луков стрелы, «пронзают врагов», то есть уничтожают чужеродные частицы. А вместе с ними под раздачу попадает и сама щитовидка, поскольку все вышеперечисленные «чужаки» структурно похожи как раз на ткань этой железы. Как итог — АИТ. Скажите, у вас еще есть сомнения по поводу того, что питание и соматические заболевания не взаимосвязаны?

Диагностика АИТ

1. Анализ крови:
- ТТГ;
- Т3 и Т4;
- АТ-ТПО;
- антитела к тиреоглобулину.

2. УЗИ щитовидной железы

Также я обычно назначаю анализы для диагностики состояния кишечника, но это очень индивидуально.

История пациента

Ирина пришла ко мне с диагнозом: неспецифический язвенный колит, тотальное поражение толстого кишечника, тяжелое течение, гормонозависимая форма. После года традиционного лечения (которое не помогало) решила попробовать лечение питанием. Первые же недели выявили ошибки, которые допускала Ирина. Во-первых, слишком много было фруктов. Убрали почти все, и дело сдвинулось с мертвой точки. Во-вторых, пришлось бороться с сильным голодом, помогло просто «перетерпеть». В каждый прием пищи животный белок, овощи и полезные жиры. Чай без ничего. Из добавок: рыбий жир, глютамин и пробиотики. Первые улучшения пошли через месяц, через три мы добились ремиссии, и пациентка смогла расширить

рацион. Еще через десять месяцев Ирина постепенно отказалась от всех лекарств, которые принимала. И с тех пор в течение двух лет постоянно придерживается диеты и находится в ремиссии без лекарств.

Питание и образ жизни при АИТ

Можно и нужно

- Фрукты и ягоды с низким гликемическим индексом (см. приложение 2).
- Мясо — за исключением свинины, особенно органы (сердце, почки, печень и так далее) — четыре-пять раз в неделю.

К СВЕДЕНИЮ

✷ **Гликемический индекс (ГИ)** показывает влияние определенного пищевого продукта на уровень глюкозы в организме. Он зависит от той скорости, с которой углеводы, находящиеся в пище, усваиваются в организме и повышают уровень сахара в крови. По уровню ГИ продукты делятся на три группы:

- низкий (от 0 до 40);
- средний (от 40–70);
- высокий (от 70 и более).

Высокий гликемический индекс имеют продукты, которые расщепляются с высокой скоростью, образуя больше глюкозы и сильнее повышая уровень сахара. К ним относятся простые углеводы (рафинированный сахар, кондитерские изделия). Низкий гликемический индекс имеют продукты, которые расщепляются медленно, давая чувство насыщения на продолжительное время (к ним относятся цельнозерновой хлеб, дикий рис, многие бобовые, сырые овощи, молочные продукты).

ГИ и калорийность не связаны друг с другом: продукты, имеющие низкий ГИ, могут быть высококалорийными.

- Рыба и морепродукты «дикие», не с фермы, до трех раз в неделю.
- Овощи сырые, 500 г в день.
- Зелень любая, много.
- Сухофрукты в первой половине дня.
- Специи (исключается паприка).
- Растительные масла только нерафинированные.
- Ферментированные продукты (квашеная капуста, квас, чайный гриб, кокосовый кефир и йогурт).
- Натуральная соль — морская или розовая гималайская.

Запрещается

- Молочные продукты — все без исключения.
- Все зерновые и продукты из них, в том числе мука и продукты из нее.
- Пасленовые — баклажаны, картофель, помидоры, болгарский и острый перец.
- Орехи.
- Бобовые, абсолютно все.
- Яйца.
- Алкоголь.
- Хлорелла и спирулина.
- Кофе, какао, чай.
- Вся «химическая» еда, будь то хоть «вредная» шоколадка, хоть «полезный» йогурт. Видите всякие там «ешки» и консерванты — оставляйте товар на полке.

Термообработка — на пару, варка, тушение без масла.

Такой режим питания нацелен на восстановление организма, вот почему важно исключить разрушающие и без того поврежденную систему продукты, которые могут раздражать слизистую оболочку кишечника, стимулировать иммунную систему к выбросу антител, увеличивать проницаемость кишечных стенок, что ведет к воспалению. И это поможет организму бороться с недугом на всю мощь.

Очень важно применять некоторые **пищевые добавки** и обязательно правильный **комплекс пре- и пробиотиков**. Специально не называю эти добавки, потому что в данном случае решение об их приеме и комбинациях принимается лечащим врачом строго индивидуально.

Гипертиреоз

Гипертиреоз (тиреотоксикоз) – клинический синдром, вызванный повышением гормональной активности щитовидной железы и характеризующийся избыточной продукцией тиреоидных гормонов – Т3 (тироксина) и Т4 (трийодтиронина).

Перенасыщение крови гормонами щитовидной железы вызывает ускорение в организме всех обменных процессов (так называемый пожар обмена веществ). Это состояние противоположно гипотиреозу, при котором из-за снижения уровня тиреоидных гормонов процессы метаболизма замедляются. Гипертиреоз преимущественно диагностируется среди женщин молодого возраста.

Симптомы гипертиреоза

- Повышенная возбудимость, раздражительность, эмоциональная неуравновешенность, страхи и беспричинные беспокойства, быстрая речь, дрожание рук и нарушение сна.
- Экзофтальм (при котором глазное яблоко подвергается выпячиванию при его смещении вперед и при одновременном увеличении глазной щели).
- Нарушения сердечного ритма, которые крайне слабо реагируют на лечение.
- Понижение аппетита вплоть до отказа от еды.
- Стойкая одышка.
- Тиреотоксическая миопатия, при которой характерными признаками становятся хроническая слабость и мышечная усталость, гипотрофия мышц.
- Стойкое снижение веса.
- Бесплодие.

Лечение гипертиреоза

Основные лекарственные средства, назначаемые при повышенной выработке тиреоидного гормона щитовидной железы, — это тиреостатические, или антитиреоидные препараты. Также обязательно купирование сопутствующих состояний со стороны центральной нервной системы, сердечно-сосудистой системы. В ряде случаев первично врач-эндокринолог назначает терапию радиоактивным йодом. В исключительных случаях лечение гипертиреоза способно привести к обратному результату и вызвать гипотиреоз. Наиболее часто такой результат можно получить после терапии радиоактивным йодом, но исключением не является и прием антитиреоидных препаратов. Если консервативное лечение не приносит ожидаемого положительного результата, эндокринолог вынужден назначить больному оперативное лечение гипертиреоза (тиреоидэктомия).

Основные рекомендации при гипертиреозе

- Исключить продукты, богатые кофеином.
- Повышение калорийности суточного рациона. Это позволит восполнить энергетические затраты, которые возникают при заболевании.
- Основу рациона должны составлять продукты, богатые белком — строительным материалом для формирования мышечной ткани.
- Увеличение доли продуктов с высоким содержанием витаминов и микроэлементов.
- Блюда следует готовить на пару или отваривать.
- Питание должно быть частым, но небольшими порциями.
- Исключить пряности, сладости, копчения и соления, консервацию и жареные блюда.
- Больному с диагнозом гипертиреоз эндокринологи советуют отказаться от потребления алкогольных и слабоалкогольных напитков.
- Ориентироваться на продукты, богатые фосфором и кальцием.
- Исключить потребление продуктов с высоким содержанием йода.
- Снизить количество продуктов, которые способны спровоцировать в кишечнике процесс брожения или запоры.

- Человеку, страдающему тиреотоксикозом, не рекомендуется продолжительное время находиться под прямыми лучами солнца и загорать.

* * *

В заключение главы хочу еще раз подчеркнуть, что все эти рекомендации по-настоящему работают. Только поначалу кажется, что «обычному» человеку, без миллионов в банке и домработницы под боком, жителю большого города, где так мало «настоящих» продуктов, невозможно придерживаться данного режима. Можно! Главное — желание, терпение и цель, о которой всегда следует помнить, — ваше здоровье и отличное самочувствие без лекарств.

Глава 10

Гиперинсулинемия и инсулинорезистентность. Как предположить, что эти нарушения есть у вас? Таблетки: пить или не пить?

Инсулин — друг или враг?

В природе человека есть необъяснимое стремление наклеивать на все что угодно этикетки «плохой» или «хороший». Сейчас страстные борцы с ожирением навесили инсулину ярлык гормона-злодея, который делает нас толстыми, препятствуя сжиганию жира. С другой стороны, те, кто сконцентрирован на наращивании мышц, относят инсулин к анаболикам (так называют вещества, ускоряющие образование и обновление структурных частей клеток, тканей и мышц), так как он обеспечивает антикатаболический эффект (то есть стимулирует выработку белков). Дело в том, что инсулин как женщина: иногда она любит вас, иногда ненавидит. Однако, в отличие от поведения женщины, поведение инсулина мы можем прогнозировать довольно точно.

Инсулин – это гормон, который вырабатывается нашей поджелудочной железой для определенного влияния на функции органов и тканей человека. Инсулин выделяется на любой прием пищи, будь то белки, жиры или углеводы. Когда вы едите, он опосредовано помогает расщеплять нутриенты на более простые элементы (белки — на аминокислоты; жиры — на жирные кислоты; углеводы — на глюкозу), для последующего всасывания в кровоток. Нутриенты транспортируются из крови в мышцы и жировые клетки, и именно инсулин помогает этому процессу, как бы говоря клеткам открыть «шлюзы» и пропустить внутрь вещества, которые превратятся в строительные компоненты и источник энергии.

По мере того как нутриенты медленно абсорбируются клетками, уровень инсулина падает, пока не опустится до «базового» уровня. Этот цикл повторяется каждый раз, когда вы едите: аминокислоты, жирные кислоты, и/или глюкоза находят свой путь в организме благодаря инсулину, который «направляет» их по кровотоку прямиком в клетки. Когда дело сделано, уровень инсулина падает до «нормы», и поджелудочная железа ждет следующего приема пищи, чтобы повторить цикл еще раз.

Если смотреть на инсулин с этой точки зрения, то он выглядит как классный парень. По сути, без него мы даже не сможем жить. Так почему нам говорят, что он делает нас толстыми и больными? Потому что одной из обязанностей инсулина является запасание жира: он ингибирует процесс расщепления жировых клеток и стимулирует

К СВЕДЕНИЮ

✱ **Нутриенты** — это биологически значимые элементы, которые необходимы каждому живому организму для поддержания жизнедеятельности, роста и развития. Все они являются абсолютно незаменимыми, то есть организм не может синтезировать их самостоятельно и должен получать с пищей. Делятся на макронутриенты: белки, жиры, углеводы, и микронутриенты: витамины и минералы.

образование новых жировых отложений. То есть инсулин говорит телу прекратить сжигать жир и начать его запасать, абсорбируя часть жирных кислот и глюкозы из крови и превращая их в еще большее количество жира. Это делает его легкой мишенью и козлом отпущения для адептов стройности, и именно поэтому углеводы очень часто ставят к тому же позорному столбу, что и инсулин.

Люди привыкли считать, что высокоуглеводная диета ведет к повышению веса, дескать, высокий уровень инсулина способствует увеличению жировых запасов, и наоборот, что низкоуглеводная диета с соответственно низким уровнем инсулина позволяет сжигать больше жира и снижать тем самым вес. Как бы не так. Да, как мы уже выяснили только что, этот гормон действительно запускает процесс накопления жира, но вовсе не от него зависит набор веса. А от чего, спросит любознательный читатель? И я отвечу: к лишнему весу ведет малоподвижный образ жизни, переедание и присутствие в рационе продуктов с высоким инсулинемическим индексом, да еще и в самое неподходящее время.

К СВЕДЕНИЮ

✷ **Инсулинемический, или инсулиновый индекс (ИИ)** определяет уровень выработки инсулина в ответ на употребление продукта. Продукты, имеющие низкий гликемический индекс, могут иметь при этом высокий ИИ. Например, низкоуглеводные продукты с высоким содержанием белка могут обладать высоким инсулиновым индексом.

По уровню ИИ продукты делятся на:

- повышающие количество инсулина, к ним относятся хлеб, картофель, выпечка, все молочные продукты;
- со средним ИИ — говядина, рыба в чистом виде;
- с низким ИИ — овсянка, гречка, яйца, некрахмалистые овощи.

Вот почему я не заставляю своих пациентов вообще отказываться от углеводов и являюсь ярым противником всяческих, в том числе, низкоуглеводных диет. Конечно, везде есть исключения, и диабетикам, да и вообще людям с любыми гормональными нарушениями, нужен индивидуальный подход к составлению меню. Но общая статистика показывает, что те же белки могут вызвать больший выброс инсулина, нежели нечто углеводное. Кстати, такая история происходит с творогом — а потому я не рекомендую его на ужин своим худеющим пациентам.

Вообще, очень часто выясняется, что «проблемы с метаболизмом» есть не что иное, как беспорядочное питание, и справиться с этой историей помогает обычный пищевой дневник. Пациенты педантично записывают, что, когда, во сколько и в каком количестве съели, как день прошел, какая была активность и так далее, и буквально через неделю видят «картину маслом». Но если вы все делаете «правильно» и при этом не худеете, предлагаю вашему вниманию мои методики, наработанные годами и показавшие прекрасные результаты у тысяч мих пациентов людей.

Практические советы для снижения уровня инсулина в крови

Еще раз повторюсь: для диабетиков все не так просто, и нужно разбираться с каждым человеком индивидуально, с каждым приемом пищи, работая в сотрудничестве с эндокринологом. Если же вы из второй группы «безрезультатно худеющих», попробуйте соблюдать некоторые правила.

- Не комбинируйте простые углеводы с насыщенными жирами — например, не запивайте мясные блюда сладкими напитками. Или, например, картофель сам по себе не страшен, а вот «картофель + насыщенный жир» (например, картошка со сливочным маслом или фри) — это сочетание, которое со стопроцентной вероятностью заставит ваш жировой компонент увеличиваться.
- Ограничьте внешнее сочетание молочной продукции с простыми углеводами (например, «творог + мёд»). Ограничить — это значит есть в первой половине дня.
- Не ешьте молочные продукты после 17–18 часов.
- Исключите молоко в больших количествах, максимум в чай/кофе в первой половине дня.
- Отдавайте предпочтение продуктам с комбинацией «углеводы + ненасыщенные жиры» (например, салат с оливковым маслом).
- Выбирайте продукты с низким и средним гликемическим индексом (см. приложение 2) и следите за суммарной суточной гликемической нагрузкой. Применяйте все известные кулинарные приемы по понижению ГИ.
- Завтрак должен состоять не только из углеводов, но и из белков; хорошо, если будет немного ненасыщенных жиров.
- ! Не покупайте продукты с надписями «диетический», «пониженной калорийности» и «обезжиренный». Такая информация, на самом деле, свидетельствует о том, что натуральные жиры были заменены углеводами.

- Внимательно изучайте продуктовые этикетки на предмет содержания мальтодекстрина, солода, ксилозы, кукурузного сиропа и других заменителей сахара. Эти добавки повышают ГИ и ИИ в разы.
- Будьте внимательны к белкам. Белок также стимулирует выброс инсулина — об этом факте «гуру» низкоуглеводных диет стараются умалчивать. Бывает, что высокобелковый прием пищи может спровоцировать больший всплеск инсулина, нежели высокоуглеводный. В частности, было доказано, что сывороточный протеин является более инсулиногенным, нежели белый хлеб, а мясо стимулирует выброс инсулина наравне с коричневым рисом.

Регулярное употребление в пищу большого количества углеводов при лишнем весе и гиподинамии приводит к проблемам не только с внешностью, но и со здоровьем: вплоть до диабета 2-го типа и риска сердечных заболеваний. Но неприятностей с инсулином можно избежать, если поддерживать свой вес в норме и следить за тем, что вы отправляете себе в рот.

Это страшное слово — инсулинорезистентность

Если вы знаете, что такое глюкофаж или сиофор, то эта глава для вас. Итак, инсулинорезистентность, или для экономии времени ИР — снижение чувствительности клеток к инсулину при его достаточном количестве в крови. Что это значит? Поджелудочная железа выработала инсулин, который пришел к клеткам и по какой-то причине не выполнил свою функцию — не открыл дверь в клетку для глюкозы; уровень глюкозы в крови остался высоким; мозг дал команду клеткам поджелудочной выработать еще инсулина — и оп: порочный круг замкнулся. Поджелудочная хронически вырабатывает большое количество инсулина, чтобы загнать глюкозу в клетки, быстрее истощаются бета-клетки, вырабатывающие инсулин, и такое состояние вскоре приводит к ожирению, а впоследствии и к сахарному диабету. В общем, ничего приятного. И, забегая вперед, снижение веса — это основной метод, который помогает. Но! Бездумное следование «голодным» или монодиетам только ухудшает ситуацию.

Когда бывает?

Как ни странно, ИР не всегда патология. Есть такое понятие, как физиологическая ИР, например, при беременности, в пубертатный период, ночью, а также во второй фазе менструального цикла. Но она же и бывает патологической: при сахарном диабете, ожирении, злоупотреблении алкоголем, тиреотоксикозе, гипотиреозе, синдроме поликистозных яичников (СПКЯ), гиперкортицизме и некоторых других заболеваниях. Интересно и то, что ИР может быть обнаружена у человека без ожирения и без диабета, такое происходит примерно в 25% случаев.

Психосоматика инсулинорезистентности

У кого может развиваться ИР или диабет? Это человек, который долгое время чувствует себя несчастным, думая, что его никто не любит. Постоянно ощущая необходимость в поддержке, тепле и опоре, пациент невольно создает болезнь, требующую непрерывной заботы. При этом рядом вполне могут находиться люди, искренне любящие его, однако человек не хочет этого замечать. Он заедает одиночество, обычно сладким, чтобы подсластить свою несчастливую жизнь, возводит еду в культ, чем провоцирует еще и лишний вес и все, что ему сопутствует.

Иногда мысль «Меня никто не любит» возникает оттого, что человек без спроса близких планирует их жизнь, стараясь сделать хорошо всем и не понимая, что это невозможно. Стремление реализовать свои благие планы и намерения показывает, насколько человек жаждет заботы и любви, а реальность, в которой задумки проваливаются, вызывает разочарование и чувство вины.

Симптомы и диагностика

К сожалению, конкретные жалобы при ИР отсутствуют. Как и многие другие состояния, инсулинорезистентность нельзя диагностировать «на глаз». Точнее, скорее всего при лишнем весе, ожирении, СПКЯ, сахарном диабете и некоторых других состояниях ИР будет иметь место. Но для точного ее определения нужно сдать анализы: глюкоза плазмы крови, инсулин, и рассчитать индекс HOMA.

Хотя, если говорить о постановке диагноза «на глаз», то нужно помнить о таких проявлениях ИР:

- абдоминальное ожирение (обхват талии у женщин больше 80 см, а индекс обхват талии/обхват бедер — более 0,8; обхват талии у мужчин больше 94 см, а индекс ОТ/ОБ — более 1,0);

- изменения кожи в виде черного акантоза (*acanthosis nigricans*). Они напоминают шершавые, морщинистые гиперпигментированные участки кожи в складках (под молочными железами, на шее, в подмышечных впадинах, на локтях). Создается впечатление, что человек долго не мылся.

Индекс HOMA — наиболее простой метод оценки резистентности к инсулину (формула: глюкоза натощак (ммоль/л) × инсулин натощак (мкЕд/мл)/22,5). При повышении уровня глюкозы или инсулина натощак индекс HOMA, соответственно, растет. Нормой считается показатель ниже 2,7 (в некоторых лабораториях норма может быть и 2,5 и 3,0).

Питание при резистентности к инсулину

Иногда страшное слово «инсулинорезистентность» воспринимается как приговор. Вы занимаетесь спортом, вроде едите правильно, а вес не двигается. Ваша поджелудочная железа «заболела» и хочет помощи, а помощь в данном случае — это специальная диета и немного правильных добавок.

Несмотря на то что я неоднократно уже говорила вам о своей нелюбви к диетам, в случае заболевания просто здоровая и правильная еда уже не спасет. Здесь действительно требуется лечебное питание по определенной схеме, которая поможет вашей поджелудочной и отрегулирует уровень глюкозы и инсулина в вашей крови, не допустив развития диабета. Попытаться вылечить ИР диетой и правильными добавками можно! Но сложнее, чем пить химические препараты, которые одно лечат, другое калечат. Мое дело — дать вам ключик к дверце, а ваше дело — открыть ее. Ну, или пить лекарства и ходить всю жизнь по замкнутому кругу болезней, теряя с каждым годом свое здоровье и приобретая все новые и новые пополнения в свой «букет».

Конечно, приведенные здесь рекомендации общие, в каждом индивидуальном случае, при сочетанных заболеваниях, схемы будут разниться.

Правила

1. Питание трехразовое, без перекусов, увеличенными порциями (400–500 мг).
2. Да, именно без перекусов, это гиперважно. Между приемами пищи — вода, чай, чашка натурального кофе. Кофе с молоком — уже перекус, имейте в виду.
3. Исключаем простые углеводы, кроме фруктов с низким гликемическим индексом и ягод на завтрак в сочетании со сложными углеводами.
4. Имеем в виду не только гликемический индекс, но и инсулинемический индекс продуктов.
5. Вода в количестве 30 мл на килограмм идеального веса (формула Devine).

К СВЕДЕНИЮ

✷ Формула Дивайна (Devine) — наиболее популярная формула для расчета идеального веса. Первоначально была разработана в 1974 году доктором Дивайном для определения доз лекарственных средств, затем стала применяться более широко. Для расчета используются такие параметры, как рост и пол.

Формула Дивайна для женщин:

Идеальный вес (кг) = 45,5 + 2,3 × (0,394 × рост (см) — 60)

Для мужчин:

Идеальный вес (кг) = 50 + 2,3 × (0,394 × рост (см) — 60)

6. Стараемся есть побольше клетчатки, некрахмалистых овощей.
7. Молочная и кисломолочная продукция разрешается до 17–18 часов.
8. Побольше растительных жиров: льняное масло, авокадо, орехи и т. д. Жирная рыба два-три раза в неделю.
9. Принимайте дополнительно добавки Омега-3 (с хорошим содержанием EPA/DHA).
10. Проверьте уровень витамина D_3.
11. Принимайте препарат 5-HTP (триптофан) для контроля над аппетитом, желанием есть сладкое и для улучшения настроения.
12. Альфа-липоевая кислота тоже отлично дополнит ваше лечение, стабилизируя сахар в крови.
13. Не спешите принимать препараты метформина, так любимые эндокринологами, попробуйте сначала естественные методы. Начать прием лекарств всегда успеете.
14. Наблюдайтесь у эндокринолога, контролируйте свои анализы

Дробное питание. Сколько раз в день нужно есть?

«Ешьте дробно и будете худеть». Как я написала бы в Instagram, «лайк» Наталье за тему.

На самом деле, «уши» этого мифа растут из рекомендаций более чем полувековой давности по питанию для больных заболеваниями желудочно-кишечного тракта.

Затем пришедшийся на предолимпийские годы спортивный бум (я говорю еще об Олимпиаде-80) и мода на ЗОЖ помогли распространению этого поветрия. Что же на самом деле произойдет, если вы будете только и делать, что есть?

Даже если вы разделите дневной рацион на небольшие порции, строго следя за объемом поглощаемой пищи, хорошего при таком раскладе мало. Обычно пациенты, уверенные, что дробное питание исключает чувство голода, с удивлением обнаруживают, что не просто то и дело хотят есть, а вообще почти все время думают о еде, тревожно прислушиваясь к организму и поглядывая на часы — не пора ли перекусить? И да, переедают-таки.

Но страшно не только переедание само по себе. Голод, сытость и баланс сахара в крови находятся под гормональным контролем. Мы сейчас говорим о гормонах для выживания. Дело в том, что многоразовое питание (пять-шесть раз в день) изменяет гормональный сигнал, вмешивается в механизм, который сжигает жир в качестве топлива, влияет на метаболизм печени и отправляет калории в жировые запасы.

Тем, кто предлагает постоянно «пополнять топку», дабы «разогнать метаболизм» (признайтесь, вы наверняка сталкивались с таким советом), следует помнить, что полное время переваривания средней порции пищи составляет примерно пять-шесть часов. И если вы разок не поедите, это никак не отразится на скорости обмена веществ, а организм не начнет терять мышцы и «есть себя сам» — оставьте это все сценаристам фильмов ужасов. Есть в промежутках — то же самое, что пытаться на ходу заправить автомобиль. Глупо же, правда? И наверняка приведет к аварии. Так почему же машину бережем, а о своем организме знаем и думаем так мало?

История пациента

С проблемой подобного рода столкнулась одна моя теперь уже подруга. У Юльки было не так много «лишних» килограммов: основной «удар» приняли на себя животик и бедра, к которым прилагалась красивая, третьего размера грудь. Но, конечно, вываливающиеся из шортиков бока никого не красят, и моя Юлька, которая до того, признаться, занималась исключительно спортивным поеданием шашлыков, пошла «на настоящий спорт». Тренер — гора железных мышц — понравился ей сразу, восторженные рассказы даже вызвали ревность мужа. Инструктор был суров, немногословен и прославлен в узких спортивных кругах: «брал» сколько-то там стоя и круто «жал» лежа, весомую цифру я не запомнила, но осталась под впечатлением. Юлька смотрела тренеру в рот, высылала ему на одобрение фотки всей еды, которую собиралась съесть, и ходила на тренировки три-четыре раза в неделю. Конечно, с большими весами они не работали, да и вообще поначалу инструктор старался не нагружать свою подопечную, что логично и правильно. А вот на «режим» в питании Юлька перешла мгновенно и легко, с удовольствием садясь за стол по пять раз на дню. Итог печальный и предсказуемый: за три месяца проблемные места стали еще более проблемными.

Если думаете, что случай с моей подругой частный, вот вам доказательство обратного — научное исследование.

Институт биологических исследований Дж. Солка в Ла-Ойе (Сан-Диего, США) в 2012 году провел эксперимент, результаты которого подтвердили, что есть понемногу весь день опаснее, чем употребить то же количество пищи в сжатые сроки. Ученые разделили подопытных мышей на две группы и посадили на высокожировую диету. Одни съедали дневную порцию за 8 часов и голодали остальные 16. Вторые потихоньку ели на протяжении суток. В итоге первые мышки вышли из эксперимента бодрыми и даже слегка постройневшими, а вторые снизили свой метаболизм и набрали вес. Спустя еще пару лет неугомонные ученые повторили эксперимент, который позволил убедиться, что «окно» для питания можно увеличить до 12 часов.

Людям с гормональными расстройствами, инсулинорезистентностью и тому подобными проблемами со здоровьем просто противопоказано есть шесть-семь раз в день. Кому же можно? Тем, кто действительно постоянно и активно тренируется, то есть профессиональным спортсменам: в этом случае дополнительные один-два приема пищи, с учетом повышенных энергозатрат, будут в тему. Но и в этом случае, пожалуйста, не впихивайте в себя еду. Знавала я одного молодого человека, который, стремясь «набрать массу» в зале, буквально давился, съедая в день, помимо остального, по килограмму творога, щедро залитого сметаной. Он ненавидел то, что делает, а окружающие ненавидели его — потому что он просто достал всех со своим «творожком». Хотя результат получил, да.

! Дорогие пациенты, если вы имеете заболевания, сопровождающиеся гормональным дисбалансом, например, каким-либо нарушением углеводного обмена, гипотиреозом, СПКЯ, если вы страдаете бесплодием, ваш вес не двигается с мертвой точки уже долгое время — вам есть 5–6 раз в день нельзя! Запомните это и попробуйте питаться по рекомендациям, которые я дала выше. За годы моей практики очень многие мои пациенты смогли именно так избавиться от проблем со здоровьем, которые раньше казались нерешаемыми.

История пациента

Сейчас мы с Альбиной смеемся, вспоминая эту историю, но тогда было не до смеха. Клиника, рабочий день, я веду прием пациентов, вот должен очередной зайти в кабинет, а никого. Отворяю дверь, чтобы выглянуть в коридор — мало ли, вдруг человек задумался или в телефон засмотрелся, и вижу на диванчике очаровательную толстушку, спешно дожевывающую банан. Аля четко следовала рекомендации есть пять раз в день, чтобы худеть. Но почему-то не худелось, а как-то даже наоборот. Первым делом сдали анализы, результаты которых меня не удивили, а вот мою пациентку здорово напугали: высокие показатели инсулина и холестерина. Да еще такой убийственный режим питания, при котором снизить эти значения организм естественным путем был не в состоянии. Слава богу, что Альбина не додумалась, в отличие от многих других, самостоятельно назначить себе таблетки и БАДы для снижения веса! Сначала мой совет есть три раза в день она приняла в штыки. «Как так? Это что, я в восемь позавтракаю, и потом до часу дня мне терпеть? Да я ж с голоду умру». Ох, как же трудно порой людям менять свои привычки! Но когда за 10 дней ушел целый килограмм, а за следующую неделю еще 1,5 кг, Альбина впечатлилась и, кажется, перестала чувствовать себя «голодной» между приемами пищи. Четыре месяца такого режима и выбора правильных продуктов — и вот они, желанные минус восемь килограммов, а также существенно улучшившиеся показатели ключевых для нас анализов. Без стрессов, без нервов, без тренажерного зала — два-три раза в неделю пациентка гуляла по часу в среднем темпе и пару раз плавала в бассейне, просто для тонуса, настроения и чтоб спину расслабить после сидения за компьютером. Сейчас позволяет себе «запрещенку» по праздникам, но строго соблюдает норму и уж конечно не ест практически нонстопом.

Частое перекусывание приводит к ожирению и жировой дистрофии печени, о чем говорят данные исследования, проведенного группой ученых из Нидерландов (Koopman KE, Caan MW, Nederveen AJ, Pels A, Ackermans MT, Fliers E, la Fleur SE, Serlie MJ. 2014 August). Перекусывание между основными приемами пищи — это нехорошая привычка. «Перехваты» просто губительны для наших циркадных часов, работающих в унисон с гормоном сытости лептином.

Не имеет особого значения, что именно вы едите, инсулин выделяется на любой прием пищи, кроме воды. Все, что не вода, — еда. И если вам рекомендовано полностью исключить перекусы (при инсулинорезистентности, например), помните, что перекусом считается даже кофе с молоком. Самое основное, что вам нужно понять: всякий раз, когда растет уровня инсулина, сжигание жиров останавливается. После еды необходимо примерно три часа, чтобы уровень инсулина вернулся к исходному уровню, даже если вы просто съели небольшую закуску или выпили капучино без сахара. Снижение выработки инсулина достигается только уменьшением количества приемов пищи в день. Просто ешьте досыта, чтобы нормально и со здоровым аппетитом, а не с волчьим голодом дожидаться следующего приема пищи.

Дробный или частый прием пищи может быть полезен для следующих категорий людей

- Люди с некоторыми нарушениями пищеварительной системы.

  Как правило, нормальные порции еды вызывают у них некоторые негативные последствия, поэтому дробное питание является оптимальным режимом.
- Люди, которым дробное питание помогает контролировать аппетит.

Таких людей также не назовешь здоровыми, поскольку изначально в каждом из нас заложена саморегуляция аппетита, которая управляет соответствием потребленных калорий потраченным.

- Люди, желающие уменьшить жировые отложения под действием интенсивных нагрузок.
- Спортсмены, которые стремятся нарастить мышцы.

Глава 11

КОК. Коварство и любовь. Что делают оральные контрацептивы с вашим организмом. Лечение или маскировка?

Искать способы предохранения от нежелательной беременности люди начали не сегодня. Чего только не делали женщины мира в разные времена: плевали в рот лягушкам, прыгали на месте, ориентируясь на фазы Луны, закладывали во влагалище смесь меда с пометом крокодила и ставили диафрагмы из оболочек опиумного мака, пили воду, в которой кузнец охлаждал металл, и употребляли настойку из сушеных яичек бобров. А в Средневековье были очень популярны мешочки из полотна, бараньих кишок и рыбьего пузыря. Брррр! Сегодня вряд ли кто-то из представительниц прекрасного пола отважится использовать эти сомнительные противозачаточные средства. Хотя многие наши современницы вполне добровольно (правда, не осознавая того) экспериментировали с добавками из мочи жеребых кобыл, откуда извлекают природную смесь сопряженных эстрогенов.

В наши дни методы контрацепции включают женскую и мужскую стерилизацию, презервативы и многие другие средства, но наиболее распространена синтетическая гормональная контрацепция. О каких цифрах идет речь?

По данным медицинских опросов, из 100 женщин репродуктивного возраста 36 не используют никаких противозачаточных средств.

Причины различны:

- четыре женщины из 36 страдают бесплодием;
- семь прошли стерилизацию;
- пять беременны;
- 13 не имеют сексуального партнера;
- семь по иным причинам.

Получается, что 64 из 100 женщин практикуют контрацепцию. Из них 2% уповают на достаточно рискованный метод Огино (отказ от сексуальных отношений с 11-го по 18-й дни цикла), таким образом сокращая свою половую жизнь на восемь дней в месяц или на 96 дней (чуть больше трех месяцев) в год.

Еще 17% женщин используют внутриматочные спирали (ВМС), хотя многие медики склоняются к мнению, что спираль является причиной некоторых видов заболеваний половой системы женщины.

И, наконец, комбинированные оральные контрацептивы, иначе говоря, КОК. Запомните эту аббревиатуру, в этой главе мы будем возвращаться к ней не раз.

Главная функция синтетических контрацептивов — предохранение от нежелательной беременности, но на практике шесть из десяти женщин (то есть, как минимум, каждая вторая) использует КОК не по прямому их назначению, а для купирования различных симптомов и состояний или сочетания нескольких факторов. Об этом беспристрастно говорят цифры статистического исследования. Вопросом применения женщинами КОК в 2011 году озаботился Институт Гуттмачер, специалисты которого сделали свои выводы на основании данных Национального опроса США по росту семьи.

Оказалось, что 31% участниц опроса используют КОК для уменьшения менструальных спазмов и болей. Еще почти столько же, 28% — чтобы предотвратить мигрень и другие болезненные «побочные эффекты» менструаций. Каждая седьмая таким образом лечит угревую сыпь, и еще около 4% женщин применяют оральные контрацептивы для борьбы с эндометриозом.

Угревая сыпь? Нерегулярный цикл? Климактерический синдром? «Похудеть»? КОКи, словно Чип и Дейл, спешат на помощь. Но вы должны знать, что комбинированные оральные контрацептивы не лечат ничего из вышеописанного. Они просто изменяют уровень гормонов, уменьшая или устраняя симптомы, а лежащая в основе гормональная проблема сохраняется. Каждой ли помогают и каждой ли нужны эти средства? Вопрос риторический...

Но не будем спешить клеймить поклонниц КОК позором. На мой взгляд, комбинированные оральные контрацептивы — невероятный бонус женщинам нашего поколения. Отпадает необходимость ставить не слишком безопасные для женского организма внутриматочные спирали, использовать презервативы, которые снижают чувствительность во время полового акта, подсчитывать «опасные дни», да многие другие женские неприятности решаются сами собой.

Если ваши гормоны кружатся в своем прекрасном «вальсе» без сбоев, грамотное применение КОК для ваших целей пойдет только во благо.

Подобрать правильно — вот ключевая задача!

По моей личной статистике:

- 80% женщин, принимая КОК, ощущают на себе их побочные действия в виде неконтролируемого роста веса, целлюлита, повышенного аппетита и т. д.;
- 95% назначили КОК сами себе или без единого анализа, потому что «подруге Наташе они помогли»;
- 85% назначены гинекологом без единого анализа.

Ни в коем случае не осуждаю врачей поликлиник, где на одного пациента выделено семь минут рабочего времени врача, а количество людей, нуждающихся в помощи, не нормировано. Я работала в государственных учреждениях и знаю, каково это, когда на тебе гора бюрократических «бумажек», заполнение историй болезней, контроль каждой буквы страховыми компаниями и т. д. Какое там внимание к пациенту, сбор его реального анамнеза, вникание в его проблему, грамотное, взвешенное назначение обследования и лечения не по шаблону. Коллегам в частных медицинских учреждениях в этом плане легче, но, по рассказам некоторых моих пациентов и участников онлайн-школы, везде можно встретить как врача от бога, так и махрового непрофессионала.

Понятное дело, у каждого врача своя методика, но вот очень обидно, когда из-за халатности, отсутствия у доктора знаний, времени или желания женщины годами пьют контрацептивы, которые:

- им не подходят, потому как многие женщины мучаются от побочных реакций;

- вносят еще больший дисбаланс в имеющийся гормональный хаос, год за годом усугубляя его;
- не решают изначальные проблемы, лишь стирают симптомы, имитируя мнимое благополучие;
- обнадеживают «обещанием» быстрой беременности после отмены ОК — в силу так называемого ребаунд-эффекта, но по сути такие попытки венчаются успехом только в двух случаях из десяти.

История пациента

Елена обратилась ко мне, как она сама сказала, «от безнадежности». Говорит, что сначала она много лет предохранялась с помощью КОК, которые «выписала» себе сама, затем вышла замуж, захотелось малыша, но попытки на протяжении двух лет ни к чему не привели. Пациентка пошла к гинекологу, который «порадовал»: «Не будем зря тратить ваши деньги на анализы, давайте попробуем „спровоцировать“ беременность. Вот вам противозачаточные таблетки, три месяца пьете, на четвертый бросаете и пробуете забеременеть». Продолжение истории печально. У Елены плавно пополз вверх вес, что она стойко терпела ради шанса стать мамой, но долгожданная беременность все не наступала ни в первый, ни во второй, ни в шестой месяц после отмены КОК. Подружки утешали, мол, пробуйте еще. Ко мне пациентка пришла с лишними 13 кг, напрочь сбитым гормональным фоном и полной безнадегой в глазах. «Как так, — недоумевала она. — У моей знакомой так получилось, а мы все никак...»

Девочки, дорогие, запомните! Это борщи можно варить по рецептам подружек, но вот разбираться со своим здоровьем надо строго индивидуально! Схема, подошедшая одному человеку, другому может только навредить! Оральные контрацептивы имеют побочные эффекты, которые могут проявляться в разной степени. Вот перечень только наиболее распространенных.

- Межменструальные кровянистые выделения. Это появление кровянистых выделений из половых путей в нехарактерные для цикла периоды. Обычно встречаются в первые три месяца приема.
- Укорочение менструального цикла. Женщина может отмечать уменьшение промежутка между менструациями.
- Олигоменорея. Это нарушения, при которых происходит укорочение менструаций до двух дней и менее.
- Менометроррагия. Это увеличение количества отделяемой крови при менструациях. В норме в период менструации кровопотеря составляет от 40 до 60 мл крови в сутки.
- Аменорея — отсутствие менструации на протяжении шести месяцев. Проявляется в период приема препаратов, а также после их отмены.
- Нарушения свертывающей системы крови.
- Тяжелые маточные кровотечения. Данные осложнения встречаются крайне редко, примерно в 0,1–0,5% случаев, и требуют срочного хирургического вмешательства.
- Тошнота и рвота.
- Увеличение и болезненность молочных желез.
- Частые перепады настроения, головные боли.

- Повышение жирности кожи, высыпания.
- Повышение аппетита, тяга к определенным продуктам, общая отечность, набор веса.
- Снижение либидо.
- Появление целлюлита.

Я ежедневно имею дело с огромным числом женщин, и каждая вторая моя пациентка отмечает наличие у себя наличие трех-четырех вышеперечисленных побочных реакций приема КОК. Вы понимаете теперь, насколько тщательно и правильно должны быть подобраны оральные контрацептивы и сколько всего в жизни женщины от этого зависит?

Чем дольше существует гормональная проблема, тем сложнее ее вылечить. Запомните, КОК – это не панацея! КОК скрывают симптомы, но не лечат первопричину. Это мнимое благополучие. Вместо того чтобы годами бороться с симптомами, заглушать вопли своего организма о помощи и лечить следствие, не лучше ли выяснить и устранить причину? Но многие, к моему большому сожалению, на протяжении огромного количества времени пьют КОК, и вроде бы даже неплохо себя чувствуют, не подозревая о серьезных проблемах. И только прекратив прием оральных контрацептивов, обнаруживают те или иные заболевания, причем в запущенном состоянии.

Вот вы говорите: «Что вы, Наталья, пристали к КОК, жили с ними и живем?». Дело в том, что я прочувствовала действие неверно назначенных препаратов на себе и каждый день вижу их действие на пациентках. Не плохие они, нет, но как я и говорила выше, если у вас есть проблемы гормонального характера, прикрывать их КОКами нельзя, это чревато осложнениями в любом возрасте. Решите свои гормональные проблемы – вот к чему я вас призываю.

История пациента

Пришла ко мне на прием девочка 16 лет, ну ребенок-ребенок, который еще играет в лошадок-пони. Лицо девчушки усыпано красными воспаленными прыщами. Естественно, половой жизнью она не жила, менструации с 12 лет. За четыре года цикл так и не упорядочился, бесконечные сбои вплоть до отсутствия менструаций по четыре-пять месяцев, что сменяется болезненными и обильными кровотечениями. На УЗИ матки и придатков множественные кисты яичников. Лишний вес примерно семь-восемь килограммов, аппетит хороший. Пришла с мамой. Мама не обращала особого внимания на цикл, думая, что дочка еще маленькая, а цикл наладится, как только начнет жить половой жизнью. Уже год принимает оральные контрацептивы, изначально по назначению косметолога для лечения акне, далее смена препарата по назначению гинеколога. Анализы и исследования перед назначением КОК не проходила. Итог: воспалительные прыщи совершенно не реагируют на терапию, локализация прыщей распространяется по всей спине, цикл сбился еще сильнее, чем ранее, отмечает зверский аппетит, не наедается обычными порциями, вскоре после еды чувствует голод.

После проведенного обследования выявлено повышение уровня инсулина и индекса инсулинорезистентности в крови, снижение железа и ферритина, крайне низкий уровень витамина D, низкий уровень прогестерона. Лечение: постепенная отмена КОК, гипоаллергенная диета с трехразовым питанием, без перекусов.

Исключение простых углеводов, увеличение количества белка, нормализация баланса жиров — соотношение растительных и животных жиров 70/30. Назначен препарат витамина D, селен+цинк, пробиотик на длительное время, альфа-липоевая кислота и Омега-3 в больших дозировках.

Результат: через пять месяцев строгого соблюдения всех моих рекомендаций пациентка полностью избавилась от акне, снизила вес на восемь килограммов, цикл стал гораздо стабильнее: на шестой месяц лечения продолжительность цикла составляла 34 дня, но менструации приходили четко по графику.

Я могу рассказать вам тысячи таких историй из жизни своих пациентов, и каждая будет особенной, как и каждая из нас.

Еще раз скажу: я ни в коем случае не являюсь яростной противницей КОК. Мое негодование связано лишь с тем фактом, что они скрывают гормональные проблемы, о которых вы не знаете, не задумываетесь или не хотите знать. Волк в овечьей шкуре обязательно проявит себя, как только вы прекратите пить оральные контрацептивы.

Как же распознать «хищника»? Если менструация наступает без задержек, регулярно, без каких-либо осложнений, побочные реакции не выражены слишком ярко, препарат подобран по анализам, то можете смело принимать его. Если после прекращения приема появляются болезненные менструации, головные боли, акне, миома, кисты, не наступает беременность или есть другие признаки гормональных нарушений, значит, вам срочно, прямо сейчас необходимо решить гинекологические и гормональные проблемы, особенно если собираетесь иметь ребенка в ближайшем будущем.

Как я уже говорила, отказ от КОК не гарантирует скорого зачатия. Казалось бы, я сама доктор, понимаю, что и с какой целью мне назначает вот этот чудесный, грамотный гинеколог-эндокринолог, которому я точно доверяю. Стоит только бросить пить таблетки — и вот они, две полоски! Но не тут-то было.

У нас уже была Даниэла, я принимала КОК по рекомендации врача — в качестве контрацептива и чтобы «поправить» гормональный фон. После года «на таблетках» начались проблемы, ударило по всем фронтам: от снижения либидо до вдруг «непонятно откуда» появившегося целлюлита. Я решила бросить КОК, после чего у меня год вообще не было месячных, что напугало меня не на шутку. Мои хождения по врачам были долгими и тоскливыми, тем более что мы запланировали вторую беременность, а тут такой облом. Эндокринологи прописывали те же самые гормоны, гинекологи прописывали гистероскопию или лапароскопию, и все они дружно разводили руками, не понимая, в чем дело: вроде все органы в порядке, и тут такая печальная картина. Я пила гормоны, делала все, что говорили врачи,

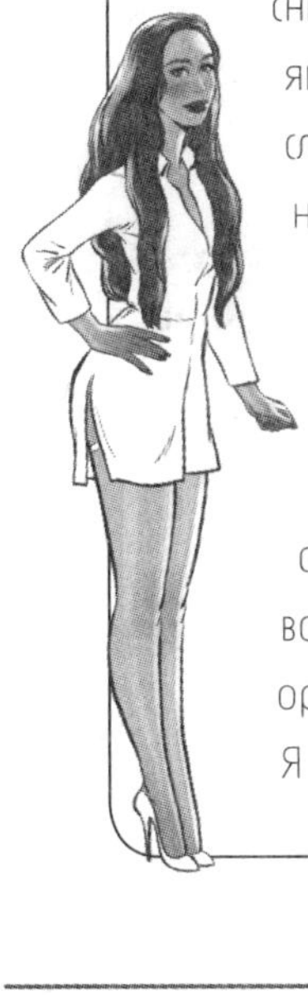

но результатов не было — менструации не приходили. В какой-то момент муж, увидев заставленный моими лекарствами стол, пошутил, что мы работаем «на аптеку». Но мне было совсем не смешно. И я решила пойти проверенным путем. Сдала все анализы, села на «свою» выверенную и идеально сбалансированную диету, которая была «обкатана» с Даниэлой, назначила себе натуральные БАДы и… через три месяца у меня пошли первые после такого огромного перерыва менструации, а еще через два месяца после этого я забеременела. В сентябре 2016 года в Майами родился наш сын Демьян.

Вы спросите, что же нам делать, где искать ответы на свои вопросы и грамотных врачей? Это тоже риторический вопрос. Цель моей книги — хоть немного вселить в вас веру в то, что с помощью нормализации питания, правильного противостояния стрессу, изменения образа жизни, работы с женской энергетикой можно вернуть и даже приумножить свое гормональное здоровье.

Создать правильный ритм «вальса гормонов» — основная задача, но я могу дать только ключик, а отворить дверцу под силу только вам.

✓ Не стоит надеяться на чудодейственные препараты, которые выпишет вам доктор, попробуйте самостоятельно разобраться в своем организме.

- ✓ Будьте грамотны, вдумчивы и благоразумны.
- ✓ Изучите свои гормоны, поймите, что происходит ежемесячно в вашем организме, — моя книга, написанная простым языком, вам в помощь.
- ✓ Научитесь контролировать свой стресс и сахар в крови.
- ✓ Прежде чем положить в рот тот или иной химический препарат, сто раз задумайтесь, действительно ли он нужен вам, или можно достичь желаемого результата другими, более естественными способами.
- ✓ **Помните, что за ваше здоровье и жизнь несете ответственность, в первую очередь, вы!**

Подходя к финалу главы, я не могу не напомнить вам о большом количестве противопоказаний КОК

- Тромбоз глубоких вен конечностей.
- Перенесенная тромбоэмболия легочной артерии.
- Высокий риск тромбоза вен нижних конечностей и тромбоэмболии.
- Обширное хирургическое вмешательство с последующим длительным постельным режимом.
- Врожденная тромбофилия с патологически высоким уровнем факторов свертывания крови.
- Ишемическая болезнь сердца, инсульт.
- Курение (более 15 сигарет в день).

- Артериальная гипертония с систолическим давлением выше 160 мм рт. ст. и/или диастолическим давлением свыше 100 мм рт. ст., наличие ангиопатии.
- Сахарный диабет с ангиопатией и/или длительностью заболевания более 20 лет.
- Рак молочной железы.
- Лактация в период первых шести недель после родов.
- Беременность.

* * *

Не спрашивайте: «Ну и как же предохраняться?» Я не дам ответ, который устроит всех. С этим вопросом каждая женщина должна разобраться для себя сама. Но однозначно средствами контрацепции должны быть те, что не влияют на правильный ритм «вальса» наших гормонов.

! Интересный факт: знание собственных циклов и принятие на себя ответственности за собственные решения и действия, за свое будущее, может сильно повысить у женщины уверенность в себе. Как полезно знать о последствиях увлечения алкоголем или фастфудом, так же полезно и повышать сознательность и ответственность в своей половой жизни.

Глава 12

Менструальный цикл. Гормоны (или физиология), питание и тренировки

Вновь хочу поговорить с вами на самую волнующую и актуальную для женщин тему, да простят меня коллеги гинекологи, которые сетуют на то, что я лезу не в свое дело: гармоничный менструальный цикл, его фазы, регулирующие гормоны, питание в зависимости от фаз цикла и физическая активность, соответствующая каждой фазе.

Конечно же, вы должны лечить гинекологические заболевания, наблюдаясь у грамотного гинеколога или эндокринолога, но поддерживать грамотно назначенное лечение естественным путем можно попробовать, согласитесь.

Заметьте, ключевое слово — грамотный. Тем более когда женщина начинает бережнее относиться к себе, прислушивается к своему организму, тщательнее отбирает продукты, которые кладет в свой рот, создавая всем этим ежемесячный правильный «вальс гормонов» в своем теле, результаты получаются по-настоящему поразительные.

Далеко ходить не надо: на каждый курс моей онлайн-школы приходят десятки женщин, которые уже отчаялись когда-то, опустили руки, но теперь получают шанс в одночасье переломить ситуацию, заглянув внутрь своего организма, почувствовав свое тело. Они изменяют свой образ жизни, образ мыслей, тем самым восстанавливая природную гармонию: повышают либидо, фертильность, улучшают самочувствие, нормализуют вес, уровень сахара крови и холестерина, приводят в порядок гормоны.

Да, это не так просто. Легче же, когда болит голова, выпить таблетку, чем задуматься и выявить причину боли. Но раз вы читаете эти строки, вы готовы думать.

Так вот, для простоты понимания этой объемной и крайне важной темы я разделила четыре фазы цикла по вопросам: гормоны и физиология, ритм жизни, питание и тренировки.

Общее представление о менструальном цикле

Жизнь женщины похожа на американские горки: то один гормон взлетает вверх и падает, то другой. От гормонов-то и зависит вся наша женская жизнь (надеюсь, читая мою книгу, вы это уже успели понять): энергия, аппетит, вес, либидо, настроение. Когда понимаешь суть процессов в собственном организме, легче идти вперед к намеченной цели – снижению веса. Давайте разбираться.

Весь менструальный цикл делится на несколько фаз (обычно четыре). В начальные фазы в организме женщины повышается уровень гормона эстрогена. В середине цикла происходит овуляция. Когда яйцеклетка созрела, уровень эстрогена достигает пика. Затем, во время «путешествия» яйцеклетки по маточным трубам, его уровень снижается, а вот уровень прогестерона — возрастает. Прямо перед началом менструации уровень обоих гормонов стремительно падает.

Мой практический опыт доказывает, что питание по фазам цикла, — то есть употребление в пищу определенных продуктов в зависимости от фазы — это чудо, которое мы можем сотворить собственноручно с нашим организмом. «Правильная» еда дает мощный толчок к восстановлению вашего организма и его женских функций. Практически каждое мое утро начинается с тестов на беременность — я имею в виду фото, которые присылают мне счастливые пациентки, наконец-то дождавшиеся заветных двух полосок.

История пациента

Марина, 33 года, восемь лет неудачного «планирования» — одна из таких пациенток. Она поначалу не верила в возможность наладить важные процессы в организме с помощью питания по фазам цикла. Но после стольких лет бесплодных попыток забеременеть, честно говоря, не верила уже вообще ни во что и решилась попробовать, скорее, ради эксперимента, чем в надежде на результат. Надо сказать, что к рекомендациям Марина отнеслась внимательно, тщательно рассчитывала свой рацион в соответствии с фазой и не пренебрегала полезными добавками. В общем-то и все...

Через четыре месяца задержка... Сделала тест — две полоски. Не поверила, решила подождать еще пару-тройку дней. Опять две полоски. Сдала ХГЧ в динамике, ну а затем визит к гинекологу не оставил сомнений — вот оно, чудо! Эту историю плачущая от счастья Марина рассказывала мне на приеме, в ходе которого интересовалась уже тонкостями питания в беременность, а я сама едва не плакала вместе с ней.

Первая фаза: фолликулярная

Продолжительность — семь-десять дней.

Гормоны и физиология

Что происходит в это время с вашим организмом? Гипоталамус, как командующий парадом, дает знак гипофизу, дирижеру эндокринной системы: пора вырабатывать фолликулостимулирующие гормоны в яичниках и готовиться к созданию новой яйцеклетки.

Несколько фолликулов начинают расти, а параллельно увеличивается количество эстрогена — это нужно для утолщения внутреннего слоя матки и ее готовности принять яйцеклетку.

Эстрогены регулируют уровень так называемых гормонов настроения. Уровень эстрогенов высокий — настроение хорошее. Наряду с этим высокие показатели эстрогенов в данный период повышают скорость обмена веществ, начинается отток жидкости в организме. То есть это время идеально для похудения.

В период фолликулярной фазы наш организм твердо уверен, что «оплодотворения не произошло». Поэтому и не испытывает потребности в увеличении жировой прослойки и отложениях калорий «про запас». Напротив, многие женщины замечают, что именно в первой фазе цикла пропадает животик, и с ним, словно его тень, исчезает либо умеряет свою прыть аппетит. В этот период можно смело бросить все свои силы на эффективную борьбу с лишними килограммами!

Жизненный ритм

Для этой фазы характерны эмоциональный подъем, творчество, энтузиазм и новые начинания. Ваша физическая энергия находится в наивысшей точке, вы чувствуете оптимизм и жажду действия.

Питание

Ваш организм будет рад и скажет «спасибо» продуктам с высоким содержанием фитоэстрогенов. Эти растительные вещества (которые на самом деле не являются ни растительными гормонами, ни эстрогенами, как многие ошибочно думают) способны связываться с теми же рецепторами, что и эстрогены. Но действие фитоэстрогенов намного слабее. Этим и обусловлен их двойственный эффект: при низком уровне эстрогенов фитоэстрогены связываются с незанятыми рецепторами, осуществляя «вспомогательную» функцию. А при высоком уровне собственных гормонов они начинают конкурировать с настоящими эстрогенами и, занимая рецепторы, оказывают андрогенное действие.

!

<u>Также мы должны употреблять продукты, богатые железом, для восполнения потери гемоглобина, которая происходит во время месячных.</u>

Рекомендую следующие продукты:

- овес, бобовые, пшеница, семечки тыквы сырые, семена льна молотые, просо, рожь, пшеничные отруби, цветная капуста, брокколи, листовые овощи, красный виноград, авокадо, лимон, грейпфрут, апельсин, сушеная слива, гранат, сушеная кислая вишня;
- проростки семян, например, бобовых, пшеницы, льна, брокколи — для продвинутых.

Эти продукты полезны для улучшения будущей овуляции, которая случится в следующей фазе: например, известно, что авокадо улучшает фолликулярно-овуляторный переход, а также стимулирует выработку слизи шейки матки.

К СВЕДЕНИЮ

✷ **Фитоэстрогены** были открыты в 1926 году, но до сих пор нет однозначных данных об их действии на организм. На способности фитоэстрогенов действовать как слабые эстрогены при низком уровне собственных эстрогенов основано их применение для женщин при климаксе.

По данным различных исследований, в этом случае фитоэстрогены могут оказывать следующее положительное действие:

- помогают регулировать жировой обмен, снижают риск образования тромбов;
- способствуют усвоению кальция и фосфора, снижая риск развития остеопороза;
- уменьшают частоту и интенсивность приливов, что приводит к улучшению сна и эмоционального статуса женщины;
- обладая противовирусным и противомикробным действием, способствуют защите организма от различных инфекций.

Не забывайте о белковых продуктах. Если вы имеете железодефицит или анемию, вам необходимо есть красное мясо, хотя бы несколько раз в неделю. Лучше всего в сочетании с овощами, богатыми витамином С.

Ешьте печень, яблоки, листовую зелень, пейте гранатовый сок.

Тренировки

Фолликулярная фаза — как раз то время, когда женщине стоит сосредоточиться на прогрессе. Этот период характеризуется высокой толерантностью к боли и ростом выносливости.

Ваш организм сейчас в большей степени будет настроен на сжигание мышечного гликогена как топлива для выполнения упражнений, что делает необходимым высокоуглеводное питание во время этой фазы.

Уровень чувствительности к инсулину в настоящий момент выше, поэтому вам следует остановиться на высокоуглеводном питании перед тренировками во время интенсивных тренировочных дней.

Также у вас легче формируются новые связи между нервными клетками, это значит, что выход за пределы зоны комфорта не является для вас чем-то невозможным. Более того, сейчас новые виды деятельности имеют больше шансов стать привычкой, чем в какое-либо другое время цикла.

Вторая фаза: овуляция

Продолжительность — три-четыре дня.

Гормоны и физиология

В одном из фолликулов происходит созревание яйцеклетки. За этот процесс отвечают ФСГ, фолликулостимулирующие гормоны. При одновременном росте фолликула начинает повышаться уровень эстрогенов. Эстрогены, в свою очередь, стимулируют выработку лютеинизирующего гормона, ЛГ.

Благодаря ЛГ женщины могут отследить момент созревания яйцеклетки и вычислить предстоящую овуляцию. Все дело в том, что лютеинизирующий гормон приводит к скачку температуры. Если при регулярном измерении базальной температуры вы в определенный момент фиксируете цифру выше 37 градусов – это говорит об овуляции. Вот почему планирующим беременность женщинам рекомендую завести такую привычку. Обычно ЛГ повышается за 48 часов до предполагаемой овуляции – самое время для успешного зачатия.

После разрыва фолликула, который происходит на максимально высоком уровне ЛГ, яйцеклетка начинает

К СВЕДЕНИЮ

✷ **Базальная температура тела** – самая низкая температура, достигаемая телом во время отдыха (обычно во время сна). Измеряется сразу после пробуждения, прежде чем была предпринята любая физическая активность (не вставая с постели, по возможности даже не меняя позу).

Измерения проводятся ректально (реже вагинально) ежедневно, примерно в одно и то же время после минимум трех (лучше шести) часов беспрерывного сна. Необходимо проводить процедуру в одно и то же время ежедневно. Полученные результаты следует сразу записать, а затем перенести на график. На базальную температуру влияет множество факторов физического и психологического состояния: недосыпание, принятый накануне алкоголь, кишечные расстройства, стресс, половой акт, болезни.

свое движение по маточной трубе, медленно смещаясь непосредственно к матке. Если в течение суток после разрыва фолликула оплодотворения не произошло, наступает гибель яйцеклетки, и она отторгается.

Вы можете чувствовать дискомфорт и тянущую боль справа или слева с локализацией внизу живота, когда высвобождается яйцеклетка, а также всплески и спады энергии, головную боль и тягу к определенным продуктам.

Некоторые женщины могут совершенно четко определить «день икс», даже не используя тест на овуляцию.

Кстати, для меня в планировании обеих беременностей самым верным и стопроцентным методом определения овуляции было именно измерение базальной температуры. Муж всегда шутил, что градусник — мой лучший друг по утрам. Все еще спят, а у меня с шести утра уже пищит мой друг...

Жизненный ритм

Эта фаза — время, когда вы нацелены на социум. Время коммуникаций и важных разговоров. В этот период вам особенно легко удается четко формулировать свои мысли и желания, растет и ваша привлекательность: все продумала умная природа. Поскольку в это время максимально велика вероятность зачатия, и организм это знает, вы — почему-то — начинаете уделять больше внимания своей внешности и становитесь более привлекательными для партнера.

Питание

Углеводы — источник энергии для организма, но так как у вас пока еще есть естественная энергия, обусловленная гормональным фоном, и ваше настроение стабильно благодаря эстрогену, не налегайте на них. Лучше остановите свой выбор на легких зерновых (греча, например), ягодах, богатых витамином С овощах, продуктах, содержащих повышенные дозы цинка, фолиевой кислоты, витамина Е, Омега-3.

Не забываем о путях выведения, играющих важную роль в общей системе. Ешьте побольше овощей (клетчатка как раз помогает этим процессам) и фруктов. Примерное количество — 500 г в сутки.

!

Продукты, способствующие овуляции, благотворно влияют на производство наиболее здоровой яйцеклетки.

К таким продуктам относятся: малина, клубника, ананас, абрикос, кокос, инжир, спаржа, авокадо, сладкий перец, шиповник, брюссельская капуста, баклажан, шпинат, помидор, чеснок, красная чечевица, миндаль, фисташки, орехи пекан, молодое мясо ягненка, креветки, тунец, лосось, устрицы (только не говорите «фи»), яйца.

Ограничьте кофеин. Четыре чашки кофе в день — и вероятность зачатия падает на 25%!

Фрукты и овощи лучше есть сырыми, сваренными или приготовленными на пару.

Тренировки

Уровень энергии на максимуме, поэтому вы можете себе позволить большую физическую нагрузку, такую как силовые тренировки или бег. Наверняка сможете достигнуть своих стандартных результатов с большей легкостью, а то и поставить личный рекорд. Есть даже исследование, показывающее, что в период овуляции сила квадрицепсов и сила хвата у женщин увеличивается на 11%. В общем, все на спорт!

Третья фаза: лютеиновая

Продолжительность — 10–14 дней.

Гормоны и физиология

В организме женщины снова происходит гормональный скачок: уровень эстрогена все больше снижается, а уровень прогестерона растет. В это время начинается задержка жидкости, а также идет накопление жировой массы — организм твердо уверен в том, что он «беременный», и начинает активно готовиться к вынашиванию. В конце фазы, если беременность не наступает, уровень прогестерона и эстрогена снижается и к концу менструального цикла становится минимальным. Вместе с этим понижается уровень серотонина, ответственного за хорошее настроение.

Где-то за неделю до начала месячных начинает расти вес. В это время также повышается аппетит, женщина становится нервной и раздражительной. Такое состояние еще называют ПМС — предменструальный синдром (кстати, он не всегда прекращается с началом менструации, бывает, что симптомы ПМС сохраняются и до ее окончания). Особенно хочется сладкого и мучного, что объясняется изменением гормонального фона: от колебания уровня гормонов зависит уровень инсулина, который регулирует сахар в крови. Когда уровень сахара понижается, появляется аппетит. В это время главное — удерживать вес.

Уровень энергии снижается, а к концу цикла некоторые женщины могут чувствовать вздутие живота, головную боль, частые смены настроения и тягу к определенному виду еды.

Жизненный ритм

Лютеиновая фаза хороша, чтобы вить гнездо — уж в чем бы для вас это понятие ни заключалось. Внимание с социума переключается на внутреннее состояние, а определенное соотношение эстрогена и прогестерона побуждает вас задумываться о вещах, которые в предыдущей фазе «пролетали» мимо вашего сознания. Это время идеально подходит, чтобы начать вводить в привычку трепетную заботу о себе, уделяя больше внимания соблюдению режима и уходу за собой.

Питание

Включите в меню белок — яйца, рыбу, морепродукты, постное мясо (индейка), нежирный творог. Белок содержит аминокислоту триптофан — «родительницу» серотонина, который, как уже говорилось, отвечает за настроение. Кроме того, в белковых продуктах содержатся витамины группы В, снижающие проявления ПМС. Также организму в этот период нужны калий и магний — их источником для вас станут курага, бананы, орехи, цельные злаки, морская рыба, кисломолочные продукты. Они облегчат симптомы ПМС и поднимут настроение. В это время нужно есть как можно чаще — четыре-пять раз в день. Это позволит регулировать уровень сахара в организме, убережет от «зверского» чувства голода, связанного с ним переедания и, как следствие, набора веса. Порции должны быть небольшими. Из рациона нужно убрать простые углеводы, которые приводят к скачкам уровня сахара в крови, и заменить их на сложные: крупы, овощи и т. д.

За неделю до начала месячных лучше не налегать на соленое и острое: организм задерживает жидкость, а соленая и острая пища только способствуют этому. Также старайтесь пить меньше спиртных напитков, кофе — они усугубляют симптомы ПМС. Как видите, мы вполне можем приспособиться к особенностям своего организма.

Тренировки

Если тренировка идет буквально через «не могу» и кажется, что она не закончится никогда, — это, скорее всего, лютеиновая фаза. Заниматься спортом в такой период очень тяжело, тело словно восстает против вас. Причина, опять же, в физиологии: поддерживать интенсивный темп тренировки вы можете сейчас существенно хуже, чем обычно, отеки из-за ПМС делают вас неповоротливой, а организму хочется брать энергию из жира вместо гликогена в мышцах. Самое время выбрать соответствующие тренировки — сочетание кардио и силовых с умеренной интенсивностью. Если же сил совсем никаких, попробуйте йогу — практика показывает, что с ее помощью можно заметно облегчить симптомы ПМС.

Четвертая фаза: менструальная

Продолжительность — три-семь дней.

Гормоны и физиология

Это самая болезненная фаза менструального цикла, когда происходит кровотечение. Как правило, данный этап длится от трех до семи дней. В это время матка отторгает верхний слой с неоплодотворенной яйцеклеткой. Первый день полноценной менструации (кровотечения) называют первым днем цикла, от него и ведут дальнейший отсчет. В эту фазу производство прогестерона прекращается, концентрация эстрогенов резко повышается (пик), а затем падает. Вы можете ощущать спазмы и боли в области таза и поясницы, чувствовать усталость, сонливость и тягу к сладкому.

Жизненный ритм

Как только пик эстрогенов пройден, вы, что называется, выдыхаете и расслабляетесь. Самое время для всяческих озарений, открытий и размышлений о жизни. Поскольку во время менструальной фазы сообщение между правым и левым полушариями мозга максимально сильно, вы одновременно можете полагаться как на логические рассуждения, так и на интуицию.

Вообще, беспокойство и недовольство, которые вы испытываете в течение менструальной фазы, абсолютно нормальны. Но если из месяца в месяц всплывает конкретная проблема, стоит уделить ее разрешению особое внимание — и для этого у вас есть остальные недели.

Питание

Для нашего тела это время генеральной уборки «отходов», накопившихся в течение всего прошлого месяца.

Сейчас лучше есть все теплое (во избежание дополнительных спазмов), много отдыхать, много пить воды, а также потреблять продукты, богатые железом.

Во время менструальной фазы вы должны налегать на следующие продукты: гречка, дикий рис, каштаны, орехи кешью, морские водоросли, черника, голубика, клюква, гранат, богатые водой фрукты и овощи, мясо (утка, телятина, нутрия), бобовые (красная и черная фасоль, чечевица), все морепродукты.

Продукты, рекомендуемые в менструальной фазе, особенно укрепляют кровь и почки — идеально для времени, когда вы теряете кровь.

Тренировки

Логично предположить, что сейчас настал период отдыха и восстановления. У вас нет сил тренироваться продуктивно, да это и не нужно — ведь организму необходима пауза. Первые день-два можете без зазрения совести пропустить занятия, а если все-таки очень хочется поактивничать, выберите йогу, растяжку или просто спокойные пешие прогулки. Переходить обратно к более интенсивным нагрузкам можно будет, только когда все симптомы ПМС пройдут. Соответственно в фолликулярной фазе вы сможете опять употреблять большое количество углеводов перед тренировками, если наращиваете мышечную массу.

* * *

Попробуйте выстроить все аспекты своей жизни в соответствии с циклом, ведите дневник наблюдений за своим самочувствием, настроением, питанием и активностью — и вы обязательно заметите, как естественно у вас получается быть гармоничной и жить в соответствии с женской природой.

Глава 13

СПКЯ. «Поликистоз» истинный и мнимый. Диагностика, критерии и факторы развития. Устранение проявлений СПКЯ без лекарств

Сейчас мы с вами начинаем очень серьезную тему, едва ли не одну из самых сложных в этой книге. Постараюсь рассказать вам о важном максимально просто и понятно, ну а вы читайте внимательно, вникайте и запоминайте.

Итак, синдром поликистозных яичников, он же поликистоз, или СПКЯ, сегодня встречается у каждой пятой женщины в мире, о чем свидетельствуют многочисленные исследования. Попросту говоря, СПКЯ – заболевание яичников, которое сопровождается образованием кист; одно из наиболее распространенных гормональных нарушений у женщин репродуктивного возраста; приводит к нарушению цикла и бесплодию. Откуда же берется эта «зараза» и почему так распространена? Давайте разбираться вместе.

Как вы уже убедились в предыдущих главах, и как подсказывает огромный практический опыт мой и моих коллег, первопричиной многих неполадок со здоровьем являются проблемы на психологическом уровне. Вот, например, уже ставшая классикой схема: развод –

депрессия – «утешение» в виде избыточных быстрых углеводов – как следствие, неправильный рацион с недобором белка – подскакивает «плохой» холестерин – организм включает механизмы накопления жиров и, заодно с лишним весом, приходят проблемы с сосудами, на фоне стресса ползет вверх кортизол... Можно я дальше не буду пересказывать этот «фильм ужасов»?

Психосоматика СПКЯ

Но давайте же к СПКЯ. В случае возникновения этой достаточно серьезной проблемы, которая может привести даже к раннему бесплодию, тоже стоит поискать психосоматику. И, поскольку наш женский организм настроен на то, чтобы выполнить свою миссию перед природой, в случае, если на него «навешивают» принципиально другие задачи, начинает активно протестовать. Так как мы с вами говорим о сфере гинекологии, о самом «женском», что только может быть, то и рыть будем в этом направлении.

Девочка должна быть девочкой. Все хоть раз слышали от мам и бабушек эту набившую оскомину фразу? Ну вот, а женщина должна быть женщиной. И если в девчачьем желании не сидеть тихонько с куклами в углу, а наравне с мальчишками рыть в песочнице каналы и дамбы, прыгать, бегать и визжать нет ничего предосудительного и противного организму, то взятые на себя женщиной чисто мужские функции во взрослом возрасте чреваты неприятными последствиями для здоровья.

К большому сожалению, не каждая представительница слабого пола может чувствовать себя истинной женщиной – объектом любви, желания, заботы. Посмотрите хоть на статистику разводов! «Я и лошадь, я и бык, я и баба и мужик...» Знакома поговорка? А женщин, которые, повторив это «заклинание» в качестве короткой передышки, вновь впрягаются и «тянут лямку», знаете? Да наверняка сейчас всплыла в памяти если не ближайшая родственница или подруга, то как минимум соседка или коллега. Но пишу я это не для того, чтобы обвинить во всем мужчин, а чтобы плавно подвести вас к простой, как грабли, мысли: если вы на подсознательном уровне ведете себя как мужчина, то есть принимаете решения, берете на себя ответственность по жизненно важным вопросам, не чувствуете поддержки и защиты от мужчин в своей семье, считаете, что лучше вас никто ни с чем не справится и «все сама», то будь вы хоть сто раз в платье, на каблуках и при макияже, вы мужик. Уж простите за прямоту. И пока этот ваш «внутренний мужик» ведет дела, по женской линии, как стыдливо говорят о гинекологических проблемах, будет много чего не в порядке.

Установлена четкая взаимосвязь между негативным отношением к противоположному полу и гинекологическими заболеваниями. Я вам больше скажу, на уровне психосоматики все выглядит так: претензии к мужчинам в целом и к конкретному в частности, как радары, ловят наши яичники. И не важно, на самом деле «он козел», или это мама, сама когда-то обжегшись и лучшие годы жизни «на такого же козла» потратившая, внушила вам, что вы девочка-принцессочка, а все «особи мужского пола» достойны только пыль с ваших пяток сдувать. Такой зацикленности на себе часто сопутствует еще одна психологическая проблема — зацикленность на своих обидах и переживаниях, реальных и надуманных. Сейчас скажу страшное: обида запускает в организме программу саморазрушения, раковые болезни. Новообразование (киста) — самый мягкий вариант из предложенных.

А зацикленность на «обидках» формирует просто ужасную привычку не радоваться жизни, а проживать ее, на что организм откликается инсулинорезистентностью.

Так что же за «зверь» такой — СПКЯ?

Практически каждая женщина, которой хотя бы раз делали УЗИ, могла слышать: «У вас поликистозные яичники» или «У вас поликистоз». А дальше все как в тумане, и помнится только путаница слов, из которой многие запоминают самое страшное — возможны проблемы с беременностью.

На самом деле, даже у медиков до сих пор не сложилось однозначного мнения по поводу СПКЯ. Вот почему, посещая разных гинекологов, вы каждый раз можете услышать другие пояснения и объяснения этого состояния. Чтобы понять его суть, давайте немного разберемся с тем, как функционируют наши яичники.

Симптомы СПКЯ включают:

- олигоменорею или аменорею (нарушение цикла);
- бесплодие (отсутствие беременности в течение 12 месяцев активной половой жизни);
- поликистозные яичники (по заключению УЗИ);
- акне;
- гирсутизм (избыточный рост волос у женщин по мужскому типу, больше 12 баллов по шкале Ферримана-Галвея);
- уменьшение роста волос на голове (андрогенная алопеция) и др.

Не надо понимать слово «поликистоз» буквально, представляя себе, что яичники усеяны кистами. На УЗИ врач видит совсем другое: много скопившихся в яичниках фолликулов на начальной стадии развития. Что же в этом плохого? Да то, что что-то мешает им расти дальше, продолжая свой функциональный цикл.

По факту самих кист — то есть новообразований, появляющихся в тканях, — в яичниках нет. А фолликулы так и так в них находятся. Кист нет, а поликистоз есть — вот такая сложная наука медицина. Но давайте разбираться дальше.

Надо понимать, что наши яичники не статичны, каждый цикл они выглядят по-разному. Об этом легко догадаться, если вспомнить, как проходят менструации хотя бы в течение года. Вот они из месяца в месяц прибывают как поезда в Швейцарии, по четкому расписанию, и тут бац — сбой. Задержка... Волнения... Облегчение или разочарование. Или все так же четко, но в этом месяце ПМС какой-то особенно жесткий. В общем, все очень динамично, и отсутствие овуляции в течение нескольких циклов является нормой. В ряде случаев, хотя и не всегда, такие перерывы могут быть вызваны внешними причинами: возможно, в этот период вы переживали какие-то эмоциональные потрясения, летали из зимы в лето и обратно, болели или усиленно занимались спортом... а возможно, просто жили абсолютно обычной своей жизнью. Все эти колебания активности яичников отражаются на той картине, которая предстает взору УЗИ-специалиста. Таким образом, даже у здоровых женщин, не имеющих заболеваний репродуктивной системы, с «нормальными» месячными, может быть «диагностирован» поликистоз по внешним признакам. Это как раз моя история: как я пила гормоны и что потом после них лечила, уже рассказывала в одной из предыдущих глав.

Если на УЗИ вам сказали «поликистоз» — это может быть вариант нормы, временное состояние или действительно поликистоз.

У всех пациенток с подозрением на СПКЯ необходимо исключить:

- патологию щитовидной железы;
- гиперпролактинемию (повышение пролактина в крови);
- врожденную дисфункцию коры надпочечников (ВДКН), неклассический вариант, обусловленный в первую очередь дефицитом 21-гидроксилазы;
- беременность;
- гипоталамическую аменорею, включая функциональную аменорею (дисфункция гипоталамуса);
- первичную недостаточность яичников;
- андрогенпродуцирующие опухоли;
- синдром Кушинга;
- акромегалию;
- редкие заболевания (другие формы врожденной дисфункции коры надпочечников; синдром тяжелой инсулинорезистентности, прием препаратов, нарушения полового развития и др.).

Теперь давайте подумаем, а что же мешает фолликулам расти и дает на УЗИ картину «поликистоза»? Причин может быть очень много. И одна из них — прием КОК, которые на ранней стадии развития предотвращают рост фолликулов. Таким образом, яичники как бы «спят», и овуляция не происходит. Вот почему, прежде чем стимулировать с помощью оральных контрацептивов овуляцию в надежде на «эффект отмены», важно, для начала, выяснить, а есть ли она вообще.

Диагностические критерии СПКЯ:

✓ олиго- и/или ановуляция (редкие/нерегулярные овуляции, либо полное отсутствие овуляции);

✓ клинические и/или биохимические признаки гиперандрогении (увеличение секреции мужских половых гормонов);

✓ поликистозные яичники.

Для постановки диагноза СПКЯ нужно, чтобы присутствовали два критерия из трех при условии, что исключены заболевания, которые могут приводить к клинической картине, подобной СПКЯ.

С учетом всего вышесказанного делаем вывод: на самом деле СПКЯ — не такое распространенное заболевание, как кажется на первый взгляд. И при том, что на УЗИ «поликистоз» видят у каждой четвертой-пятой, истинный СПКЯ составляет около 4–6%.

Вот смотрите, один и тот же диагноз получит:

- женщина с повышением уровня тестостерона и бесплодием, но без единого волоска на теле и без признаков СПКЯ на УЗИ (гиперандрогения + овуляторная дисфункция);
- женщина рожавшая, с избытком роста волос по мужскому типу и УЗИ-признаками СПКЯ (гиперандрогения + поликистозные яичники);
- женщина с УЗИ-признаками и бесплодием, но без повышения тестостерона (овуляторная дисфункция + поликистозные яичники);
- женщина с УЗИ-признаками, повышением тестостерона и бесплодием (гиперандрогения + овуляторная дисфункция + поликистозные яичники).

Как видите, вариантов много, и они разнообразны.

Сейчас рекомендуется изменение названия СПКЯ, потому что не во всех случаях этой болезни есть характерные «поликистозные яичники» на УЗИ.

Причины развития СПКЯ

Являются ли андрогены причиной СПКЯ?

Самой распространенной причиной этого заболевания считают повышение андрогенов — «мужских гормонов». Ну а если они повышены, то их нужно погасить... Чем? Конечно же, другими гормонами! Какие у нас самые распространенные «гасители»? Правильно — опять же, наши «любимые» и «универсальные» оральные контрацептивы. Мой взгляд на тему КОК я уже изложила в главе 11, полностью посвященной противозачаточным средствам, поэтому вернемся к гормонам.

Вообще, я против деления гормонов на «мужские» и «женские», потому как в обоих случаях и те и другие присутствуют в организме в той или иной концентрации.

У каждого гормона своя функция. И только благодаря «мужским» гормонам девочка становится женщиной — за счет их удивительной трансформации. !

Мужские половые гормоны, таким образом, являются важнейшим веществом в женском организме. Нет андрогенов — нет женских гормонов. ! Но если их слишком много — выработка женских гормонов, опять же, блокируется. Нужна золотая середина. И тогда тестостерон в процессе сложных биохимических реакций превращается в женский половой гормон эстрадиол. Менструации идут «как по учебнику». Именно тестостерон дает толчок росту фолликулов в яичнике, а затем уже сами яичники начинают вырабатывать эстрогены. Видите, как все взаимосвязано? Если женщина здорова, процесс продолжается: самый большой фолликул лопается — пришла овуляция, а за ней или менструация, или беременность.

Так происходит у «правильной» женщины. Если же нарушена работа этого звена, появляется много фолликулов, но самого главного, доминантного нет, или он недостаточно большой. Фолликул не лопается, начинается развитие кист, и мы со временем получаем синдром поликистозных яичников.

Нужно четко понимать, что повышение уровня андрогенов станет следствием нарушения менструального цикла, а не, как принято считать многими, причиной. И нужно искать причину, а не гасить КОКами следствие.

К вопросу о поисках «виновных»: причин может быть множество, как отдельных, так и сочетанных. Выше я писала, какие именно соматические заболевания мы должны исключить. А вот теперь прошу удвоить внимание — понимаю, глава сложная, но надо, милые, надо.

Первопричина — инсулин!

В яичниках есть рецепторы, чувствительные к уровню инсулина в крови. Мы помним, что благодаря этому гормону глюкоза попадает в клетку и используется как «топливо» для организма. Если клетка не принимает инсулин по каким-либо причинам или глюкоза поступает с избытком, уровень инсулина в крови начинает повышаться. Возникает инсулинорезистентность: поджелудочная железа продуцирует большое количество инсулина, который плохо работает и, соответственно, плохо утилизирует глюкозу в клетках. Мозг думает: раз глюкоза уходит плохо, то инсулина мало, пинает поджелудочную железу и... порочный круг замыкается. В целом одним из главных результатов переизбытка инсулина является стимуляция роста — гиперплазия, увеличение количества структурных элементов тканей путем их избыточного новообразования. И если спортсменам инъекции инсулина помогают нарастить мышечную ткань, то на яичники инсулин влияет, стимулируя синтез андрогенов. Если инсулина много — количество андрогенов резко увеличивается и гормональный баланс нарушается.. Именно высокий уровень андрогенов и способствует образованию кист.

Чувствуете, к чему я веду? Именно инсулинорезистентность является ключевым звеном в развитии СПКЯ, а высокий уровень андрогенов, которые образуют кисты, — последствия вышеописанного процесса. Безусловно, накопление мужских половых гормонов в яичниках через некоторое время начнет играть уже самостоятельную роль, усугубляя сложившуюся си-туацию.

Пока до конца неизвестно, что первично: инсулинорезистентность или ожирение, но, как правило, резистентность к инсулину регистрируется, если есть лишний вес. Зато совершенно точно можно утверждать, что избыток инсулина ведет не только к поликистозу, но и к таким неприятным штукам, как эндометриоз, миома матки и, возможно, новообразования. !

А теперь очень важная информация для мам, у которых есть дочки! Избыток инсулина в начале полового созревания приводит к избытку мужских половых гормонов в то время, когда девочки и так по природе своей активничают. И в этот момент может начаться развитие СПКЯ. Будьте внимательны к здоровью своих дочек, если хотите их женского счастья! !

Лечение СПКЯ

В зависимости от ситуации, которая повлекла за собой развитие СПКЯ, ваш врач может рекомендовать различные методы лечения: противозачаточные таблетки (КОК), гормональные монопрепараты, или препараты для стимуляции овуляции, чаще всего в сочетании с препаратами метформина, которые нормализуют углеводный обмен.

О естественных методах коррекции СПКЯ говорят редко или вовсе не говорят, считая диетотерапию псевдомедицинским подходом. Конечно, одной диетой невозможно вылечить запущенный процесс, но попробовать нормализовать гормональный фон с помощью сочетанных действий, которые являются натуральными способами борьбы с гормональным дисбалансом, попробовать стоит.

Если вы годами ходите по кругу «врачи-лекарства-УЗИ-неуспех в лечении», то вы наверняка понимаете, о чем я говорю.

Каждый сезон моей онлайн-школы #будьхудойнеголовой в среднем 10–15 пациенток избавляются от проявлений СПКЯ.

От любого заболевания можно избавиться, устранив его причину.

Есть две причины инсулинорезистентности:

- употребление большого количества углеводов;
- неправильное взаимодействие клетки с инсулином и глюкозой.

Об этих факторах и методах их устранения я подробно поговорю ниже.

Вот что вы можете сделать для избавления от проявлений СПКЯ.

1. Соблюдайте низкогликемическую диету

Не люблю слово «диета», но в данном случае показана именно лечебная диета, исключающая продукты с высоким гликемическим индексом. Любые углеводы вызывают повышение, а затем понижение уровня глюкозы в крови. И то, как быстро он подскакивает и в течение какого времени сохраняет свой высокий уровень, зависит от гликемического индекса, то есть типа углевода, и гликемической нагрузки — то есть количества съеденного. Вам нужно употреблять исключительно углеводы с низким гликемическим индексом, которые перевариваются долго и не заставляют ваш инсулин взлетать вверх-вниз, как на американских горках.

Вы удивитесь: снижение гликемического индекса пищи позволяет снизить уровень тестостерона на 20%! Вы должны не просто убрать из рациона простые углеводы, но и наполнить его сложными углеводами. Желательно, чтобы вы употребляли их в сочетании с белковыми продуктами и в дневное время. Белок добавляйте к каждому приему пищи.

2. Ешьте три раза в день, без перекусов

Постоянно повышенный уровень инсулина, будь то от перекусов между приемами пищи или от употребления продуктов с высоким содержанием сахара и простых углеводов, вызывает гиперинсулинемию. Главное, что вам нужно понять, — всякий раз, когда растет уровень инсулина, сжигание жиров останавливается.

Все эти «перекусы» между приемами пищи можно сравнить, например, с попытками перезапустить на ходу программу в кофемашине и получить эспрессо, когда она уже готовит вам капучино. Вот это все ваше «тык-тык по кнопкам» приведет только к тому, что аппарат сломается.

! В случае с нашим организмом нарушение «технологического процесса» тоже не ведет ни к чему хорошему: если вы едите каждые два-три часа, как некоторые специалисты советуют, ваш уровень инсулина никогда не вернется к нормальным значениям, и вы никогда не начнете сжигать жир.

Наша цель — снижение выработки инсулина. Она достигается уменьшением количества приемов пищи в день. Первым делом нужно прекратить ненужные перекусывания. Поэтому в основные приемы пищи нужно есть досыта, чтобы перекусывать не хотелось. (Подробнее об этом можно прочитать в главе 10.)

3. Ешьте больше продуктов, богатых клетчаткой

Рекомендую употреблять как минимум 500 г сырых овощей в день.

4. На время лечения откажитесь от цельного молока, сливок, сливочного масла

Допускается употребление молочнокислых продуктов в малых количествах (100 г творога или сыра в день).

5. Откажитесь от кофеина и кофеинсодержащих напитков

Замените черный и зеленый чай на травяной. Если сложно отказаться от кофе, замените его на кофе без кофеина. Исключите все газированные напитки, содержащие кофеин.

6. Принимайте увеличенные дозы Омега-3

Из них образуются половые гормоны, которые наконец-то начинают адекватно работать. Принимайте ежедневно Омега-3 в дозировке не менее 1000 мг (DHA+ + EPA — не менее 1000 мг). Было доказано, что потребление более повышенного количества Омега-3 полезно для лечения СПКЯ.

7. Проверьте уровень витамина D. Если он низкий, принимайте в пищевой добавке

Витамин D, в сущности, и не витамин вовсе, а стероидный гормон. А значит, его недостаток влияет на весь гормональный фон женщины. Почти невозможно поднять уровень витамина D до оптимального, просто употребляя продукты, которые его содержат (молоко, рыбий жир, мясо и т. д.), поэтому вам пригодятся соответствующие БАДы. Существуют многочисленные данные о влиянии витамина D и кальция на метаболизм глюкозы и инсулина, но этой теме мы посвятим отдельную главу (см. главу 16).

8. Принимайте цинк и селен

Дефицит этих элементов непосредственно связан с высоким уровнем андрогенов и воспаленными угрями, соответственно. Ешьте семена тыквы и кунжута, бобы и орехи, или принимайте в виде пищевой добавки.

9. Пользуйтесь адаптогенами при отсутствии противопоказаний

Например, могу порекомендовать маку перуанскую. Препараты на основе этого растения восстанавливают баланс эстрогена и прогестерона в организме — а он является основой для регулярного менструального цикла. Это еще и адаптоген и потрясающий суперфуд «плодовитости». Мака не содержит гормонов сама по себе, но помогает восстановить их баланс, мягко воздействуя на эндокринную систему.

10. Старайтесь худеть

Снижение массы тела всего даже на 7% может повлиять на баланс гормонов в лучшую сторону.

11. Будьте активны физически

Выбирайте нагрузку по душе и по силам: от пеших прогулок в среднем темпе (ваша норма — примерно десять тысяч шагов в день) до трех-четырех тренировок в неделю, не обязательно в тренажерном зале: бассейн или танцы тоже подойдут.

12. Уменьшайте токсическую нагрузку на организм

Мы, увы, не живем в экологически стерильном пространстве, но стремиться к снижению концентрации «химии» вокруг надо. Установлена взаимосвязь между бисфенолом А, химическим веществом, которое широко применяется в промышленности, в том числе пищевой, и нарушением детородной функции, а также рядом других проблем со здоровьем. Бисфенол А в организме

К СВЕДЕНИЮ

✷ **Мака перуанская**, или Клоповник Мейена (лат. *Lepidium meyenii*), — вид растений из рода Клоповник семейства Капустные. Растет на высокогорных плато Боливии, Перу и северо-запада Аргентины на высоте 3500–4450 метров над уровнем моря. Иногда его называют перуанским женьшенем, так как предполагается, что он обладает свойствами афродизиака.

человека накапливается на протяжении времени его использования и после этого. Поэтому старайтесь уменьшить воздействие этого вещества путем использования более экологичных продуктов: для начала хотя бы замените ваши пластиковые контейнеры для обедов на стеклянные емкости. Вполне возможно, что снижение токсической нагрузки заметно поможет вашим гормонам войти в идеальный ритм.

Глава 14

«Не хочу его». Как связаны гормоны и проблемы с либидо. Гармонизируем секс

«В Советском Союзе секса нет!» Помните эту фразу, ставшую легендарной? А между тем, если сравнивать с сегодняшним днем, секс во времена СССР был ого-го какой, не чета нынешнему. С пугающей регулярностью появляются исследования на тему того, что современные женщины и мужчины предпочитают что угодно, но только не это... Отдельную трибуну отвоевали асексуалы — люди, которые по разным причинам выбирают для себя воздержание. Общую тенденцию нежелания заниматься сексом отражают и мои пациентки, с подобным явлением в своей практике я сталкиваюсь каждый день.

И вот что я скажу вам, дорогие мои, это огромная, огромная проблема в масштабах всей страны — не только чисто физиологическая, психологическая, но и социальная. Ведь сколько семей оказываются на грани распада из-за низкого либидо, когда вот это вот наше «не хочу его» вызвано гормональными проблемами в организме, а не тем, что «прошла любовь, завяли помидоры». И мужчины точно по таким же гормональным причинам предпочитают соцсети сексу. А их женщины впадают в истерику: «Он меня больше не хочет, наверное, у него другая!» И пошло-поехало...

Причины снижения либидо

Сексуальное влечение, оргазмы или крепкое сексуальное здоровье — все это напрямую зависит от гормонов. Низкое либидо — это такая же проблема, как недостаток энергии, плохой сон, угри или неполадки в органах пищеварения. Эти состояния — способ нашего организма сигнализировать нам об опасности. Ни одно из них нельзя вылечить «волшебной пилюлей» и ни одно из них нельзя игнорировать. И фактически три четверти случаев пониженного либидо происходят из-за сбоя в «вальсе гормонов».

Многие женщины наивно полагают, что о гормонах не стоит беспокоиться до наступления менопаузы, однако на самом деле наш гормональный фон начинает меняться с двадцати лет. Уровни ДГЭА (надпочечниковый андроген) и тестостерона начинают падать. Уровень кортизола, напротив, может повыситься по причинам, подробно описанным в соответствующей главе (см. главу 7), что тянет за собой снижение уровня других гормонов, отвечающих за нашу сексуальность. Или же повышенный тестостерон ведет к поликистозу яичников. Некоторые сталкиваются с дисбалансом эстрогенов и/или прогестерона, что приводит к различным проявлениям, в том числе к пресловутому ПМС. А уж у скольких женщин «едет» щитовидка?.. И практически в каждом случае гормональные проблемы приводят к снижению полового влечения.

Вот, например, такая распространенная проблема, как **слишком высокий или слишком низкий уровень**

кортизола. Стресс есть — секса нет. Запомните, именно стресс ведет к возникновению многих гормональных заболеваний, и проблема с либидо — не исключение. Очень важно знать свою норму кортизола и следить за ней. Я уже рассказывала в самом начале книги свою историю с первой беременностью, когда из-за зашкаливающего гормона стресса два года не могла забеременеть.

К СВЕДЕНИЮ

✷ **ДГЭА (дегидроэпиандростерон)** — гормон, продуцируемый надпочечниками (в незначительной степени также половыми железами). Продукция гормона осуществляется на основе холестерина под воздействием нескольких ферментов.

Максимальная концентрация гормона в крови достигается к 20–30 годам, затем снижается на 20% в течение каждых последующих десяти лет. Ученые полагают, что заболевания, связанные со старением (тучность, патологии сердечно-сосудистой системы, онкология), могут быть связаны со снижением концентрации ДГЭА.

ДГЭА дает следующие положительные эффекты:

- способствует уменьшению жировой ткани;
- повышает продукцию энергии и улучшает настроение;
- повышает либидо;
- нормализует гормональный фон в любом возрасте;
- повышает устойчивость организма к воздействию неблагоприятных факторов;
- способствует защите нейронов головного мозга от деструктивных нарушений;
- способствует снижению уровня холестерина в кровяном русле, как следствие уменьшается риск развития атеросклероза;
- во время беременности выступает в роли предшественника для синтеза эстрогенов плаценты.

Высокий или низкий уровень эстрогена также может сыграть злую шутку с вашим либидо. Кстати, именно в случае дисбаланса эстрогенов появляется такой симптом, как переменчивое настроение и ПМС (казалось бы, при чем тут секс? Ан нет, связь есть) или сухость влагалища. Это не ваш организм «не хочет», это с гормонами проблема! Низкий уровень тиреоидного гормона, когда ваша щитовидная железа работает недостаточно эффективно, также отражается на вашей сексуальной жизни. Вас ничто не радует, сил нет ни на что, и на «эти нелепые телодвижения» тоже.

Низкий или высокий уровень тестостерона: любой вариант по-своему плох, и каждый по-своему влияет на ваш организм. У женщин фертильного возраста главной причиной низкого тестостерона является прием оральных контрацептивов: они повышают уровень глобулина, который поглощает свободный тестостерон. Как результат — сниженное либидо, сухость влагалища и даже боль при половом акте. Получается «двойное предохранение». С этим сталкивались многие мои пациентки: сначала они пили КОКи, а секса «не очень-то и хотелось», а потом, когда бросили, долго приводили в порядок свои гормоны. Ну а высокий уровень тестостерона — одна из главных причин поликистоза яичников, с которым также воюют миллионы женщин на планете.

Как вернуть сексуальное влечение

Очень долго считалось, что снижение либидо — это неизбежный процесс, неотъемлемая часть взросления организма, к тому же обусловленная такими объективными причинами, как рождение детей и связанная с этим занятость, смена былой страсти на спокойные «родственные» отношения с мужем... Я не согласна с этим в корне и стремлюсь привлечь на свою сторону как можно больше женщин. Высокое либидо – залог нашей успешной и активной сексуальной жизни, а значит, молодости, уверенности в себе и своей привлекательности, залог счастливых отношений с партером и блеска в глазах. Вот почему очень важно сохранить высокое либидо на долгие годы и после рождения детей.

Итак, как же поддержать свое либидо? Вот простые и действенные шаги.

1. Выявите причину снижения сексуального влечения

Иногда вы «не хотите», потому что работаете как ломовая лошадь, а иногда это результат приема медикаментов или КОК, как я писала выше. Сдайте анализы на гормоны и работайте над нормализацией их уровня прицельно. Какие анализы? Подробно описано в главе 4 «Клинический минимум».

2. Принимайте адаптогены

Если уровень кортизола слишком высокий, слишком низкий или меняется в течение дня, я рекомендую принимать двойную дозу адаптогена, например, маки перуанской. Порошок маки является природным адаптогеном, помогающим бороться с тревогой, депрессией, изким уровнем полового влечения, нарушениями сна.

Для стабилизации уровня кортизола в крови можно кже принимать ашваганду – популярный индийский птоген. Лучше делать это на ночь, перед сном.

3. Включите полезные жиры в ваш ежедневный рацион

Два-три раза в неделю ешьте жирную рыбу, каждый день — нерафинированные масла, сырые орехи, авокадо, кокосовое масло, богатое триглицеридами средней цепи, а также горький шоколад, богатый мононенасыщенными жирами, необходимыми для работы мозга и «положительно» влияющими на кортизол.

4. Внесите разнообразие в интимную жизнь

Я не знаю как, не дам универсальных рецептов, разнообразие каждый понимает по-своему. Попробуйте оргазмическую медитацию (ищите в книге Тима Ферриса «Совершенное тело за 4 часа»). Эта медитация наполняет тело окситоцином, гормоном радости, который поднимает уровень тестостерона у мужчин и снижает кортизол, а у женщин увеличивает количество эстрогена и улучшает работу щитовидной железы.

К СВЕДЕНИЮ

✷ Окситоцин — гормон, который вырабатывается в гипоталамусе (одной из структур головного мозга).

В организме окситоцин выполняет следующие функции:

- принимает участие в родовой деятельности и процессах пищеварения;
- руководит процессом образования молока и молозива в железах;
- обеспечивает формирование эмоциональной зависимости от определенного сексуального партнера;
- способствуют обретению душевного спокойствия и обеспечивает эмоциональную стабильность;
- продлевает молодость мышечных волокон и ускоряет регенеративные процессы;

Продолжение на с. 198

* * *

Очень важно, чтобы секс был желанной и значимой частью вашей жизни, приносил удовольствие и давал энергию. И если в этом плане организм дает сбой, теперь вы знаете, как помочь ему естественным путем.

К СВЕДЕНИЮ

- участвует в когнитивных функциях — запоминание, речь, уровень интеллекта и прочие;
- и даже определяет социальное поведение человека.

Обнаружено, что уровень окситоцина повышается в таких ситуациях, как:

- игры с детьми;
- любой контакт с любимым человеком;
- общение с приятным собеседником.

Негативное влияние на уровень окситоцина оказывает любой стресс, а также употребление напитков, которые содержат этиловый спирт.

Окончание. Начало на с. 197

Глава 15

Здоровая беременность и вес. Как прийти в норму после родов. Личный опыт

Есть не за двоих, а для двоих

Беременность — очень волнительное и ответственное время для любой женщины. Она должна осознавать, что от того, какой образ жизни ведет, как питается, зависит здоровье ее будущего малыша. Причем понять это необходимо с первых дней беременности.

Во время вынашивания младенца в утробе матери происходит закладка всех органов и тканей маленького человечка, его рост и развитие, поэтому очень важно, чтобы он своевременно получал достаточное количество питательных веществ, витаминов и минералов. К сожалению, плод не может это сделать самостоятельно — все, в чем он нуждается, поступает к нему из крови матери. Именно поэтому во время беременности женщина должна питаться здоровой и полноценной пищей, избегать различных излишеств, ненатуральных продуктов с добавлением консервантов, красителей, которые могут помешать ребенку нормально развиваться.

! Если до зачатия вы питались не очень правильно, то теперь настал тот самый момент, когда необходимо пересмотреть свои взгляды на гастрономические предпочтения – для здоровья вашего малыша и своего собственного. Не худеть, а начать питаться сбалансированно и рационально. Есть не ЗА ДВОИХ, а ДЛЯ двоих.

Продукты, которые следует исключить из рациона

И будущей мамочке следует сделать это на весь период беременности.

- **Кофеин** – крепкий чай и кофе, кока-кола.

  Ограничение: одна чашка кофе в день (200 мл); чай пить можно, но он не должен быть крепкий (известно, что в крепком зеленом чае намного больше кофеина, чем в кофе).

- **Алкоголь.**

  Не знаю, имеет ли смысл говорить, почему алкоголь противопоказан?

  Понятное дело, вряд ли найдется такая беременная, которая будет пить алкогольные напитки бутылками; и понятно, что немного выпить можно... Но! Я рекомендую полностью исключить алкоголь на весь период беременности, именно потому, что безопасная доза алкоголя не установлена. Она зависит от того, как много ферментов, расщепляющих алкоголь, вырабатывает материнский организм. Если ферментов относительно мало, алкоголь будет долго циркулировать в крови и принесет больший ущерб плоду, чем при достаточном количестве данного фермента.

- **Фаст-фуд**, снеки с вкусовыми добавками (чипсы, сухарики и т. д.); полуфабрикаты; магазинные сладко-мучные изделия (жирные торты и пирожные); жирные магазинные соусы, майонез — это продукты, которые можно назвать «мусорной пищей», они несут в себе не только лишние, пустые калорий, избыток которых ведет к лишнему весу, но и вредные и даже опасные добавки и соединения, которые совершенно не нужны для питания мамы, а тем более малыша.
- **Сырое, недоваренное или недожаренное мясо** (например, бифштекс с кровью), сырые морепродукты и рыба (суши, сашими, устрицы), сырые яйца, необработанное термически молоко, сыр с плесенью — все эти продукты могут быть источником болезнетворных бактерий и паразитов (сальмонеллез, токсоплазмоз и т. д.).
- **Жирная свинина**, баранина, утка, гусь и любое жирное мясо, сало, мозги, копчености, селедка, соленая и копченая рыба.
- **Сардельки, колбаса, сосиски**, супы и вермишель быстрого приготовления, продукты длительного хранения (рыбные и мясные консервы) — в составе этих продуктов могут содержаться консерванты, красители, ароматизаторы и иные пищевые добавки, которые современная пищевая промышленность использует довольно широко; тем более всем известно, что в современных сосисках и колбасе мяса ничтожно малое количество.
- **Маринованный имбирь** (содержит большое количество уксуса); шиповник и малина в больших количествах (являются натуральными эрготониками); мёд (ограничить до одной ложки в день).

- **Жаренные на масле** или во фритюре блюда.
- **Маргарин** и его заменители.
- **Рафинированный сахар** и другие легкоусвояемые углеводы (минимизировать).

Прибавка в весе во время беременности

Питание во время беременности, на мой взгляд, окутано еще большим количеством мифов, чем питание на грудном вскармливании.

Скажу сразу, прибавка в весе на 20–30 кг — это ненормально (если нет гестоза и других заболеваний). И не нужно себя тешить мыслями о том, что это плод и во́ды такие тяжелые. «Есть за двоих» — тоже не совсем норма. Будущая мама, прежде чем положить в рот очередной кусок торта, должна теперь думать не только о себе, но еще и о человеке, которого она носит под сердцем.

Беременные часто жалеют себя. Думают, что им «можно», что ребенок «требует» сладкого и т. д. Ничего подобного! Ребенку нужна здоровая, качественная еда, а организму — кратность приемов пищи, стабильный уровень сахара и инсулина, без резких скачков. Если сложить все вместе — и максимальный вес плода, и плаценту, и во́ды, и увеличившийся объем циркулирующей крови, — прибавка в весе должна составлять не более 12–13 кг. Все остальное — мамино «хочу».

До второй беременности я интенсивно тренировалась и ела четыре-пять раз в день. Когда я была беременной в первый раз, я не совсем понимала, что делать.

Врачи говорили одно, мои убеждения говорили об обратном, четкой стратегии поведения у меня не было. Может поэтому после первых родов и кормления грудью я истощала до 45 кг при своих 172 см роста.

Когда я была в положении второй раз, я делала все осознанно и четко! Сначала пересмотрела тренировки, так как до беременности я вела очень интенсивный образ жизни, а питание «пересмотрелось» само собой.

Что такое тошнота, не знала ни дня, но была жуткая слабость и отвращение от всего, что раньше любила: я категорически не могла есть белковую пищу, ни в каком виде, орехи, каши. Хотелось кислых овощей, фруктов, хлеба. Длилось это ровно 12 недель, к 14-й неделе я уже ела свои любимые, привычные блюда.

Количество приемов пищи сократила до трех основных и одного перекуса, мне хватало.

Я давно научилась слушать себя и свой организм, и он меня не подводил.

На завтрак ела каши с ягодами и орехами, творог в виде сырников, омлеты с овощами и цельнозерновым хлебом, много сыра (адыгейский, домашний, в основном).

Обед стабильно — хорошая порция рыбы или мяса (примерно 200 г), гарнир в виде крупы и немного овощей.

На ужин — много овощей и белковую пищу.

Иногда в промежутках — ягоды, фрукты.

> Я вставала рано, завтрак у меня был где-то в семь утра. Как правило, в 10—11 я ела ягоды, фрукты (много, не килограммами, конечно, но граммов 300—400 точно). Последний прием пищи строго за три часа до сна, потому как, если сделать меньший промежуток — беременные чувствуют тяжесть и дискомфорт.

Во втором триместре с ростом малыша объем желудка уменьшается, и есть хочется все меньше по количеству. Это нормально. Знайте, что основной прирост веса приходится на второй триместр, в третьем все гораздо спокойнее.

Девочки, не обманывайте себя, очень сложно потом расставаться с «наеденными» килограммами, тем более если будете кормить грудью. Думайте о себе уже сейчас, не допускайте употребление «мусора», это сейчас не нужно ни вам, ни малышу. Заботьтесь о себе как никогда, не жалея времени на лишнюю прогулку или другую физическую активность, и выйдете из роддома в таком же весе, как и до беременности, а может и меньше.

Моя последняя беременность прошла замечательно только потому, что я думала о том, что я ем каждый день! Всего плюс 7,5–8 кг, вышла из роддома в добеременном весе, сейчас – минус пять килограммов от добеременного.

Витамины для беременных

Давно известно: любой микроэлемент, любая витаминка играет свою, неповторимую и важную роль в человеческом организме, оказывая влияние на все органы и системы. Не бывает «лишнего», «ненужного». Организм – сложнейший механизм, избыток или недостаток одной микродетальки может привести к сбою всей системы. Особенно актуален этот вопрос во время «интересного положения». Поэтому призываю вас: включаем голову и здравый смысл, девочки.

Сегодня агрессивный маркетинг фармакологических компаний привел к тому, что поливитамины представлены в огромнейшем ассортименте, плюс идет мощная агитация. Люди буквально зомбированы тем, что «надо». Сориентироваться в выборе просто нереально: пить или не пить витамины для беременных; какие, зачем и когда; необходима ли при выборе консультация врача или стоит довериться стандартным правилам?

Что я вижу каждый день? Девять пациентов из десяти пьют витамины, сами не зная, для чего, не читая состава и дневных норм. Все эти вопросы вызывают много горячих споров, что, в свою очередь, порождает почву для мифов.

Тема для спора № 1: прием поливитаминов необходим всем беременным

Да, будущей маме нужны витамины в бóльшем количестве, это знают все. Но если ежедневный рацион беременной женщины хорошо сбалансирован, она получает достаточное количество витаминов с пищей, и ее организму не требуется дополнительная «дозаправка» в виде таблеток. Другое дело, что сбалансировать рацион в условиях нашей экологии и выбора продуктов не всегда возможно.

Потребность каждой конкретной женщины в том или ином витамине очень индивидуальна и зависит от состояния ее здоровья, возраста, образа жизни, региона проживания и даже от времени года. Знаю женщин, которым становится плохо от любых витаминов, даже от самых безобидных. Но с этим вопросом уже должен разбираться ***врач*** (ваш, личный, а не Маня-из-инстаграма), который назначит недостающие микроэлементы для вашего организма. Например, зимой у женщины ограничен доступ к свежим фруктам и овощам, что приводит к недостатку в организме определенных витаминов, а также из-за недостаточного количества солнечного света сокращается выработка витамина D.

При этом не стоит надеяться, что одна «чудо-таблетка» восполнит суточную потребность в витаминах и минералах. Питание — аспект № 1! Уже все витамины потом. Витамины четко взаимодействуют между собой. Одни повышают усвояемость друг друга, другие конкурируют между собой, «блокируя» друг друга. Следовательно, вывод — организм не получит все компоненты поливитамина в указанном на упаковке количестве.

Тема для спора № 2: поливитамины необходимо принимать на протяжении всей беременности

Систематическое длительное превышение суточных дозировок витаминов опасно: при введении избыточных доз витаминов включаются защитные механизмы, порой избыток одного провоцирует ускоренное выведение другого. Также витамины могут накапливаться, как результат — гипервитаминоз, который тоже вреден для организма мамы и малыша. Поэтому принимайте витамины только в указанных врачом дозировках и только тот период времени, который вам прописан. Также запомните, что для каждого триместра беременности характерна потребность в определенных витаминах и микроэлементах. Например, в первом триместре важно достаточное количество витамина Е, фолиевой кислоты и йода, а уже во второй половине беременности необходимы кальций, витамин D и железо.

Кстати, о взаимодействии витаминов: всеми любимая фолиевая кислота бесполезна сама по себе, она не усваивается без витаминов группы В; кальций — без витамина D, и таких примеров много. Препарат «Магне B_6», применяемый, где надо и где не надо, тоже не такой безобидный. Включаем голову, девчонки!

Какого именно элемента не хватает именно вам, поможет определить только врач. На летний период старайтесь исключать прием поливитаминов и употребляйте в пищу свежие фрукты и овощи.

Я на 4-й неделе сделала анализ волос на микроэлементы (только этот анализ показывает реальную картину, подробно о нем рассказано в главе 4), назначила себе комплекс сырых, не синтезированных химическим путем витаминов и пила их курсами. Я рожала второго малыша в США, там совершенно иные подходы к здоровью не только взрослых, но и детей. Но это — отдельная тема для разговора.

Тренировки и беременность — совместимы ли?

Прежде чем давать будущим мамам какие-либо советы по тренировкам, особенно в период первого триместра, когда новая жизнь только зарождается, хочу сделать крайне важное общее замечание! Принимая для себя решение, будет ли спорт в вашей жизни во время ожидания малыша, слушайте, в первую очередь, себя и свой организм, затем — вашего врача, и лишь потом — вашего тренера или другого фитнес-эксперта. Все рекомендации — вторичны, первично — ваше самочувствие!

Почему заниматься спортом при беременности ХОРОШО

- Силовые упражнения на нижнюю часть тела (приседания, выпады, тяга, жимы, гиперэкстензия) тренируют мышцы таза, что хорошо для родов
- От силовых тренировок улучшается кровообращение — соответственно, с улучшением тока крови ребенок получает больше кислорода и питательных веществ.
- Тренировки вызывают психологический подъем за счет выработки гормонов — следовательно, хорошее и ровное настроение обеспечено.
- Упражнения на ноги улучшают их тонус — это важно, так как нагрузка на них усилится в связи с увеличением массы тела.

Ключевые рекомендации

- В любом случае, перед тем как принимать решение, тренироваться или нет в ожидании чуда, стоит проконсультироваться с врачом.
- Принимая решение о тренировке в каждый конкретный день, основывайтесь только на своих ощущениях.
- Техника при выполнении всех упражнений остается первичной! Рабочий вес — вторичен! Желательно снизить рабочие веса как минимум на 30%.

- Скажите «нет» растяжке в классическом ее понимании — она может привести к травмам суставов, которые во время беременности очень уязвимы. Причина связана с выработкой гормона релаксина, который размягчает связочную ткань, в том числе в локтях, коленях, плечах.
- Если заниматься спортом во время беременности, то делать это следует не менее двух-трех раз в неделю. Если заниматься один раз в неделю или от случая к случаю, то лучше вовсе не тренироваться, так как физическая нагрузка окажется стрессом для организма. Поэтому вы должны заранее взвесить свою готовность заниматься в относительно постоянном режиме.
- Рекомендованы циклические нагрузки и кардиотренировки. Это не должен быть бег. Возможны быстрая ходьба (скорость — 6 км/ч) и велотренажер (с опорой для спины). Важно следить за пульсом при аэробных нагрузках (120 ударов в минуту — рекомендованная частота, не больше). Безусловно, хорошей рекомендацией являются плавание и аквааэробика.
- При токсикозе тренировки исключены.
- Упражнений на пресс лучше избегать.
- Отдых между подходами можно увеличить.
- Необходимо пить достаточно жидкости во время тренировки.
- Обязательно делать разминку и заминку.
- Следить за хорошей вентиляцией и кондиционированием зала.
- Заниматься в дышащей одежде.
- Есть достаточно — ДЛЯ двоих, а не за двоих.

Мифы о беременности

«Хочу борщ с вареньем»

Несмотря на то что не все женщины будут испытывать тягу к соленым огурцам или мороженому, многие все же почувствуют подобные острые желания. Эти причуды можно объяснить повышенной нуждой организма в микроэлементах и желанием снять стресс с помощью гормона удовольствия серотонина, который выработается от употребления желаемого лакомства.

«Живот огурцом — будет пацан»

Расположение живота (высоко или низко), его форма (круглый или «заостренный») никоим образом не связаны с полом ребенка. Это зависит исключительно от особенностей фигуры беременной женщины.

«Беременным нельзя стричься и красить волосы и ногти»

Ага, а еще нужно носить рубище и не мыться все девять месяцев. Знаю, есть мнение, что использование любых химических средств (будь то шампунь, гель для душа или крем от растяжек) пагубно сказывается на здоровье еще не родившегося малыша. Лак для ногтей, дезодорант, декоративная косметика и духи также преданы анафеме из-за содержащихся в них «вредных» кислот-щелочей.

На самом деле все современные косметические средства, прежде чем поступить в продажу, проходят строгий дерматологический контроль, и для беременных они столь же безопасны, как и для всех остальных потребителей. Ежедневно на улице или даже дома мы сталкиваемся с массой куда более вредных веществ. И человеческий организм в силах самостоятельно отражать негативные факторы. А беременность эту систему внутренней самозащиты не только не нарушает, а, напротив, мобилизует и делает более прочной. К тому же не стоит забывать, что плод имеет дополнительный защитный барьер — плаценту. Так что наводить марафет во время беременности можно без опасений.

«Во время беременности нельзя поднимать руки вверх, иначе пуповина завяжется узлом и ребенок задохнется в утробе матери»

Медицинской статистикой не доказана связь между любыми телодвижениями мамы и пуповиной. От того, что вы развесите белье, с вашим ребенком ничего не случится!

«Я стану капризной истеричкой с извращенным вкусом»

Все беременные становятся привередливыми в еде — это правда. Есть много анекдотов про то, как будущие мамы поглощают всякую гадость типа мела, глины и прочих «стройматериалов». Но, несмотря на то что вкусовые пристрастия беременных иногда приобретают причудливые формы, это вовсе не каприз со стороны женщины. Дело — в гормональной перестройке. Она влияет на вкусовые рецепторы женщины, заставляя ее искать новые ощущения.

«Беременной нельзя вязать, иначе ребенок запутается в пуповине»

Без комментариев.

«УЗИ делать вредно, пол ребенка можно определить народными способами»

Во-первых, ультразвуковое исследование проводится вовсе не для того, чтобы определить пол ребенка, а для контроля за правильным развитием плода и течением беременности. Во-вторых, УЗИ признано самым безопасным методом инструментальной диагностики, и все слухи о его якобы вредоносности не имеют под собой совершенно никакой научно обоснованной базы.

«Если сидеть нога на ногу, то будут косолапые дети»

Единственная причина, по которой для беременной нежелательна такая поза, — она ухудшает отток крови от и без того нагруженных ног. А вот к развитию косолапости у ребенка это не имеет никакого отношения.

«У тебя изжога? Ребенок родится волосатый!»

На самом деле врачи уверяют, что связи между изжогой будущей мамы и растительностью на голове ребенка нет никакой. Скорее всего, обилие лануго зависит от гормонов и наследственных факторов.

К СВЕДЕНИЮ

✷ **Лануго** (от лат. *lanugo* — пух, пушок) — первичный волосяной покров, образованный очень тонкими практически непигментированными волосами, покрывающими тело плода млекопитающих и человека. У эмбриона человека появляются примерно на пятом месяце беременности и, как правило, практически полностью выпадают еще до рождения. В некоторых случаях могут сохраняться у новорожденного в течение нескольких дней или недель.

Глава 16

Витамин-гормон D_3

Роль в организме

Традиционные представления о витамине D_3 связаны, прежде всего, с его ключевой ролью в фосфорно-кальциевом обмене и влиянием на минеральную плотность костной ткани. Однако, в отличие от других витаминов, он является не витамином в классическом понимании этого термина, а гормоноподобным веществом, поскольку поступает в организм в неактивной форме и только за счет двухступенчатого метаболизма превращается в активную гормональную форму.

Роль и основные функции витамина D_3 известны давно: профилактика рахита у детей, участие в фосфорно-кальциевом обмене, но в последнее время спектр знаний о нем значительно расширился. О витамине D сейчас говорят все, только не совсем уверена, что некоторые понимают, о чем говорят.

Сегодня известно, что витамин D_3, по сути будучи гормоном D, необходим для поддержания физиологических процессов и оптимального состояния здоровья.

Для человека существуют два источника получения этого вещества: поступление с пищей, а также синтез прямо в организме под действием солнечных лучей.

Кому место под солнцем?

Сколько бы мы ни ели продуктов, богатых витамином D, мы все равно не получим всего необходимого нам количества этого вещества. И солнышко остается единственным шансом! Для синтеза витамина D_3 в организме нам необходим солнечный свет, причем не любой, а ультрафиолет, который в достаточном количестве наблюдается лишь в тропиках.

К СВЕДЕНИЮ

✷ Различают две основные формы витамина D — холекальциферол (витамин D_3) и эргокальциферол (витамин D_2). Холекальциферол синтезируется под действием ультрафиолетовых лучей в коже и поступает в организм человека с пищей. Эргокальциферол может поступать только с пищей.

Кальциферол растворим в жирах, которые необходимы для адекватного усвоения этого витамина, полученного с пищей. Как и другие жирорастворимые витамины, он может накапливаться в жировой ткани. Запасы витамина D, накопленные организмом в течение лета, могут постепенно расходоваться в зимние месяцы.

Пищевыми источниками витамина D являются:

- некоторые водоросли и потребляющие их рыбы (жирные сорта рыбы, рыбий жир);
- в меньшей степени — сливочное масло, сыр и другие жирные молочные продукты, яичный желток, икра;
- источник эргокальциферола — некоторые лесные грибы (выросшие в естественной среде);
- основной источник промышленного получения витамина D_2 — дрожжи.

Люди, проживающие в северных городах, не имеют возможность поглощать необходимые организму солнечные лучи, отсюда сезонная депрессия и сезонная прибавка в весе. При этом, признаюсь, показатели пациентов родного мне Краснодара ненамного отличаются от показателей моих пациентов в Питере и Москве. Мы сами охотно возводим барьеры для защиты от солнечных лучей — это солнцезащитные средства.

Хотя, справедливости ради, нужно сказать, что существуют индивидуальные факторы, негативно влияющие на выработку в организме витамина D: ваш тип кожи, возраст, беременность и кормление грудью, вегетарианская диета, нарушенная микрофлора кишечника и ряд заболеваний.

Как врач-диетолог, я должна сказать: витамин D — самый похудательный витамин. Если человек хочет похудеть, это будет практически невозможно без коррекции уровня витамина D.

Для чего еще необходим этот витамин-гормон?

Витамин D:

- ✓ участвует в профилактике диабета;
- ✓ регулирует работу целого ряда гормонов (особенно половых);
- ✓ регулирует репродуктивную функцию (дефицит витамина D является одной из основных причин бесплодия у мужчин и женщин);
- ✓ предотвращает развитие остеопороза;
- ✓ снижает риск развития рака;
- ✓ предотвращает развитие кожных заболеваний;
- ✓ нормализует работу сердца и сосудов;
- ✓ участвует в профилактике инфекционных заболеваний.

Витамин D_3 и мочекаменная болезнь (камни в почках)

Вы удивитесь, но здоровье наших костей, волос, ногтей и зубов тоже зависит от этого вещества. А как же кальций, о пользе которого как раз для этих целей нам столько рассказывали? Во-первых, в той же костной ткани кальция не так уж много: больше всего, аж 50%, там воды, 15% жиров, 12% органических веществ (белков) и 22% неорганических веществ (микроэлементов, таких как фосфор, магний и уже упомянутый кальций). И вот как раз благодаря витамину D кальций попадает туда, где он должен быть, и усваивается. Если витамина D будет мало, то кальций начнет накапливаться в крови, и организму придется его утилизировать через «канализацию организма», а именно с мочой. А пока почки фильтруют мочу, кальций в них откладывается в виде песка, который со временем трансформируется в камни. Зато теперь вы знаете, что если вы заботитесь о должном уровне витамина D в крови, «время собирать камни» — в этом, медицинском смысле слова, для вас не наступит.

Кальций и витамин D_3

Все больше и больше накапливается сведений о том, что прием кальция повышает риск возникновения инфаркта и инсульта. Многие пребывают в недоумении по поводу безопасности препаратов кальция, ведь он, как все слышали, полезен для костей, зубов и суставов, а тут такие новости! Хотя на упаковке написано, что он с витамином D, значит, вроде как бояться нечего. В чем же дело?

Уровень витамина D_3 должен быть от 50 до 100 нг/мл. Но, по моему опыту, при уровне от 50 до 80 нг/мл пациент уже нуждается в поддерживающей дозе препарата витамина D в размере 2000 МЕ. И при этом я наблюдаю тотальную нехватку этого вещества в организмах пациентов во всей стране. В среднем, показатель уровня витамина D_3 составляет порядка 22,4 нг/мл. Чуть больше повезло жителям российского Юга – 32,2 нг/мл. А в препаратах кальция максимальная доза витамина D_3 в среднем 700–1000 МЕ. То есть даже при нормальном (с формальной точки зрения) содержании D_3 в крови этой поступающей дозы недостаточно для усвоения кальция. А если кальций не усваивается, то он откладывается или в сосудах, делая холестериновую бляшку твердой (затем током крови она может оторваться и привести к инфаркту или инсульту), или в почках, что приводит к мочекаменной болезни. Одновременно кальций утилизируется из костей, делая косточку хрупкой. Вот так. А пили-то изначально кальций с какой целью? С целью профилактики остеопороза и укрепления волос и ногтей. Отсюда вывод: перед приемом кальция необходимо проверить свой уровень витамина D_3 в крови (см. главу 4, где я рассказываю, какие показатели здоровья нужно регулярно проверять).

Немного интересных фактов о заболеваниях и симптомах, вызванных дефицитом «гормона D»

Лишний вес

Согласно исследованиям, причиной ожирения у мужчин, женщин и детей чаще всего становится недостаток витамина D.

Экзема

Исследования утверждают, что пациенты с экземой имеют более низкий уровень витамина D в сравнении со здоровыми людьми.

Диабет

Люди, страдающие от диабета, имеют более низкий уровень витамина D в организме, чем те, у кого уровень сахара в крови в норме.

Резистентность к инсулину

Это состояние характерно для людей, страдающих от диабета, проявляется в том, что пациент испытывает недостаток инсулина. Чаще всего эта проблема связывается именно с дефицитом указанного витамина.

Болезни десен и выпадение зубов

«Солнечный» витамин играет важную роль в защите зубов и десен в любом возрасте. Особенно важно получать его в сочетании с кальцием.

Болезни сердца

Дефицит витамина D и заболевания сердечно-сосудистой системы, как известно, идут рука об руку. В частности, у людей, у которых наблюдается недостаток данного вещества в организме, риск умереть от сердечного приступа увеличивается в три раза.

Болезнь Альцгеймера и нарушение памяти

Ученые связывают низкий уровень витамина D с различными отклонениями в структуре головного мозга, снижением когнитивных функций и нарушением памяти. В настоящее время ведутся исследования касательно того, поможет ли дополнительный прием витамина излечить тех, кто уже страдает от подобной проблемы.

Астма

Согласно исследованиям израильских ученых, люди, страдающие от астмы, обычно имеют более низкий уровень витамина D.

Остеопороз

Несомненно, вы знаете, что прочность костной массы зависит именно от кальция и витамина D. Особенно актуально это вещество после 50 лет.

Облысение и выпадение волос

Женщины, которые страдают от выпадения волос, имеют намного более низкий уровень витамина D. Этот элемент является очень важным для поддержания нормального жизненного цикла волос на самых разных стадиях их жизни.

Эректильная дисфункция

Мужчины, которые не получают достаточного количества витамина D, на 32% больше подвержены риску проявления эректильной дисфункции.

Депрессия, склероз, шизофрения.

Если принимать, то что?

О витамине D поговорили, теперь поговорим о препаратах. Споры не утихают!

Какой витамин D лучше усваивается? Водный или масляный раствор? А какой фирмы? А если аллергия?

Вроде логично — витамин D является жирорастворимым, а потому более физиологично принимать препараты на масляной основе. Логично, да. Но не во всех случаях.

Спорить можно много и долго, но я пишу, как всегда, о том, что лично наблюдаю у моих пациентов, что показывают мне их анализы, истории болезни. Конечно же, я при этом слежу за публикациями, смотрю статистику, изучаю результаты исследований.

Масляный или водный?

У водной формы снижена биологическая активность к рецепторам витамина D. Она подходит в основном детям с выраженными заболеваниями поджелудочной железы и кишечника (когда не усваиваются жиры). Также эти препараты содержат консерванты и стабилизаторы.

Масляный препарат содержит только масло — естественный консервант, и витамин D.

Если ребенок здоров, не аллергичен, то для профилактики гиповитаминоза D однозначно рекомендую масляный раствор.

Препараты, которые «работают»

В России их не так уж много, всего два: «Аквадетрим» и «Вигантол».

«Аквадетрим» — один из самых популярных препаратов витамина D. Водный, да. Не натуральный. Вызывает аллергическую реакцию довольно часто.

Но насчет того, как усваивается водно-мицеллярная основа аквадетрима, — это не мнение, это факт. Хорошо усваивается.

Цена «Аквадетрима» около 350 рублей за флакон 10 мл.

«Вигантол» — это аналог «Аквадетрима», но производится в Германии и имеет масляную основу.

Стоимость его составляет около 300 рублей за флакон 10 мл. Отлично действует.

Также препараты, которые не продаются на территории РФ, но которые возможно заказать на небеизвестных для ЗОЖников сайтах:

- «Девисол», Финляндия;
- «Вигантолеттен» в таблетках, Германия.

Что касается американских марок:

- хорошо работает моя любимая фирма БАДов «Now Foods», «Doctor's Best» в капсулах;
- для деток: «Child Life» в каплях, «Nordic Naturals» в жевательных конфетах, «California Gold Nutrition Baby D_3»;
- для взрослых: «Nature's Answer».

Моя рекомендация по дозировкам: не слушать советчиков в Интернете. Дозу назначает вам только ваш доктор после изучения ваших анализов на показатель 25-OH. Есть профилактические дозы, но опять же, самостоятельно лучше не подбирать. Гипервитаминоз также чреват негативными последствиями для организма, поэтому будьте осторожны!

Глава 17

Жиры в рационе. Высокий холестерин

Один из самых популярных вопросов, мучающий пытливые умы начинающих ЗОЖников, – сколько жиров должно быть в рационе? Стоит ли есть обезжиренные продукты? А животный жир? Нужны ли продукты, богатые холестерином, или, наоборот, мы должны их избегать? И я понимаю, откуда столько вопросов.

Если углубиться в историю «холестериновой теории» происхождения атеросклероза, можно найти очень много различных исследований на тему отрицательного влияния продуктов, богатых холестерином, на сосудистую бляшку. Будучи кардиологом в прошлом, я знаю, как доктора боятся высокого уровня холестерина, назначая статины, обезжиренную и гипохолестериновую диету. И моих коллег тоже можно понять, их опасения небезосновательны, исследования ведь говорят об опасности высокого уровня холестерина.

Но... Все больше и больше я сталкиваюсь с пациентами сравнительно молодого возраста, которые не имеют лишнего веса, по их словам, сидят на ПП (в смысле, на диете под названием «Правильное питание»), хотя, скорее, это псевдо-ПП, «не едят жирного и жареного», но зато их липидный спектр (анализ крови на холестерин и фракции) оставляет желать лучшего. Ну а пациентов с избытком веса, «плохим» питанием, гиподинамией (недостаточной активностью) с высокими показателями холестерина, причем за счет «плохой» фракции, полным-полно, об этом и говорить не приходится.

Я не тороплюсь назначать статины, обезжиривать рацион и сажать таких людей на гипохолестериновую диету. Почему? Обо всем по порядку.

Чтобы вы были грамотными и разбирались в происходящем, хочу очень простым языком рассказать вам о сложных процессах липидного (жирового) обмена.

Есть три вида жиров:

- холестерол или холестерин;
- триглицериды;
- фосфолипиды.

1. Холестерин: хороший и плохой

Холестерин является источником всех половых гормонов и важного гормоноподобного вещества витамина D_3. Не будет холестерина, следовательно, не будет половых гормонов плюс дефицит витамина D_3 и, как следствие, невероятное количество проблем, связанных с невозможность зачатия и нормального функционирования репродуктивной функции.

Таких случаев видела сотни. Со всей ответственностью подходят к решению стать родителями и «причесывают» все сферы своей жизни. Питаются «правильно» и «здорово», по рекомендациям врача, посоветовавшего будущей маме немного похудеть и есть жиров поменьше… Тщательно ловят овуляции и никак не могут понять, почему ж беременность никак не наступает. Да потому что уровень гормона беременности прогестерона ниже плинтуса. И у мужчин нередко параллельно начинаются проблемы в интимном плане. Часто их пытаются свалить на психологию, мол, будущий отец-молодец чувствует важность своей миссии, но морально к появлению младенца не готов, или же «слишком» старается, вот и происходят досадные сбои… Но все гораздо проще — у худеющих таким нездоровым способом мужчин, лишенных необходимых организму веществ, катастрофически падает тестостерон.

В защиту жиров замолвлю слово! Не жиры причина ожирения, и не жиры причина атеросклероза. Жир в организме устремляется не в жировые отложения, а старается нас согреть, украсить, поднять настроение и обеспечить половыми гормонами. И именно обезжиренный, скудный рацион — причина многих проблем с фертильностью, волосами, ногтями, настроением и либидо. Но почему тогда жиром так пугают, связывая с его употреблением появление холестериновых бляшек, ожирение, атеросклероз и прочие «ужасы ужасные»? Да потому что боимся всего, чего не понимаем, — в том числе механизмов образования бляшек, возникновения атеросклероза и процессов передвижения жировой ткани в человеческом организме. Расскажу вам об этом простыми словами.

Жир — очень важный пассажир. Без шуток, это очень хорошая аналогия, давайте ей и воспользуемся для большего понимания. Итак, жир попадает в кровь, где должен на чем-то передвигаться. И желательно, чтобы транспорт был качественным. «Мерседес» там, или даже «роллс-ройс», не будем мелочиться, ведь жир должен в лучшем виде прибыть туда, где его ждут: в мозг, в легкие, в яички, в яичники...

А что у нас является самым качественным транспортом? Белок. Да не простой — таким здесь не обойтись. Нам нужен комплекс сложных белков липопротеин, который доставит жир в нужное место, где тот трансформируется в необходимые организму вещества.

Есть три вида липопротеинов:

- ЛПВП — липопротеины *высокой плотности* («хороший» холестерин);
- ЛПНП — липопротеины *низкой плотности* («плохой» холестерин);
- ЛПОНП — липопротеины *очень низкой плотности* («очень плохой» холестерин).

Дальше немного биохимии, буквально в гомеопатической дозе. Холестерин бывает разным: «хорошим», «плохим» и «совсем плохим». Но от чего зависит его «характер»? От количества белка. Если в комплексе белка больше половины, то это липопротеины высокой плотности, ЛПВП или тот самый, «хороший» холестерин. Если белка в составе комплекса всего порядка 20%, липопротеин просто не в силах справиться с возложенной на него задачей качественно. Представьте себе девушку весом 45 кг и ростом 152 см, несущую шпалу, — вот и липопротеин низкой плотности, ЛПНП, еле-еле волочет на себе жир. Правда, девушке со шпалой мы сочувствуем, а холестерин в таком случае ругаем, называя «плохим». А он и рад подтвердить свою негативную характеристику. Возвращаемся к нашей аналогии: что будет, если человек, который с огромным трудом переставляет ноги, неся на себе непомерный груз, вдруг споткнется? Конечно, упадет и нос расквасит. Так же и наш ЛПНП, натолкнувшись на поврежденный сосуд, оставит в нем свой «ценный груз» в виде жира, что и приведет к образованию липидной, иначе говоря, холестериновой бляшки. Таким образом, количество белка в липопротеине напрямую влияет на качество холестерина. Чем его больше, тем холестерин полезней, и, соответственно, наоборот.

И отсюда получается, что причиной развития атеросклероза является не употребление жиров в пищу, а нарушения процесса транспортировки их плюс «плохие» сосуды. И поскольку, как мы с вами выяснили, за транспортировку, равно как и за целостность сосудов отвечают белки, с них и спрос. То есть с вас — это же у вас дефицит употребления белка в пищу!

Безусловно, есть наследственные заболевания, особенностями которых является нарушение обменных процессов, когда печень синтезирует много «плохого» холестерина.

Тут действительно нужен особый подход.

Давно доказано и подтверждено исследованиями, экзогенный холестерин (из продуктов) и эндогенный (в крови) — разные вещи. «Плохой» холестерин способствует образованию бляшек в сосудах, «хороший» препятствует этому. Хорошее или плохое поведение холестерина из того же яйца или свинины зависит от их «окружения». В крови он курсирует не сам по себе, а в «компании» из жиров и белков.

Каким именно станет холестерин, полученный из яйца? Смотря с какими продуктами вы его употребили. Например, если съели жареное на сливочном масле яйцо с беконом или колбасой, то порция «плохого» холестерина вам обеспечена. Если же вы выбрали вареное яйцо (или жареное на капле масла), с салатом или отдельно, то концентрация «плохого» холестерина в крови точно не повысится.

Конечно, употреблять животные жиры бесконтрольно нельзя. Например, одно-два целых яйца в день, при условии сбалансированности рациона — это норма. Но человек, напуганный мифами про злой жир и холестерин, решив привести себя в форму, начинает судорожно исключать всех возможных «врагов» из рациона, тем самым обезжиривая меню и, несомненно, нанося огромный урон здоровью.

Конечно, дело не только в том, что эта наша напуганная холестерином дама будет долго и нудно худеть на безжировой диете. Она еще и получит «бонусы»: ломающиеся волосы, ногти, безжизненную кожу, чудом пропавшие критические дни, исчезнувшее вместе с ними либидо, высокие показатели холестерина и прочие «прелести». Да-да, именно так.

При рационе со сведенным на нет содержанием жиров, при недостатке экзогенного холестерина уровень холестерина крови будет повышаться. Обезжиренный творог, который вы едите пачками, обезжиренное молоко, маложирное мясо... Вы думаете, это все ПП? Как бы не так.

Все это можно, конечно, есть, если в целом рацион сбалансирован. Но творог с 0% жирности — это «пустой» продукт. Во-первых, кальций из него не усвоится без присутствия жира, во-вторых, в любом обезжиренном до такой степени твороге присутствует крахмал, иначе его вообще невозможно есть. Молоко в «Тетрапаке» 0% — это вообще #безкомментариев.

Не допускайте таких ошибок в процессе похудения: ешьте нормальный творог 2–5% жирности, молоко 2,5%, сметану 15%, разнообразное мясо, а не только «курогрудку», от которой у новоявленных «пэпэшников» зубы сводит, рыбу разной жирности, различные источники растительных жиров (авокадо, орехи, семена).

Очень часто терапевты назначают безжировую диету пациентам с «песочком» в желчном пузыре. Этого делать нельзя ни в коем случае! Все дело, опять же, в процессах, которые невозможны без жиров. Только в том случае, если в организме присутствует нужное количество жиров, в желчных путях ничего не застаивается. В противном случае песок превращается в камни. Дальнейший сценарий многим известен: к хирургу.

Сколько жиров употреблять в пищу?

- Для здоровых женщин — 0,9–1 г на 1 кг идеальной массы тела (формула Devine, см. главу 10).
- Для женщин с гормональными нарушениями или после диет — 1,1–1,2 г на 1 кг идеальной массы.
- Для мужчин — 1,5 г на 1 кг идеальной массы.

Какие жиры?

Если вы находитесь на пути к стройности, то в течение суток поступающие жиры должны распределяться так: 70% растительного и 30% животного.

Источники растительных жиров:

- орехи, семена;
- масла нерафинированные (кунжутное, тыквенное, подсолнечное, оливковое и т. д.);
- авокадо, оливки.

Источники животных жиров:

- жир из мяса/рыбы/морепродуктов;
- молочный жир в твороге, сметане, сливочном масле;
- рыбий жир.

И еще выбросьте из головы стереотип, что растительные масла — лучший источник жиров. Масло, скорее, не источник, а продукт переработки. А вот нативные продукты — семена и орехи, гораздо более ценны для организма.

Источников жиров должно быть много, и они должны быть разнообразны. Это очень важно в рамках здорового питания и для нормализации гормонального фона. Не нужны вам диеты, будь то безжировая или безуглеводная, природа создала наш организм изначально гармоничным, не создавайте дисбаланс своими же руками.

2. Триглицериды

В самом начале главы я уже сказала, что существуют три вида жиров. Про холестерин мы уже все знаем, а следующие на очереди — триглицериды. Они представляют собой смесь жирных кислот и глицерина и являются основными жировыми компонентами крови. Данные молекулы связываются с белками и образуют липопротеины.

Триглицериды организм использует главным образом в качестве источника энергии: тепловой энергии, энергии теплорегуляции. Потому-то, прогулявшись по морозцу, нам так хочется поесть чего-нибудь сытного-жирного. Организм требует тепла! И этому закону подчиняется не только человек разумный: рыба северных морей столь питательна, так высоко ценится именно за счет своей жирности.

Кто-то из вас наверняка сейчас задался вопросом — так если же жир нам помощник, почему мы все-таки обидно толстеем? На самом деле, организм наш не только умный, но и весьма расчетливый и отчасти ленивый. Для «топлива» ему проще использовать углеводы, что он и делает. Много углеводов — триглицериды в кладовочку, до лучших, точнее, худших времен. Все углеводы, которые не нужны на данный момент, — туда же, на соседнюю полку, трансформировав, опять же, в триглицериды. Они, родимые, и хранятся в виде жировой ткани в ожидании «черного дня». Скорее всего, человек никогда не будет голодать, не окажется на необитаемом острове, но организм в стремлении предупредить самые разные варианты развития событий и обеспечить выживаемость вида в целом и конкретной особи (вас) в частности пополняет запасы при каждом удобном случае.

3. Фосфолипиды

И, наконец, третий вид жиров — фосфолипиды. Это жиры не совсем обычные. Обычные жиры, находящиеся у нас под кожей, — это триглицерид, то есть глицерин, соединенный эфирными связями с тремя жирными кислотами. Фосфолипид — практически такой же триглицерид, только вместо одной жирной кислоты эфирной связью с глицерином связан остаток фосфорной кислоты.

В отличие от триглицеридов и жирных кислот, фосфолипиды не играют никакой существенной роли в обеспечении организма энергией. Их основная роль — структурная.

Поскольку фосфолипиды обеспечивают нормальную структуру всех без исключения биомембран, от них напрямую зависят многочисленные функции клетки.

С возрастом удельный вес холестериновых молекул в мембранах увеличивается, а удельный вес фосфолипидов снижается. И это наглядно отражает процессы старения клеточных мембран. При дефиците фосфолипидов рецепторные функции клетки сразу же нарушаются и восстанавливаются только при добавлении в пищу достаточного количества фосфолипидов.

Грубо говоря, фосфолипиды — цемент наших с вами мембран. Они устремляются туда, где происходит повреждение, и клетка как бы оживает после ремонта. Представляете, какие это важные структуры? Да еще и со свободными радикалами борются.

Необходимым условием для борьбы и ремонта является достаточное наличие в организме фосфолипидов. Их дефицит замедляет «текущий ремонт» и сразу же приводит к различным нарушениям уже на уровне клеточных мембран. Замедление может привести к развитию каких угодно заболеваний. Мало кто знает, что даже аллергия развивается потому, что самообновление клеточных мембран протекает недостаточно интенсивно.

Получение фосфолипидов извне, с едой или добавками является для организма хорошим подспорьем, усваиваются они очень быстро и с поразительной точностью «латают» мембранные дефекты, где бы ни находились пораженные клетки.

Где содержатся фосфолипиды?

- К продуктам, богатым фосфолипидами, в первую очередь относят куриные яйца — они содержат 3,4% этих соединений. Кстати, яйца — основной источник лецитина, одного из самых главных веществ, способствующих борьбе с гормональным старением нашего организма.

- Много фосфолипидов в пищевых маслах: нерафинированное растительное масло (1–2%), оливковое, льняное, сливочное, хлопковое масла. Если масло рафинированное, то количество фосфолипидов снижается до 0,1–0,2%.
- Также в относительно небольшом количестве (меньше 1%) фосфолипиды содержатся в печени, мясе (курица, говядина), сметане, сыре, хлебе, рыбьем жире, сале, рыбе (особенно в форели), соевых бобах, льняном и конопляном семени.

Теперь вы перестанете ругать жиры, правда? Давайте еще раз коротко обозначу самое важное, что вы должны были усвоить из этой главы.

1. Жиры абсолютно не связаны с ожирением.
2. Ожирение и атеросклероз провоцируют нарушения не жирового, а белкового обмена.
3. Дефицит жиров в организме ведет к проблемам с либидо, потенцией и циклом, может вызвать депрессию и ослабить иммунитет.
4. Жиры помогают нашей терморегуляции.
5. Жиры обеспечивают поступление в наше тело кислорода.
6. Благодаря жирам клетки сохраняют эластичность, пластичность и прочность, соответственно пункт
7. Жиры дарят красоту нашей коже, волосам и ногтям.

БАДы при высоком холестерине

С высоким уровнем холестерина можно бороться без статинов, проверено. Конечно, исключая кардиологические кейсы: после аортокоронарного шунтирования, стентирования, перенесенного инфаркта миокарда.

Как бороться?

- Естественно, питание с правильным соотношением животных и растительных жиров (30/70), адекватным сочетанием жиров и белков. Сложные углеводы тоже не исключаются.
- Исключение сопутствующих патологий (заболевания щитовидной железы, семейная гиперхолестеринемия и т. д.).
- Включение в рацион определенных веществ и добавок.

Комбинации и дозы подбирает доктор, самолечением в данном случае лучше не заниматься.

БАДы, рекомендуемые при высоком уровне холестерина (имеется в виду повышение общего холестерина за счет ЛПНП («плохого» холестерина).

- Red Yeast Rice – очень эффективный БАД для снижения уровня холестерина (1200 мг).
- Пантетин в дозировке 600–1200 мг.
- Никотиновая кислота (Solgar).
- Инозитол гексаникотинат, принимается по инструкции;
- Коэнзим Q10 45–100 мг отдельно, если не идет в добавлении к препаратам.
- Омега-3 (DHA + EPA + ALA, рыбий жир + масло льна).

- Лецитин (качественный соевый американский) или подсолнечный.
- Из арсенала аюрведы — гуггул (дозировка по инструкции).
- Масло бораго (огуречника), GLA (по инструкции);
- Магний в дозировке 400–600 мг.
- Чеснок, примерно 1200 мг.
- Витамин Е по инструкции, курс — четыре-восемь недель.
- Хлорелла по инструкции, три месяца, не совмещать с бета-каротином.
- Таурин в дозировке не более 1000 мг.

Еще раз хочу обратить ваше внимание, что здесь приведены общие рекомендации и дозировки! Дозы и комбинации подбираются индивидуально врачом. Все БАДы вместе пить нельзя!

Глава 18

Слишком худым тоже плохо. О чем говорит недостаток массы тела

Все чаще и чаще ко мне на прием приходят люди с недостатком массы тела. Человек, который долгое время тщетно старается набрать вес, не только имеет психологический дискомфорт, но и четко понимает, что в его случае появляется риск какого-либо физического отклонения. Есть много, часто и при этом худеть — не может быть нормой. Ведь законы термодинамики никто не отменял.

Давайте разбираться, что же происходит. Начнем с понятия основного обмена. Это количество калорий, необходимых данному организму для поддержания нормальной жизнедеятельности. Едим меньше значения основного обмена — худеем, больше — поправляемся.

Но не все так просто. Организм — сложная система, и не всегда худому человеку достаточно просто есть больше.

Как рассчитать основной обмен

Одна из самых популярных формул расчета калорий — формула **Миффлина — Сан-Жеора**. Разработана в 2005 году группой американских врачей-диетологов под руководством докторов Миффлина и Сан-Жеора; существует в двух вариантах — упрощенном и доработанном и выдает необходимое количество килокалорий (ккал) в сутки для каждого конкретного человека (результаты расчетов применимы для людей в возрасте от 13 до 80 лет).

1. Упрощенный вариант формулы Миффлина — Сан-Жеора:

для мужчин: 10 × вес (кг) + 6,25 × рост (см) — 5 × × возраст (годы) + 5;

для женщин: 10 × вес (кг) + 6,25 × рост (см) – 5 × × возраст (годы) — 161.

2. Доработанный вариант формулы Миффлина — Сан-Жеора отличается тем, что в него добавлен такой параметр, как уровень физической активности человека (А):

для мужчин: (10 × вес (кг) + 6.25 × рост (см) – – 5 × возраст (годы) + 5) x А;

для женщин: (10 × вес (кг) + 6.25 × рост (см) – – 5 × возраст (годы) — 161) × А.

Различают пять степеней физических нагрузок в сутки.

- ✓ Минимальная активность: А = 1,2.
- ✓ Слабая активность: А = 1,375.
- ✓ Средняя активность: А = 1,55.
- ✓ Высокая активность: А = 1,725.
- ✓ Экстра-активность: А = 1,9 (имеются в виду люди, занимающиеся тяжелой атлетикой или другими силовыми видами спорта с ежедневными тренировками, а также те, кто выполняет тяжелую физическую работу).

Причины недостаточного веса

1. Тип нервной системы, особенность конституции, генетическая предрасположенность

Например, астеникам не стоит сравнивать свои килограммы с показателями нормо- или гиперстеников. При астеническом типе телосложения даже костный скелет достаточно легкий, тогда как у других типов он может составлять значительный процент массы тела.

2. Стрессовый образ жизни

Недосып, перетренированность (более четырех раз в неделю), реакция нервной системы на стресс, повышенная возбудимость.

3. Неправильное питание

- Сладкое, жирное, жареное (в общем, вся «запрещенка») помогает набрать вес? Миф. Людям с недостатком веса такая еда будет снижать его еще быстрее.

- Скудный рацион, недостаток белка. Часто бывает так, что человек очень много ест, но вес не растет. А если посчитать количество белка в его пище, то получается, что еды много, а белка мало.
- Избыток простых углеводов, недостаток растительных жиров.

4. Заболевания

- Тиреотоксикоз (признаки — увеличенный зоб, потливость, тахикардия даже в состоянии покоя, иногда ощущение жара).
- Сахарный диабет 1-го типа (признаки — частое мочеиспускание и жажда, быстрая утомляемость).
- Кора надпочечников не справляется со своей функцией, в результате снижается выработка кортизола и, иногда, альдостерона (проявляется мышечной

К СВЕДЕНИЮ

✷ Самый простой способ определить свой **тип телосложения** — измерить обхват запястья. Измерение производится с помощью сантиметра в самом тонком месте (там, где носят часы).

Результаты для женщин:

- меньше 15 см — астенический тип;
- от 15 до 17 см — нормостенический тип;
- больше 17 см — гиперстенический тип.

Для мужчин:

- меньше 18 см — астенический тип;
- от 18 до 20 см — нормостенический тип;
- больше 20 см — гиперстенический тип.

слабостью, онемением конечностей, снижением либидо, тревожными и депрессивными состояниями).

- Гельминты, гастрит, язвенная болезнь, недостаток ферментов.

Что делать, чтобы набрать вес

Вопрос: как поправиться человеку, который вроде питается достаточно, но катастрофически не набирает вес?

1. Исключите заболевания, о которых я говорила в пункте 4 предыдущего списка

2. Пересмотрите свой рацион

Еще раз повторюсь, что неправильно подобранный рацион даже в пределах повышенной калорийности будет еще сильнее снижать вес.

- Минимизируйте простые углеводы в сочетании с животными жирами (пирожные с кремом, торты и т. д.).
- В приоритете должны быть фрукты/сухофрукты, сложные углеводы в больших количествах.
- Растительные и животные жиры в соотношении 60/40.
- Употребляйте адекватное количество белка.
  - Для женщин – 1,6 г белка в сутки на 1 кг идеальной массы тела.
  - Для мужчин – 1,8 г белка в сутки на 1 кг идеальной массы тела.
  - Если вы тренируетесь, то потребление белка должно быть увеличено на 0,1–0,2 г.

3. Живите по режиму и избегайте стрессов

Следуйте определенному распорядку изо дня в день, выделяйте на сон не менее семи часов и старайтесь избегать стрессов. Эти советы труднее всего реализовать. Но ничего не поделаешь. Механизм тут один. Нервничаете – это стресс. Стресс – это кортизол и адреналин. Оба гормона мешают росту веса и мышц. Стрессы, нервное истощение, недосып – злейшие враги набора веса.

4. Уменьшите количество тренировок

В 95% случаев тем, кто не может набрать вес, кажется, что это потому, что они слишком мало тренируются. И в 95% случаев это не так. Поверьте, для роста массы достаточно тренироваться три раза в неделю определенным образом, используя специальный режим тренировок и правильный подбор рабочего веса при силовых занятиях. То есть такой нагрузки будет достаточно для роста массы практически всем. Механизм перетренированности тот же самый, что и механизм стресса.

5. Адекватно относитесь к себе

Ставьте реальные задачи по набору массы. Астеникам не стоит сравнивать свои килограммы с показателями нормо- или гиперстеников. Кстати, существуют данные, которые говорят, что астеники с возрастом все же набирают вес, это связано с гормональной перестройкой, обычно после 40–45 лет.

Глава 19

Что делает нас счастливыми. Гормон радости

Как связаны серотонин и углеводы

Хочется шоколадки после стресса? Во время ПМС? Зимой, во время коротких зимних дней?

Бросили курить и тянет на сладкое? Все это из-за нехватки гормона счастья, серотонина. Вы наверняка знаете об этом. Он дает нам настроение, энергию, ощущение счастья и удовлетворения, а недостаток этого вещества приводит к депрессии.

Львиная доля, 95% серотонина синтезируется в кишечнике, и всего 5% — в головном мозге.

Откуда нам брать серотонин, если собственного мало? Из пищи, конечно, но еще из БАДов, тоже вариант. В блогах некоторых ЗОЖников я неоднократно натыкалась на информацию, что богатые аминокислотой триптофаном продукты автоматически повышают уровень серотонина.

Это неправда. Даже если вы съели пищу, которая содержит много триптофана, другие аминокислоты будут конкурировать с ним в попытке быть поглощенными транспортной системой организма.

Проще говоря, если вы будете налегать, например, на богатую триптофаном индейку, уровень серотонина у вас не повысится автоматически. Как ни странно это звучит, чтобы в мозг попало больше триптофана, нужно есть то, что почти целиком состоит из углеводов. Так что самый простой способ повысить уровень серотонина — поесть сладкого. Почему так? Мы помним (см. главу 10), что при попадании глюкозы в кровь поджелудочная железа синтезирует инсулин, который, во-первых, доставляет глюкозу клеткам, а во-вторых, «забирает» из крови аминокислоты и доставляет их в мышцы (за что его так любят «качки»). А вот триптофан остается в крови и в отсутствие конкурентов в большом количестве доставляется в мозг, где из него и синтезируется серотонин.

Вот вам и механизм возникновения зависимости от сладкого: вы едите сладкое, резко повышается уровень серотонина, а вместе с ним — настроение. При этом выделяется много инсулина, благодаря которому сахар перерабатывается, количество его в крови падает, инсулина тоже, организм начинает требовать еще серотонина, то есть сладостей. Такой вот порочный круг.

Серотонин дает чувство насыщения. Если серотонина мало, то требуется все большее и большее количество инсулина, а значит — больше сладкого. Чем больше сладкого, тем сильнее выброс серотонина. Это свойство повышать себе настроение сладостями используется подсознательно.

Но такой подъем настроения дорого обходится. Все съеденные ради серотониновой подпитки калории переходят в жировую ткань. А кортизол толкает их именно в область талии и живота. Выход: есть побольше сложных углеводов. Углеводная пища, потребляемая в соответствии с правильно рассчитанным режимом, ослабит тяжесть недомоганий, связанных с угнетением серотониновой системы.

И еще немного фактов о серотонине

- Избыток кофеина подавляет серотонин.
- Омега-3 жирные кислоты влияют на активность серотонина в мозге.
- Горький шоколад повышает уровень серотонина частично из-за ресвератрола. Ресвератрол повышает уровень и эндорфинов, и серотонина.
- Не забывайте, что в молочном шоколаде гораздо меньше какао (именно оно производит серотонин), чем в темном.
- Занятия спортом повышают уровень триптофана, который является предшественником серотонина. Высокий уровень триптофана сохраняется даже по окончании тренировки, поэтому приподнятое настроение может продлиться несколько часов.
- Солнечный свет помогает синтезу серотонина. Поэтому летом у людей уровень серотонина выше, чем зимой. Старайтесь больше бывать на свету!
- Серьезный и систематический стресс снижает способность организма синтезировать серотонин.
- По данным некоторых исследований, женские половые гормоны могут также взаимодействовать с серотонином (усиливая его действие), что заметно ухудшает настроение перед менструацией и во время менопаузы, когда уровень половых гормонов снижается. С другой стороны, у мужчин сохраняется стабильный уровень половых гормонов до средних лет, потом их количество снижается.

При сочетании правильного углеводного питания (преимущественно сложных углеводов) и всех вышеперечисленных факторов вы обезопасите себя от недостатка гормона счастья и радости, избавившись от депрессивных состояний. А знаете, что сладким после еды можно превысить суточную норму калорийности питания примерно в полтора раза? Некоторые любители «вкусно покушать» замечали, что после сытного обеда испытывают желание «зашлифовать» результат десертом. В чем причина подобных желаний?

Сколько бы ни убеждали себя полные люди в том, что их лишний вес — это результат эндокринных и прочих заболеваний, на самом деле более 60% людей с ожирением «наедают» свою проблему. Лишний вес у них накапливается ввиду чрезмерного или неправильного питания. И употребление сладостей (а именно — тортиков, пирожных и шоколадок, а не сладких ягод и фруктов) играет в данном процессе не последнюю роль.

Дело в том, что рафинированный сахар, который содержится в кондитерских изделиях и сладостях, усложняет усвоение всего съеденного.

Можно ли отказаться от «сладкой жизни»?

Почему нам так хочется сладкого

1. **Привычка** — первая и самая частая причина. А это хорошая новость, ведь с привычками можно бороться. Заботливые мамы и бабушки, желая, чтобы малыш съел положенную ему тарелку супа или овощное рагу, обещают вознаграждение в виде конфетки или сладкого

печенья. Стремясь «сделать как лучше», они вряд ли задумываются над тем, можно ли есть сладкое после еды. А у ребенка возникает своего рода ритуал, который продолжается во взрослой жизни. Только не спешите разом рвать с этой своей «сладкой привязанностью»: из-за резкого ограничения последуют срывы и чувство вины.

2. Сладкого хочется **в качестве компенсации** после очень жирной и тяжелой пищи, после низкоуглеводной пищи, при несбалансированном рационе. Тут рекомендации понятные и логичные — пересмотреть рацион.

3. **Наличие заболеваний.** Есть люди, которым действительно не повезло в этом плане, и их стремление подсластиться — физиологическая потребность, возникающая из-за гипогликемии или других нарушений обмена веществ и пищеварения.

4. **Из-за долгого перерыва между приемами пищи.** Причина проста — после еды уровень глюкозы резко повышается. Все происходит потому, что сахар из пищи активно всасывается в кишечник.

Инсулин трансформирует сахар в энергию и распределяет по клеткам. Но порой случается так, что инсулина вырабатывается слишком много, и уровень глюкозы падает. Именно поэтому у человека может возникнуть резкое желание «выровнять» сахар в крови.

Чего нельзя делать, отучая себя от сладкого после еды

Однажды человек начинает понимать, что привычка закусывать обед плиткой шоколада не несет в себе ничего хорошего. Он может даже пообещать себе, что больше «никогда-преникогда», как в детском саду. Но будет ли выполнено обещание?

Искореняя привычку есть сладкое после еды, категорически нельзя делать следующие вещи:

1. Накладывать абсолютный запрет на сладкое, после запрета его захочется еще больше. Параллельно с желанием съесть сладкое возникнет свойственное человеку желание нарушить правило. Придется преодолевать двойное искушение.

2. Отказываться от употребления сахара вообще.

3. Накладывать два запрета одновременно. Например, переставать заедать любой прием пищи сладким и бросать курить. Борьба одновременно с несколькими вошедшими в привычку действиями погружает организм в состояние стресса. Работу над собой лучше осуществлять поэтапно.

Как избавиться от этой привычки безболезненно

1. Заменить. Если после обеда или ужина неудержимо тянет на сладкое, до трясучки, лучше съесть не кусочек торта или шоколадный батончик, а горсть малины или сухофруктов, половинку зефирки или мармеладку.

2. Разделить. Вместо того чтобы перебивать все удовольствие от плотной трапезы неуместным десертом, можно через пару часов после обеда заварить ароматный чай и съесть вместе с ним маленькую горькую шоколадку или пару кусочков печенья. Лакомиться сладким желательно медленно, откусывая маленькими кусочками и тщательно пережевывая.

3. Обеспечить достаточное поступление полезных углеводов: они содержатся в крупах, овощах, фруктах.

Ну и, конечно, всегда стоит помнить, что еда — не смысл жизни, а сладкое — не обязательный финальный аккорд любой трапезы. Необходима серьезная самомотивация и большая сила воли, чтобы суметь побороть привычку завершать десертом завтрак, обед и ужин. Но, как показывает опыт моих пациентов, в результате можно не только обрести стройную фигуру и здоровый желудочно-кишечный тракт, но и повысить работоспособность, улучшить деятельность мозга и стабилизировать работу нервной системы.

Глава 20

Здоровый вредный образ жизни. Мифы и правда о ПП

Аббревиатуры ЗОЖ и ПП давно и прочно вошли в нашу жизнь. Доподлинно неизвестно, кто первым придумал использовать эти термины, но однозначно можно утверждать, что они сложнее, чем кажутся на первый взгляд. Сложность заключается в том, что такие вещи, как «здоровый образ жизни» и «правильное питание» каждый понимает по-своему. Для одних ЗОЖ – это спортзал десять раз в неделю и много животного белка в меню, а для других – строгое вегетарианство, йога и мантры. Некоторые вообще питаются праной, развивая дух, но напрочь разрушая тело и окончательно теряя связь со здравым смыслом.

> По оценкам специалистов, здоровье людей зависит на 50–55% именно от образа жизни, на 20% — от окружающей среды, на 18–20% — от генетической предрасположенности, и лишь на 8–10% — от уровня здравоохранения.

Итак, поскольку правильное питание, как ни крути, является одной из основных составляющих ЗОЖ, давайте разбираться, что же это такое. Если заглянуть в словари, там можно найти, например, такое определение.

> Питание (физиологический акт) — процесс поглощения пищи живыми организмами для поддержания нормального течения физиологических процессов жизнедеятельности, в частности, для восполнения запаса энергии и реализации процессов роста и развития.

Если мы говорим о человеке, то питанием называется процесс поступления, переваривания, всасывания и усвоения в организме пищевых веществ, необходимых для покрытия его энергетических затрат, построения и обновления тканей, поддержания репродуктивной способности, обеспечения и регуляции функций организма. Видите конкретный список «хороших» и «плохих» продуктов? Вот и я не вижу, потому что питание — это, в первую очередь, процесс.

Нормальное течение процессов жизнедеятельности в организме во многом зависит от того, как организовано питание человека с первых дней жизни. Пища должна содержать белки, жиры, углеводы, витамины и минеральные вещества, а также воду в необходимых количествах. При этом необходимое количество каждого из нутриентов и их баланс в первую очередь зависят от возраста, вида трудовой деятельности и условий жизни.

Исходя из этих данных мы и можем рассуждать о правильности питания. Понимаете, к чему я клоню? Практически не бывает «неправильных» продуктов, если они, конечно, натурального происхождения. А вот к процессам их приготовления, сочетания и употребления у меня частенько возникают вопросы.

Запомните, мои дорогие: правильное питание — это не диета для похудения или для набора массы, не лист салата с помидором и куриной грудкой без капли масла, не отказ от любой еды после шести вечера и не продукты, главное и сомнительное достоинство которых — их низкая калорийность.

Вместе с появлением в обиходе понятий ПП и ЗОЖ с легкой руки не всегда образованных поклонников фитнеса, псевдодиетологов и, прости Господи, всяческих гуру, стали распространяться и мифы о них. Некоторые оказались живучими, как тараканы, и до сих пор миллионы людей, следуя этим сомнительным установкам, в лучшем случае не получают результата, недоумевая, что же они делают не так. В худших же вариантах, которые, увы, нередки, просто гробят свое драгоценное здоровье. Давайте раз и навсегда разберемся с этим!

Миф 1. Дробное питание

Ставлю этот миф на первое место. Почему? Да потому что десятки раз чуть не плакала вместе с моими набравшими вес пациентками, которые пошли «худеть» в зал и послушали мускулистого тренера с его рекомендациями есть пять-шесть, а то и семь раз в день. И обязательно творог в 22 часа! Вкупе с недостаточной физической нагрузкой (а «начинашки» достаточную и не потянут) и самообманом: «Я же занимаюсь, все на тренировках сгорит», девушки впихивали в себя еду, зачастую не задумываясь вообще, голодны они сейчас или нет. Просто потому, что есть слово НАДО, огромное как громада.

Почему не надо? Возвращайтесь в главу про инсулинорезистентность и читайте ее очень внимательно еще раз!

Миф 2.
Лучший ужин — творог

Ознакомившись с предыдущим мифом, вы, вполне вероятно, могли заподозрить меня в ненависти к творогу. И зря, очень я его люблю, как и все кисломолочные продукты. Никогда, слышите меня, никогда не отказывайтесь от них, если на то нет веских причин. И творог, пожалуйста, выбирайте нормальной жирности, а не 0% всего, включая пользу для организма. Однако, вопреки распространенному мнению, есть этот продукт на ужин — не самая лучшая идея, если вы хотите снизить или удержать вес. Здесь мы опять же вспомним о том, что вся съеденная нами пища влияет на гормональный фон.

Гликемический индекс нежирного творога достаточно невысокий, всего 30, а вот инсулиновый индекс равен 120. То есть в четыре раза выше! Да, творог не поднимает уровень глюкозы крови, но поджелудочная железа моментально реагирует на поступление в организм этого продукты выбросом инсулина, который становится еще выше, если съесть творог с фруктами. На эту тему проведено очень много исследований. Кстати, их результаты подтвердили также, что единственный молочнокислый продукт, не вызывающий интенсивного отклика инсулина, — это сыр.

К чему же приведет творожный ужин? Повышенная выработка инсулина дает организму сигнал запасать жир и лишает возможности естественным путем сжигать его, блокируя работу главного жиросжигающего фермента липазы (отвечает за высвобождение и разрушение жиров), а также соматотропина, одного из важнейших «гормонов стройности» (помогает снизить отложения подкожного жира, усилить его сгорание и увеличить соотношение мышечной массы к жировой). Пик выработки соматотропина приходится на ночное время. Так зачем же спортсмены пьют казеин именно на ночь? Ну, или заменяют его творогом, который, как считают многие, тот же казеин?

Давайте разбираться. Во-первых, казеин пьют настоящие спортсмены, люди, которые действительно серьезно строят свое тело. Во-вторых, ошибочно считать творог медленным белком из-за входящего в его состав казеина. На самом деле доля казеинового белка в твороге составляет около 50%, остальной белок быстрый, легкоусвояемый.

К СВЕДЕНИЮ

✷ **Казеин** — один из основных белков молока, сыров, творога и других молочных продуктов (содержание в коровьем молоке — 78–87% от всех белков). Содержит все незаменимые аминокислоты и поэтому является важным пищевым белком. Является богатым источником доступного кальция и фосфора.

Из-за сбалансированности аминокислотного состава и легкой усваиваемости выделенный из молока казеин часто выступает основой питания атлетов, однако из-за довольно медленного расщепления в желудке его прием целесообразен в длительные периоды покоя между тренировками, например, на ночь.

Молоко и молочные продукты имеют высокую питательную ценность в значительной мере благодаря казеину. В пищеварительном тракте человека под действием ферментов желудка казеин выпадает в осадок, который дольше задерживается в организме и очень медленно усваивается. Днем, как правило, мы гораздо более активны: работаем, тренируемся, занимаемся домашними делами, также ускорены и обменные процессы. Творог, таким образом, как комплексный протеин (и медленный, и быстрый), будет очень в тему. К вечеру организм готовится ко сну, включаются соответствующие механизмы регуляции и замедляются обменные процессы. Так что если вы не набираете вес, а стремитесь похудеть, если у вас нет лактазной недостаточности или индивидуальной непереносимости, ешьте творог и другие молочные продукты в течение дня, но не на ужин и не на ночь.

Миф 3.
Есть после 18 часов вредно

Уж сколько, казалось бы, было написано по данному вопросу, но, общаясь с пациентами и читая комментарии сотен тысяч подписчиков в Instagram, я пришла к убеждению — информации на эту тему еще недостаточно. Действительно, связь лишнего веса с перееданием на ночь довольно очевидно прослеживается.

Если вы едите в целом намного больше, чем расходуете, то не имеет принципиального значения, будете вы есть после 18:00 или нет. Можно и в 17:40 встать из-за стола еле-еле, объевшись жирным и залакировав сладким, так что ужинать вам просто не захочется. Но ни о каком похудении при таком раскладе и речи быть не может. Кстати, это довольно редкий случай, а обычно все происходит по следующей схеме.

Человек встает рано, стремительно уносится на работу, завтракая в лучшем случае на скорую руку или не завтракая вовсе (человек же худеет!), потом хорошо и плотно обедает, успевая основательно проголодаться уже к полудню. Ест с расчетом, чтобы на ужин ограничить себя чем-то невесомым, как крыло бабочки, а то и вообще «не есть после 18» и забыться голодным сном в мечтах о тонкой талии — но нет! Дома горячий ужин, вкусняшки в холодильнике и усталость. Часто самые благие намерения обойтись чем-то диетическим и правильным разбиваются в пух и прах о привычку заедать полученные за день стрессы. «Да что я, не человек что ли?» — вопрошает наш худеющий персонаж и решает себя порадовать хоть чем-то. Садится за стол... А дальше как в тумане. Мало того что наедается на ночь самым вкусным, жирным и калорийным, так еще и организм в панике усиливает работу по запасанию жиров — мало ли когда в следующий раз покормят?

А вот еще бывают истории прямо-таки анекдотические, когда после 18 девушка не ест, зато в 22 как откроет холодильник...

!

Рекомендация отдать ужин врагу — один из самых старых мифов диетологии. Не нужно бояться есть после шести вечера, скорее необходимо бояться пропустить ужин. Даже если вы не тренируетесь, вечерний прием пищи за несколько часов до сна необходим. Ну а в случае вечерних физических нагрузок обделять организм сбалансированным и уместным приемом пищи просто преступно.

Формула идеального питания

✓ Завтрак — 30–35% рациона.

✓ Обед — 40–45%.

✓ Ужин — 25%.

Миф 4.
ПП-пирожок — тонкой талии дружок

Девчата, ну это правда смешно! Очень многие поклонницы ПП, особенно те, кто недавно начал интересоваться темой, почему-то считают, что диетическая выпечка совершенно безопасна для фигуры, поэтому ею можно наслаждаться, когда душе угодно и чуть ли не в любых количествах. Доля правды здесь есть: действительно, домашняя диетическая выпечка (и даже не очень диетическая, только — тссс!) гораздо полезнее, чем магазинная, где непонятно, что из чего сделано и чем законсервировано, чтобы сто лет хранилось.

В случае с ПП мы убираем сахар и дрожжи, меняем белую муку на цельнозерновую, сливочное масло на растительное, сливки на йогурт или творог, молочный шоколад на горький черный — и в итоге получаем гораздо более полезный для организма продукт. Но все же калорий в нем предостаточно, ведь цельнозерновая мука по калорийности не уступает белой, а растительное масло еще более калорийное, чем сливочное. Так что, мои дорогие любительницы сладкого, не обольщайтесь, принимаясь за «ПП-шную» печеньку или пирожное с надеждой, что для вашей талии перебор с десертами пройдет бесследно. Не пройдет, если не запомните раз и навсегда: даже «правильные» сладости — праздник не на каждый день.

Миф 5. Детокс

Ну признайтесь, пробовали хоть раз применить детокс, чтобы изгнать из организма шлаки, токсины, аллергены и прочих «неведомых зверей»? Адепты этой новомодной системы считают, что к тридцати годам в организме любого человека накапливается критическая масса ядовитых веществ, с которыми естественный механизм самоочищения не может справиться из-за обилия сахара, ненатуральной пищи, алкоголя, малоподвижного образа жизни, стрессов и плохой экологии.

Детокс называют «генеральной уборкой», отсылая доверчивых клиентов аж в XIX век, к опыту австрийского доктора Феликса Майра, к которому со всей Европы съезжались, чтобы получить «чудо-лечение»: витаминную диету, лечебную физкультуру, массаж, водные и физиопроцедуры. Было бы странно, если дамам и господам, страдающим от хандры, утомленным салонными развлечениями и светскими сплетнями, это лечение не пошло бы на пользу! Ну а о тех, кто «лечился» таким образом от более серьезных заболеваний, мы грустно умолчим.

Именно на системе Феликса Майра основываются сегодня многие методики детокса, который якобы дает легкость, ощущение здоровья, сияющую кожу, налаживает стул и заставляет жизнь играть новыми красками. Несмотря на то что само слово «детокс» звучит по-медицински и внушает доверие, детокс-программы не имеют ничего общего с наукой.

Медицинский словарь сообщает, что детоксикация — это процесс, при котором токсические вещества удаляются с обрабатываемой поверхности или происходит их нейтрализация. Или, второе значение, процесс очищения организма больных в опасном состоянии, причиной которого стала передозировка наркотиков, алкоголя, ядов (например, тяжелых металлов). Такое лечение осуществляется только в больнице, и понятно, что здесь применяются медикаменты, а не соки и супы.

С точки зрения физиологии и анатомии утверждения о способности детокс-продуктов выводить из организма шлаки и токсины абсолютно ложны. Конечно, волокна фруктов и овощей, их витаминно-минеральный состав полезны для человека. Но по своим «очищающим» возможностям они не могут сравниться с нашим организмом, сотворенным как идеальная самоочищающаяся машина, где ежедневно в этом процессе задействован каждый орган. До сих пор нет ни одного исследования, которое доказало бы обратное.

Волосы в носу и слизь в легких отфильтровывают вредные вещества, такие как пыль и бактерии. Печень вырабатывает ферменты, которые преобразовывают токсичные вещества в менее вредные. Также они проходят ещу одну «станцию фильтрации». Почки устраняют многие токсичные вещества, которые растворимы в воде.

Они поглощают их и выделяют все ненужное с мочой в течение нескольких часов, чтобы предотвратить их накопление.

Иммунная система защиты организма очень сложна! Суровые условия желудочно-кишечного тракта нейтрализуют многие поступающие вредные бактерии. Толстая кишка отвечает за вытеснение нежелательных твердых веществ из организма. В общем, перечислять все защитные механизмы можно долго. Но это не соки! Не супы! И не любые другие новомодные продукты а-ля «подснежниковый мед». Звучит смешно, но люди-то верят!

Думается мне, что в нашей стране, где возведен какой-то сумасшедший культ худобы, именно худобы, а не здорового красивого тела, где девочки начинают сидеть на диетах с восьмого класса, а их мамы часто имеют примерно такой же, то есть никакой опыт по реальному и безопасному приведению фигуры в порядок, популярность детокса обусловлена именно обещанием быстрой потери веса. «Шлаки уходят» ©. На старте 2000-х, когда миром правил гламур, по крайней мере, миром молодых девчонок, конечно, очень многим хотелось иметь ножки-палочки, ручки-веточки и выпирающие ключицы, чтоб лямки сарафана болтались на них, как на вешалке. Детокс казался отличным вариантом. А что, пьешь себе сок, и килограммы улетают. Правда, не за счет «вредных веществ в организме», а за счет очень нужных мышц, ведь поступление белков и жиров на такой диете резко сокращается, равно как и общая калорийность рациона. Отсюда эта «легкость», которой так поначалу все рады, пока на смену не приходят слабость, чувство усталости и проблемы с желудочно-кишечным трактом.

!

Программы детоксикации не предусматривают поступления сколько-нибудь достаточного количества витаминов и минералов, важных для работы и восстановления организма, таких как витамин B_{12}, витамин D, кальций, железо, цинк и Омега-3 жирных кислот. Такие диеты часто нарушают процессы регуляции сахара в крови и вызывают дисбаланс электролитов, а разнообразные детокс-добавки или травки (читай, слабительные и мочегонные средства) могут давать опасные побочные эффекты, вызывать обезвоживание и истощение.

Не верьте псевдоисследованиям про пользу «чистки организма» детокс-соками или супами. Они проводились на ограниченном числе испытуемых, отчеты опираются на их самоощущения, измерения регистрировались качественные, а не количественные — все это не позволяет рассматривать эти исследования всерьез. Хотите, чтобы организм был чистым? Не мучайте его сомнительными диетами — откажитесь от мусорной еды, алкоголя и сигарет, пейте простую воду, начните вести подвижный образ жизни, и вы сбережете не только здоровье, но и кучу денег.

Миф 6.
Без супов желудок «к спине прилипнет»

Ну, кого этим пугали в детстве мамы и бабушки, пытаясь усадить за стол и накормить обязательным первым блюдом? Пролитыми ребятней над борщами и супами слезами можно было бы вновь наполнить иссохшее Аральское море! Ну да хватит эмоций, давайте к фактам. Почему на протяжении веков «жидкое» считается главным блюдом для детей и взрослых, больных и здоровых с самыми разными привычками и потребностями? Кажется, пища в таком виде присутствовала в рационе человека всегда. Конечно, пещерные люди не рассаживались чинно за столом, сервированным фарфором, поедая бульон с гренкой. Но некое «варево» пришло в рацион тогда же, когда появилось первое подобие котлов. Понятно, что и много столетий спустя ситуация с пропитанием на планете оставалась сложной. Вот вспомните хоть русские сказки. Что ели бедняки на Руси? Щи да кашу в основном. А какой-нибудь Царь Царевич или Король Королевич трескал в это время рябчиков и осетров. Сейчас мы живем в эпоху избыточного потребления, а еще сравнительно недавно, да хоть в те же для многих реально голодные конец 80-х — начало 90-х единственной возможностью сытно и сравнительно экономно поесть было жидкое блюдо, сваренное на основе какой-нибудь куриной лапы, кости или, редко, в праздники, мяса. Или вовсе на химическом бульонном кубике. Ой, не могу не рассказать вам смешную историю про лапу от моей подружки.

История пациента

Олино детство пришлось на время, когда, чтобы приготовить обед, хозяйке надо было сначала отстоять несколько часов в очередях за несчастными синими курами, которые имели такой вид, будто их пытали перед смертью, и за полугнилыми овощами. Ну или вырастить что-то на приусадебном участке, попутно не поленившись сходить в лес за грибами-ягодами. Звучит дико, да? Но многие, очень многие живо помнят те времена.

Конечно, во всех семьях, кроме разве что номенклатуры, «первое» было главным блюдом, добавив лаврушки и перчика ко всему вышеперечисленному, можно было приготовить вполне сносный суп. Так вот, возвращаемся к нашей героине. Она была как раз в том возрасте, когда сказки еще читают, но уже сомневаются в их правдивости. Однажды девочка, вновь задавшаяся вопросом о существовании волшебных персонажей, в частности Бабы-яги с ее избушкой и печкой, нашла в своей тарелке привет от лесной жительницы — ага, страшную желтую куриную лапу, «запчасть» от сказочного жилища. Просто мама Оли очень любила пошутить. Лапа же есть, значит, и домик, и Баба-яга существуют! «Мамочка, я что-то не хочу кушать», — тонким голоском сказала Олечка и встала из-за стола. Сейчас смеется над этой историей и говорит, что никаких моральных травм куриная нога ей не нанесла, но супы с той поры отказалась есть раз и навсегда.

Помните былинного богатыря Илью Муромца? Этот персонаж действительно существовал, и ученые, исследовав останки святого Ильи из града Мурома, которые покоятся в Киево-Печерской лавре, в частности, установили, что его рост составлял 177 см. Вовсе не гигант, но для того времени очень высокий человек, на голову выше современников. Средний рост мужчин вплоть до революции составлял 160–165 см. Девочки, никаких от 180 и выше! Да и жили тогда мало. Старухе-процентщице из романа Достоевского «Преступление и наказание» было 42 года, как и кардиналу Ришелье на момент описанной в «Трех мушкетерах» осады крепости Ла-Рошель. А сегодня это молодость, говорит ВОЗ, и мы с удовольствием соглашаемся. В общем, будете читать и перечитывать классику — обратите внимание на возраст героев и то, в какую категорию относит их автор. Ужаснетесь и возблагодарите Бога, что мы живем в такое хоть и сложное, но славное время!

Плохие, плохие супы получаются из свекольной ботвы, огурцов и капусты — действительно, очень полезных и низкокалорийных, но недостаточных для полноценного питания продуктов! Но сейчас-то можно купить мясо, выбрав самое лучшее, постное или с косточкой, говядину или ребрышки — какой знатный бульон получится! А что же в нем? Растворимый белок и жиры (причем и твердые, насыщенные, которых принято бояться, и ненасыщенные, жидкие), и витамины группы В (они водорастворимые и поэтому вывариваются), и пептиды с аминокислотами (продукты неполного распада белка), и низкомолекулярные вкусо-ароматические соединения, и токсины микробиального происхождения, и нейротропные яды (крезол, индол, скатол, меркаптан и другие). Нравится? Вот и мне совсем нет.

Представьте, что находится у вас в тарелке в виде «полезной» жидкости! Автолитические изменения в животной ткани, то есть реакции распада, гидролиза, ферментативные трансформации начинают происходить сразу же после убоя животного. Скорость напрямую зависит от температуры, но даже холодильные режимы хранения (–18 °C и ниже) не могут процесс предотвратить, разве что замедляют.

А есть у вас гарантия, что этот замечательный кусок мяса или рыбы не был заморожен-разморожен раз эдак...

В процессе хранения в любой пище животного происхождения под действием собственных ферментов или ферментов микрофлоры (на мясе/птице/рыбе всегда присутствуют патогенные и непатогенные микроорганизмы) происходит постепенное накопление токсичных продуктов. К их возникновению приводят реакции продуктов неполного распада белковых и жировых молекул с различными химическими группировками, многие из которых представляют собой нейротропные яды.

Именно поэтому, если вы точно не уверены в свежести продукта, выливайте бульон! А если то же мясо, к примеру, хранилось больше двух недель, ни в коем случае не готовьте его с помощью гриля, пароварки, решетки-барбекю и на шампурах на открытом огне, иначе все эти яды пойдут к вам на стол в качестве приправы. Вы, конечно, можете заподозрить меня в тайном вегетарианстве, но нет, я ем мясо и другие продукты животного происхождения сама и даю детям, причем регулярно. Но только в том случае, если я гарантировано знаю их происхождение и срок хранения.

Что касается питательности, то тут суп супу рознь: можно сварить такой, чтоб ложка стояла, а можно — жиденькую похлебку, в которой еще надо постараться выловить что-то. Это, вообще говоря, не так важно: дело не только в густоте, но и в пищевой ценности использованных продуктов, я имею в виду количество содержащихся в них белков, жиров, углеводов, клетчатки, а также витаминов, макро- и микроэлементов. Как мы знаем, даже в самом наваристом супе, в первую очередь — картошка, капуста, перловка, макароны, и плюс хлеб, с которым «полагается» есть это блюдо. Сплошные углеводы, крайне мало белка и здорового жира. Этого недостаточно как для растущего организма, так и для взрослого работающего человека, да и пожилым людям было бы лучше есть что-то более питательное.

Время, в течение которого пища задерживается и переваривается в желудке, зависит, прежде всего, от ее консистенции. Так, жидкости, о которых мы с вами сейчас ведем речь, могут проходить в кишку без всяких изменений в желудке, причем нагретые жидкости проходят быстрее, чем холодные. Вот тут еще немного очень медицинской информации, которая вам нужна, поэтому, пожалуйста, сосредоточьтесь!

Переваривание углеводистой пищи, к которой относится почти любой суп/борщ, должно начинаться уже во рту, во время процесса жевания, когда выделяется слюна, содержащая расщепляющий углеводы фермент амилазу. Но на жидкую пищу слюна практически не выделяется, что доказано давным-давно, и суп, «пролетая» как на американских горках через рот и желудок, практически без участия ферментов, соответственно, полупереваренным, плюхается в кишечник. Там он еще немного «томится» и, наконец, выводится из организма благодаря клетчатке в капусте, свекле или моркови.

Теперь несколько слов о горячем.

Все ферменты, расщепляющие белки, жиры и углеводы, лучше всего действуют при 36–40 °С, фактически при температуре тела. По своей химической природе эти катализаторы реакций в организме являются белками, соответственно, как все белки, при нагреве сверх означенной выше температуры денатурируют, то есть лишаются природных свойств, и теряют свою активность. Вот почему, если запьете супчик чайком, пищеварение замедлится, а то и затормозится. Если очень хочется пообедать в такой последовательности — хотя бы паузу сделайте!

Чу! Грохот! А, это рушатся ваши представления о здоровой еде! Едем дальше.

Продукты, которые вы отправляете в рот горячими, в прямом смысле вызывают обваривание клеток пищевода. А теперь представьте, что вы раз за разом льете кипяток на обожженную руку!.. Так зачем же поступать аналогичным образом с пищеводом? Вы же себе не враг? При регулярной травматизации клеток нарушается процесс деления и дифференциации и начинается их злокачественное перерождение.

«Без жидкого гастрит обеспечен»

Еще один «суповой» миф. На самом деле, с гастритом вопрос совершенно в другом. Уже три десятка лет прошло с момента, как учеными были выявлены бактерии *хеликобактер пилори* (*Helicobacter pylori*), а в 2005 году австралийцы Робин Уоррен и Барри Маршалл были удостоены Нобелевской премии за открытие: гастрит и язва могут иметь инфекционное происхождение. Хеликобактер пилори передается бытовым путем: через посуду, средства личной гигиены, а также при поцелуе. Эта бактерия устойчива к кислотной среде, поэтому она легко проникает в слизистые оболочки желудка и разрушает его ткани. Слизистая воспаляется, развиваются эрозии, гастриты, затем язвы. Вот почему категорически нельзя пить с кем-то из одного стакана или облизывать, к примеру, детскую ложку, передавая неокрепшему организму всю свою микрофлору.

Второй фактор возникновения проблем с желудком — еда второпях и в стрессе. Как часто мы трапезничаем, думая о том, что у нас в тарелке, а не переживая об отношениях, проблемах на работе или мировой геополитике? Когда человек испытывает стресс во время еды, клетки его желудка выделяют недостаточно защитной полисахаридной слизи, которая защищает стенки от самопереваривания. А теперь вспомните свои школьные и студенческие обеды и скажите мне, не с тех ли времен тянутся ваши сложности с ЖКТ?

«Супчик для похудения»

И еще кое-что: с супом, как и с детоксом, худеть не прокатит.

То есть, конечно, если вы конкретно переедали, а потом решили ограничить себя только овощными бульончиками, видимый результат поначалу будет. Но, конечно, сметану, сливки или масло при пассеровании овощей придется исключить, а при питании одними углеводами или же углеводами с жирами в условиях дефицита белка за компанию с жирами растают и ваши мышцы. Причем они — в первую очередь, и чем меньше у вас по факту лишнего веса, тем больше опасность для мышечной системы. Девочки! Все повиснет! Я видела результаты такого «похудения», и, поверьте мне, не рады ни их обладательницы, ни их же мужья. Визуально уменьшившиеся формы, облаченные в дряблую кожу, еще туда-сюда в одежде, а вот без нее совсем печалька...

> Да простят меня обладательницы татуировок (ничего не имею против, каждый волен делать со своим телом что угодно), знаю я одну барышню, которая в юности сделала в области бикини симпатичную татушку в виде ящерки, которая соблазнительно «выглядывала» из трусиков. Потом она (барышня, а не ящерка)

благополучно вышла замуж и забеременела. Живот рос, вместе с ним росла и ящерка, превратившись, в конце концов, в хорошо упитанного варана, который, кажется, даже дрыгал лапками, когда малыш пинался. Обладательница тату родила и приступила к процессу похудения: было набрано 30 кг от добеременного веса! Ей удалось сбросить их довольно быстро, и варан вновь трансформировался в ящерку, правда, какую-то морщинистую и потрепанную жизнью: ведь худела дама зверскими для организма способами, заботясь только о количестве сброшенных килограммов, но не о качестве всего тела в целом.

Не худейте резко и без физических нагрузок, хотя бы самых простых! Физнагрузка — это регулярные упражнения на правильные группы мышц, можно дома, можно бесплатные комплексы из Интернета, но только не «уборка вместо фитнеса»!

Несмотря на все вышесказанное, я ем жидкое в виде крем-супа и супа-пюре, причем не горячим, а теплым. Приближенным к температуре тела, помните, мы говорили с вами об этом. А еще я просто обожаю мамулин борщ без мяса — причем он такой вкусный и наваристый, что об отсутствии «главной составляющей» бульона никто никогда не догадывается. Мой муж, приученный в своей семье к мясным супам, год ел первые блюда на воде и не замечал «подвоха».

Борщ по маминому рецепту

Рассказываю сам принцип приготовления, с пропорциями определится любая хозяйка, исходя из вкусов и нужного количества блюда. Лук, морковь, пастернак и свекла пассеруются на масле с водой (50/50) на медленном огне в кастрюле с толстым дном под крышкой до готовности. Если кастрюля хорошая, можно вообще без масла. Добавляем очищенные мелко нарезанные помидоры, перемешиваем, томим еще пять минут. Режем картофель мелко, высыпаем в кастрюлю, перемешиваем, заливаем очень горячей водой. Варим до готовности картофель, солим, засыпаем нашинкованную капусту, болгарский перец, горький перец по вкусу и даем возможность закипеть. Еще через две минуты добавляем зелень (укроп, петрушка), специи (паприка, куркума, хмели-сунели) и давленый чеснок (на трехлитровую кастрюлю — небольшая головка). Закрываем крышкой и даем возможность борщу настояться один-два часа. Вкуснотища!

Миф 7. Шоколад вреден

Запретный плод, известно еще со времен Адама и Евы, сладок. Причем чем жестче запрет, тем сильнее желание его нарушить. Это работает с детьми и взрослыми, причем, не поверите, детям иногда бывает проще объяснить, почему нельзя. А большие дяди и тети ведут себя подчас очень безответственно и бесхребетно, не находя сил отказаться от того, что причинит им вред. Вот почему мой подход к диетическому питанию нестандартный, исключающий запреты.

Моим пациентам можно практически все, кроме пищевого мусора, который превращает наш организм в свалку. Я сейчас имею в виду фастфуд, снеки, «химические» сладости... Но не шоколад, вокруг которого тоже сложено мифов не меньше, чем о каком-нибудь уважаемом семействе древнегреческих богов. Сразу хочу оговориться, что речь идет не о «молочном» шоколаде и не о батончиках, стройными рядами подкарауливающих беспечного любителя сладкого возле касс в супермаркете. Заклинаю — не ешьте это!

!WANTED!

НАСТОЯЩИЙ ШОКОЛАД

Особые приметы:
не менее 80% какао,
без добавок,
в составе какао-масло,
какао тертое или бобы,
подсластитель.

Итак, самый главный миф — от шоколада толстеют. Читаем, что написано выше, и выбираем настоящий продукт. Еще раз повторюсь: не ешьте сладкую дрянь с кучей консервантов, даже если реклама предлагает ее детям, распинаясь о пользе для здоровья и роста. В рецептуру молочного шоколада, например, входит сухое жирное молоко или сливки, белые же сорта шоколада не содержат какао вовсе, зато там присутствует максимальное количество сахарной пудры и синтетический ванилин. Вот от этого всего действительно толстеют и получают еще ворох проблем со здоровьем, а хороший качественный горький шоколад принесет вам только пользу. Три-четыре дольки ежедневно можно даже при активном похудении.

Чем выше процентное содержание какао-бобов в плитке шоколада, тем более он ценен. Это обусловлено тем, что в их химический состав входят флавоноиды – органические соединения, оказывающие непосредственное влияние на производство организмом окиси азота, существенно улучшающей кровоток. Кроме того, полезные вещества, содержащиеся в какао-бобах, повышают иммунитет, положительно влияют на память и помогают бороться с депрессией и хронической усталостью, особенно в зимне-весенний период, когда дефицит солнечного света, витаминов и микроэлементов делает наш организм уязвимым для вирусов и бактерий.

В силу того, что настоящий горький шоколад также богат антиоксидантами, он идет только на пользу красоте и здоровью. А вот прыщи и сыпь заодно с кариесом как раз могут быть спровоцированы различными компонентами, входящими в молочный и белый шоколад. Когда вы едите горький черный, с высоким содержанием какао-бобов продукт, то, наоборот, защищаете красоту своей улыбки – ведь танины и другие антибактериальные компоненты отлично справляются с различными бактериями ротовой полости, тем самым уменьшая налет на зубах.

Любят обвинять шоколад и в накоплении холестерина, что отчасти верно: дело в том, что, как мы помним, холестерин бывает вредный и полезный (см. главу 17). С первым шоколад как раз борется, способствуя его уменьшению, содержание второго, «хорошего», увеличивает.

Кроме того, британские ученые (не те, которые из анекдотов, а настоящие) установили, что фитонутриенты шоколада не хуже сильнодействующих аптечных лекарств справляются с кашлем. К тому же систематическое употребление этого лакомства укрепляет

К СВЕДЕНИЮ

✷ **Фитонутриенты** (или фотохимические соединения, ФХС) — биологически активные вещества, которые содержатся в растениях и придают фруктам и овощам их цвет, вкус, запах и природную устойчивость к заболеваниям, вредителям и другим внешним угрозам.

В отличие от витаминов и минералов, фитонутриенты не играют ключевую роль в поддержании жизни человека в целом, однако многие из них являются природными антиоксидантами и предшественниками витаминов в организме. Поэтому пользуется популярностью теория, что в день человек должен съедать не менее 500 г овощей и фруктов разного цвета.

В настоящий момент выделены и описаны более сотни тысяч фитонутриентов. К наиболее известным относятся:

- красный — ликопин (содержится, например, в помидорах);
- оранжевый — бета-каротин (морковь, тыква);
- зеленый или желтый — лютеин (хурма, кукуруза, зеленые овощи);
- антоцианидины — все оттенки синего (черника, смородина, баклажаны);
- фитоэстрогены.

сосуды и капилляры, повышает их эластичность и проницаемость, улучшает работоспособность сердечно-сосудистой системы и препятствует формированию опасных тромбов. Ну и кто возьмется спорить с тем, что шоколад — это символ хорошего настроения, легкий способ эффективно простимулировать умственную деятельность, а его аромат является отличным афродизиаком, повышающим привлекательность в глазах противоположного пола. В общем, ешьте шоколад, я вам разрешила! Только немного и очень-очень хороший, как выбрать — уже написала выше, мои сладкие.

Миф 8.
Картофель на диете есть нельзя

Надо признаться, я очень-очень странный диетолог. Разрешаю пациентам есть шоколад, хлеб, а вот теперь еще и картошку. Вот ужас-то! Как же тогда худеть? Сейчас расскажу. Главное в этом процессе знаете что? Не сойти с ума, зациклившись на «ПП», «кг» и «см». Конечно, картофель не самый диетический продукт, но если вы очень его любите, если привыкли к нему или еще по каким-то соображениям хотите его есть, ешьте на здоровье. Пару раз в неделю, на обед в качестве гарнира, в отварном виде — фигуре не повредит. Зато точно не возникнет соблазна слопать какой-нибудь случайно встреченный картофель-фри, приготовленный в «машинном» масле и уже точно не полезный для наших благородных похудательных целей.

Что я рекомендую пациентам? Молодую картошку варите в чуть подсоленной воде в мундире, уменьшая тем самым ее гликемический индекс. Можно еще очистить, тонко нарезать, посыпать специями и запечь в духовке, в самом конце слегка смазав оливковым маслом. А вот про аппетитно шкворчащие на сковороде дольки, сильно зажаренные на подсолнечном масле, а то и на сале, придется забыть, как и про переваренный пюрированный картофель с маслом сливочным. Если пюре уж очень хочется, отварите картофель в мундире до состояния, которое в случае с пастой мы назвали бы «al dente», затем прямо с кожурой (естественно, клубни должны быть предварительно помыты) грубо растолките ее, сохранив комочки. Подсолите, добавьте немного оливкового масла и... Приятного аппетита! Так, кстати, едят пюре в США.

Миф 9. Продукты с «отрицательной» калорийностью

Что б такого съесть, чтобы похудеть? Несмотря на абсурдность самой постановки вопроса, очень многие продолжают наивно верить в миф о продуктах с «отрицательной» калорийностью, то есть таких, на усвоение которых тратится больше энергии, чем содержится в самих продуктах. В этом смысле чудеса, мол, творят сельдерей, огурцы, капуста, яблоки и некоторые цитрусовые. А теперь скажите, вы серьезно думаете, что, съев за день смесь вышеперечисленных продуктов общей энергетической ценностью 1600 ккал, израсходуете за это же время на их переработку, положим, 2000 ккал? Не делайте мне смешно, как говорят в Одессе.

Мне очень близка мысль шведского диетолога Мартина Ингмара, по мнению которого именно страсть ко всему обезжиренному и низкокалорийному ввергает человечество в пучину массовой полноты. Ингмар провел масштабный эксперимент, результаты которого еще раз подтверждают: нужно соблюдать диету умеренной калорийности, не гоняясь за самыми-самыми «пустыми» продуктами и подходя к процессу разумно. В ходе исследования шведский специалист разделил участников на две группы, одна из которых питалась, как принято на родине, — много картофеля, жирной рыбы, сельдь, немного круп и овощей. А вторая группа сидела на так называемом ПП: современные обезжиренные йогурты, треска на пару, куриные грудки и брокколи. Завершился эксперимент грандиозным банкетом, где всем без исключения участникам предложили жирные, высококалорийные и популярные блюда. Как и следовало ожидать (я всегда говорю, что тотальные запреты и отсутствие необходимых правильных жиров и углеводов — плохо!), «диетическая» группа набросилась на все, чего была лишена в ходе исследования. Потом оказалось, что люди не могли прекратить «зажор» в течение недели и в итоге даже набрали в среднем по два-три килограмма.

! Чтобы организм получил сигнал о сытости, ему необходимы калорийные продукты, такие как белок и полезные жиры. Именно потому нас и тянет на «вкусное» и жирное.

Так вот, вернемся к продуктам с отрицательной калорийностью. Все просто — таких нет. Нет, потому что их существование не подтверждается наукой, а умозрительные гипотезы не являются достаточным основанием, чтобы доказать обратное. Управление по санитарному надзору за качеством пищевых продуктов и медикаментов (Food and Drug Administration) — агентство Министерства здравоохранения и социальных служб США, которое контролирует большинство продовольственных товаров, прямо высказывается, что никакая пища не может называться низкокалорийной и не должна продаваться под такими ярлыками.

На процесс питания, который включает в себя жевание, переваривание пищи, расщепление на глюкозу, аминокислоты, минералы и прочие элементы, всегда тратится энергия. Ровно столько, сколько нужно организму, чтобы усвоить определенный продукт. Это называется «термический эффект пищи». В среднем на него мы тратим от пяти до десяти процентов от суточных энерготрат. Мы можем ускорить обмен веществ примерно на 5%, выбирая продукты, которые усваиваются с большим трудом, и затрачивая на их переваривание от 90 до 300 ккал в зависимости от уровня основного обмена. Почему так негусто?

Смотрите, меньше всего калорий тратится на переваривание жиров: от 0 до 5% от полученной от них энергии. Считай, сколько съели, все ваше. На переработку углеводов во время еды тратится 5–15% энергии. На переваривание белков организму потребуется 25–30% от той энергии, которую он от них получает. При этом при употреблении белковой пищи повышенный расход энергии продолжается дольше, чем при употреблении углеводов. Соответственно, «выгоднее» всего съесть, к примеру, говяжий стейк, а не салат из огурцов и сельдерея, после которого желудок потребует подкрепиться уже через полчаса-час. Но в любом случае мы можем потратить на переваривание пищи максимум 30% полученной из нее энергии, а не все 100% или даже больше, как нам обещают сторонники гипотезы «отрицательной» калорийности. Некоторые соединения, которые находятся в составе определенных продуктов, могут стимулировать метаболизм (например, синефрин и нарингенин в грейпфруте), однако в любом случае они не создают отрицательную калорийность продукта.

Да-да, мои дорогие, похудение — трудный путь, но никто и не говорил, что будет легко. Помню до сих пор круглые глаза одной моей пациентки, которая, впервые в жизни сходив в спортзал, потом эмоционально жаловалась: «Вы представляете, сорок минут я мучаюсь на этой беговой дорожке, будь она неладна, и всего-то минус сто тридцать килокалорий!» Конечно, оттого так приятна сторонникам теории «отрицательной» калорийности перспектива не скакать потной взмыленной лошадью на фитнесе, а лежать на диване, похрумкивая огурцом и сельдереем. Но... увы, друзья, увы, чтобы убрать жир, надо хорошо поработать. И запомните — чем больше жира в организме человека, тем меньше будет термический эффект.

Глава 21

«Сушка» вашего тела — мой крик души

На первом месте моего личного рейтинга «модных отказов от всего на свете» находится отказ от молочных продуктов, на втором месте рекомендаций от #гурушмуру — «низкоуглеводка», пресловутая «сушка» и другие синонимы отказа от углеводной пищи. Эту тему я посчитала настолько важной, что решила посвятить ей отдельную главу, чтобы вы уж точно «не прошли мимо».

Честно говоря, это даже не смешно. Каждая вторая девочка, знающая, в какой стороне находится спортзал, «сушится». Что она сушит, как сушит, а самое главное — зачем? Может, белье сушит, а может мозги? Тут и врачом не надо быть, чтобы понимать, что целенаправленный отказ от каких-либо нутриентов, скорее всего, приведет к пагубным последствиям.

Мы, опять же, не берем случаи профессионального спорта и бодибилдинга, когда профи большого спорта точно знают, что и зачем они делают, и находятся под пристальным вниманием специалистов. Речь об обычных людях, которые занимаются фитнесом на уровне любителя и которым отказ от углеводов навязан социальными сетями, модными диетами Аткинса и Дюкана, когда суточное потребление углеводов сводится к 20–30 г, зато суточное потребление белка зашкаливает. А потом возникают вопросы: почему нет сил, откуда головокружение, запоры, гнилостный запах изо рта и другие «прелести». Но это все такие «мелочи» для людей, которые видят жесткий минус на весах.

Работает или нет?

«Ура, диета работает, за две недели минус 10 кг!» Им невдомек, что ушла всего лишь водичка из клеток, но никак не жир. Ни одна диета не способна «растопить» столько жира. Основной механизм похудения на безуглеводной диете основан на том, что организм человека черпает энергию только из жиров и белков. Но как только диета прекращается, утраченные килограммы очень быстро возвращаются, да еще и с довеском.

Почему так происходит? А потому, что **один грамм углеводов задерживает до четырех граммов жидкости в организме, нет углеводов — уходит жидкость**. Но так как всю жизнь прожить без углеводов, из которых мы черпаем энергию, практически невозможно, то, с возвращением в рацион углеводов, вернется сначала вода, а затем и жировая ткань.

Девочки, запомните: углеводы — основной источник энергии, тепла. Их исключение из рациона ведет за собой не только потерю энергии, апатию, упадок сил, но и нарушение процессов терморегуляции. Для поддержания постоянной температуры тела придется усиленно работать щитовидной железе, что повлечет за собой дисфункцию этого важного органа. У людей с заболеваниями почек, поджелудочной железы, печени введение в ежедневный рацион большого количества белка и жира может привести к почечной и печеночной недостаточности и полной дисфункции этих органов. Отказ от углеводов — это ведь еще и отказ от клетчатки и пищевых волокон.

К чему я это все? Фильтруйте информацию в социальных сетях, включайте логику, прежде чем последовать советам очередного #гурушмуру, сходите на прием к врачу. Хочу, чтобы вы, наконец, поняли: во всем должна быть гармония. Природа — это гармония, человеческий организм — та же самая гармония, и невозможно нормальное существование организма, когда идет хоть какой-то дисбаланс или перекос. Не навязываю свое мнение, просто считаю глупым и опасным отказываться от самых важных составляющих жизнедеятельности нашего организма.

Низкокалорийные, низкоуглеводные диеты. От теории к практике

Давайте же разбираться более детально в вопросе. Что бы там ни вещали модные «похудеи», углеводы не делают вас полными, проблема, по большому счету, вообще не в них. Жир будет копиться про запас, если вы переедаете, — и не важно, о какой пище идет речь. Но перебрать с калориями гораздо сложнее, если в рационе у вас только мясо и овощи. Потому и процесс похудения с таким меню идет стремительно, но вот долго ли? Как и с любой другой диетой, этот режим питания выдерживать сложно, и срыв рано или поздно неизбежен. Поэтому сто раз подумайте, прежде чем предавать анафеме фрукты, крупы, макароны и хлеб.

Почему я так не люблю «сушки»? Во-первых, отказ от углеводов в прямом смысле ввергает организм в депрессию, ведь жесткие ограничения ведут не только к недобору необходимых веществ, но и к психологическим страданиям. А кому нравится, когда что-то «нельзя»? Без углеводов многие люди чувствуют себя усталыми и раздражительными, а отсутствие энергии отражается на качестве жизни самым печальным образом.

Среди моих пациенток много молодых жен, которые еще вчера были невестами и, готовясь к свадьбе, худели как раз на «безуглеводке», теряя три-четыре килограмма за первую неделю на такой диете. Правда, здорово? Но в состав этих трех-четырех килограммов входят 0,5 кг жира, 1,5 кг воды и 1,5 кг мышц. А после свадьбы, позволив себе слегка (действительно, слегка!) расслабиться с полезной овсянкой на завтрак и бананом на перекус, за ту же неделю девчонки набирали по пять кило. И ох как же трудно их сбрасывать, когда организм уже приспособился к дефициту калорий!

Почему организм сжигает в основном мышцы, а не жир? Потому что жира, во-первых, меньше, а во-вторых, именно он является кладовой для запасов энергии, необходимой для поддержания жизнедеятельности. А вот мышцы как раз активно расходуют эту энергию. Поэтому в экстремальных условиях «голодовки» организм первым делом избавляется от этих «транжир». Этот механизм создан природой, чтобы у человека было как можно больше шансов выжить.

Практические советы

1. Прежде чем садиться на диету, посмотрите на количество рекомендуемых калорий. Скорее всего, выяснится,

что в большинстве случаев эти диеты требуют от вас урезать количество потребляемых калорий до уровня голодовки (меньше 1200 для женщин и меньше 1800 для мужчин). А люди, которые ведут активный образ жизни, нуждаются в куда большем количестве калорий.

2. Убедитесь, что потребление калорий оптимизировано. В зависимости от образа жизни, возраста и пола ваша потребность в калориях может быть либо меньше, либо больше, чем у среднего человека.

3. Снизьте калории немного ниже уровня, необходимого для поддержания веса тела. Максимум 20% от общего дневного потребления. То есть если вы удерживаете вес, потребляя 2000 калорий, для его снижения употребляйте 1600 калорий в день. Но никак не 1000–1200, как того требуют большинство стандартных диет.

4. Дефицит калорий увеличивайте не голодовками, а повышением физических нагрузок. Упражнения с отягощениями и интенсивные кардионагрузки три-четыре раза в неделю — хорошее начало. Войдете во вкус, наверняка захочется больше. Если в какой-то момент окажется, что вес опять стоит на месте, резко поменяйте интенсивность и длительность тренировки или же добавьте двигательной активности в виде долгих пеших прогулок и «активного» хобби.

Подводя итог, еще раз напомню: хотите похудеть — не заставляйте организм спасаться от голода, запасая жир. Давайте ему необходимое, чтобы получить важное.

Глава 22

С чистыми намерениями

«Проснулся утром — убери свою планету». Помните это правило Маленького Принца? А следуете ему? Эту главу я хочу посвятить чистоте — во всех смыслах слова. Очень важно, чтобы вы прочитали ее внимательно. Я далеко не ханжа, не «светлый человечек», не поборница пуританского воспитания, уж конечно, не мою дома полы три раза на день, и то, что сейчас собираюсь вам рассказать, вовсе не является какой-то революционной новостью. Но поскольку мы вместе идем к гармонии, не уделить внимание одной из важнейших ее составляющих просто невозможно.

Давайте начнем разговор о чистоте с того, что лежит на поверхности. Нет-нет, не с пыли на шкафу. Наверняка большая часть из вас приобрела эту книгу, уже зная меня по Instagram, ведь во многом благодаря блогу в этой самой популярной в мире социальной сети я стала известна людям не только в моем родном Краснодаре, но и в самых далеких уголках нашей огромной страны.

А как много времени вы вообще проводите в соцсетях и за «серфингом» в Интернете? Я однажды попробовала подсчитать, педантично отмечая каждое «погружение» и его продолжительность. Можно, не буду говорить, сколько часов в сутки в итоге получилось? Эти цифры до сих пор периодически всплывают перед глазами, вызывая ужас. А вот история одной моей пациентки.

История пациента

Утро Алены начинается в Instagram — лайки, комментарии, интересные статьи. Не оторваться, поэтому завтракает девушка, уткнувшись в смартфон. По пути на работу дочитывает что-то прямо за рулем, несколько раз из-за этого чуть не попала в аварию, но охота пуще неволи, как говорится. Приехав на работу, Алена традиционно выпивает чашку кофе и читает ленту новостей — надо же знать, что в мире делается! Пожары, природные катаклизмы, войны, новинки автопрома и сплетни шоу-бизнеса — такой вот информационный коктейль получается. Зачем ей новость о том, что в каком-то американском штате умер 20-летний кот, который исполнял обязанности мэра, и почему на нее нужно тратить пять драгоценных минут своего времени, Алена сама не знает. Моя пациентка специально едет в офис пораньше, чтоб успеть запарковаться неподалеку и поработать хотя бы час

в тишине, пока не соберутся коллеги, но этот час уходит у нее как раз на просмотр новостных страниц. Затем Алена все же принимается за работу, от которой ее с завидной регулярностью отвлекает сигнал входящих сообщений. Дзынь-дзынь — прочитано, отвечено, еще раз отвечено, ой, а что там в инста новенького?.. Короче, еще минут 15 рабочего времени вылетает с каждым входящим. Там обед с форумом, ну и дальше примерно такая же схема. Вечером, вместо того чтобы в ритме вальса сделать все свои дела, подготовить на завтрашний день нормальный домашний обед, одежду и собрать сумку, позаниматься 20 минут английским, почитать книжку или сделать несколько упражнений для здоровой осанки, что Алене нужно как воздух, и она об этом знает, девушка вновь тык-тык пальцем на экран и погружается в виртуальный мир высоких достижений и увлекательных новостей. Пока глаза не слипнутся.

Узнали себя в этой героине? Если описанная мной картина вам знакома, то вы попали в зависимость. Девочки, милые, посчитайте, сколько времени вы тратите на все это, не живя своей собственной жизнью! Ограждайте себя от лишней информации. Все эти сжирающие часы социальные сети, форумы, «школьные», «кружковые», «мамские» чаты в WhatsApp, телевизор фоном, а сюда же еще и лишнее общение в реале с неинтересными вам людьми, с которыми жизнь свела только потому, например, что вы вместе водите детей в одну «развивашку». В предыдущей главе, посвященной мифам о питании, я говорила о том, что являюсь противником детокса. Но вот информационный детокс советую устраивать регулярно. В конце концов, самое главное для себя вы не пропустите. Очень важно, чтобы в вашей голове были «свободные полки» для информации, действительно необходимой. И вот еще что — насмотревшись красивых картинок чужой жизни, иногда так легко подхватить вирус зависти, которая, даже будучи кокетливо названной «белой», все равно имеет свойство здорово отравлять наше существование. Или же впасть в депрессию, отрицая на фоне таких красивых, таких успешных, таких замечательно отфотошопленных людей все свои достижения и возможности их совершить. Я знаю, о чем говорю. Многие, очень многие мои пациентки переживали такую ситуацию.

История пациента

«Вплотную решила заняться собой, подписалась на разные полезные аккаунты: фитнес, ЗОЖ, ПП. В итоге листаю ленту, там сплошь стройняшки, причем не просто красивые и с классными фигурами, но еще и умные, с тысячами подписчиков, с интересной жизнью. А я что? Толстая, не очень красивая, уже не юная, с обычной работой. Чувствую себя иногда просто уродом, недостойным ничего хорошего. Думала, меня эти подписки будут стимулировать, но я уже понимаю, что такой, как все эти девушки, мне не стать».

Подобные истории я слышу от пациенток регулярно, увы. И каждый раз твердо отвечаю: «Да, это правда, такой как они, тебе не стать». Просто потому, что ты — это ты. Есть смысл сравнивать себя только с собой вчерашней и мечтать исключительно о себе завтрашней. Не замыливайте свежий и оптимистичный взгляд на свою жизнь, рассматривая ее через призму чужого опыта и успехов. Занимайтесь собой, интересуйтесь собой в первую очередь — только искренне! Пусть ваш правильный завтрак вам будет интереснее, чем свадьба какой-нибудь звезды или развод соседки.

Знаете, есть такая хорошая техника, которую я «подсмотрела» у одного своего пациента, очень успешного предпринимателя. Он как-то рассказывал принцип, по которому принимает решения. Нужно всегда держать в голове цель, а перед тем, как что-то предпринять, спросить себя: «Меня это приближает или отдаляет?» Вот и вся стратегия. У него работает, у меня работает, почему бы вам не попробовать задать себе этот вопрос, когда что-то мешает поступить правильно? К тонкой талии, например, вас это замечательное, напичканное углеводами, жирами и «плохим» холестерином пирожное приближает или отдаляет?

Еще один «пунктик», связанный с чистотой, — отношения. Сейчас не только «про любовь», а вообще об этой стороне человеческой жизни. Можно писать практически бесконечно, но постараюсь более-менее кратко обозначить аспекты, которые считаю наиболее важными в нашей с вами истории.

Первое, на чем хочу заострить внимание, — как и продукты, отношения бывают «вредными», а иногда и просто опасными для психики и здоровья. Без всяких кавычек. И если не брать, к счастью, редкие в моей практике случаи, где можно было говорить о самом настоящем семейном насилии, то вот историй, как девчонки прекращали 15-летнюю дружбу, тянувшуюся с институтской скамьи, хоть отбавляй. Просто потому, что она была основана на еженедельном распитии «винишка» с перемыванием костей всем знакомым. А как только мы исключали в целях похудения такой формат встреч, выяснялось, что альтернативу искать не интересно никому из участников.

Приходилось мне быть и свидетелем краха «настоящей женской дружбы», когда до моих пациенток доходило, что вторая сторона держит их за «страшненькую подружку», попутно оттачивая свое неумное и злое чувство юмора. Слушайте себя! Вам не нужны отношения, в которых вы чувствуете себя глупо, неуютно, неуверенно и «хуже»! И если дорогая подруга, с которой вы 20 лет назад один горшок в детском саду делили, не обуздает свой язык, не перестанет самоутверждаться за ваш счет даже после того, как вы об этом попросите, — не подруга это вовсе.

Отношения с мужчинами. Ооооо... Сколько уже написано, а сколько еще предстоит написать, и все об одном и том же, и все это мы уже проходили, как и тысячи поколений женщин до нас, но каждая предпочитает выделывать свои оригинальные па на этих граблях. Ага, и я тоже! Я не психолог и, упаси боже, не лезу в личную жизнь своих пациентов и подписчиков. Но мне всегда безумно обидно за приходящих на консультацию женщин, которые рассказывают, что поправились после родов, а муж теперь стесняется ехать с ними на море, или, наоборот, хотят похудеть, но дома ни понимания, ни поддержки, зато «остроумных» шуточек хоть отбавляй. Или же когда приходит девушка с размером «М» и мотивацией: «Мой парень мне говорит, что я жирная и неженственная». Пожалуйста, цените себя такую, какая вы сейчас, в данную минуту, когда читаете эту книгу. Я не могу за вас решать. И даже советовать не берусь, тем более заочно, как решить те или иные проблемы в отношениях, и есть ли они вообще. А то, может, это не «он козел», а ваши гормоны шалят.

Но пусть ваши отношения с мужчиной будут чисты. Если вам больно от того, что он делает, — говорите с ним, а не с подругами в первую очередь. Если его поддержка дает вам крылья — тоже говорите и не скупитесь на похвалу. Мне очень, очень повезло с мужем, повезло встретить свою любовь в юности, избежав боли и множества разочарований. Но и у нас бывают «плохие» дни. Спасение одно — искренность. Садимся, разговариваем по душам: лучше сразу обсудить проблему, чем копить обиды и непонимание. Чтобы никаких черных туч на горизонте, грозящих вот-вот пролиться дождем в объеме «трехмесячной нормы осадков», а только чистое-чистое небо над головой.

Если действительно «не то», не тратьте зря свое и чужое время. И уж точно не цепляйтесь за отношения, в которых вам по большей части плохо. За конкретикой, пожалуйста, к психологу, который специализируется на межличностных отношениях. В обращении к нему нет ничего стыдного — вы же не стесняетесь идти лечить зубы к стоматологу? Вот и с этими вопросами — тоже к профессионалу.

И, наконец, чистота в бытовом понимании. Про правила гигиены рассуждать не буду, мы все здесь взрослые девочки, но вот про «завалы» хочу поговорить. Мне думается, что взаимосвязь красоты, здоровья и душевной гармонии с банальной чистотой в вашем доме (и на рабочем месте тоже!) нельзя отрицать. Просто потому, что это все — об отношении к себе. Женщина, которая себя любит, ни за что не будет переступать через завалы обуви в прихожей, не ляжет спать, не смыв косметику, не будет годами смотреть на оторванный уголок обоев... Сейчас, сразу же, дочитав главу, пойдет и выбросит весь «мусор» из холодильника и помоет посуду. С легким сердцем раздаст нуждающимся лишние вещи, которые только загромождают пространство. Заведет в кабинете орхидею и симпатичную кружку, в которой будет заваривать не «капучино» из пакетика, а ароматный травяной чай. Улучшит вокруг себя то, что в силах улучшить, и увидит, как меняется в лучшую сторону ее жизнь и она сама.

Глава 23

Фокус на еду. В праздники и в будни. Прекращаем «зажоры», выявляем и боремся с психологическими аспектами пищевой зависимости

Переедание — вычислить и обезвредить

Что такое еда? Такой простой вопрос, но такие разные ответы у моих пациентов. Спросите себя, что значит для вас еда. Проанализируйте, вы едите или переедаете?

Всегда ли можете вовремя остановиться? Помните, что во многих ситуациях — и в вашей тоже — принятие проблемы становится первым шагом к ее решению. Признаете, что переедаете, — значит, есть шанс себя контролировать. Многие мои пациенты именно с помощью самодисциплины весьма успешно встали на путь стройности, ну а дальнейшее было, как говорится, делом техники.

Признаки того, что вы переедаете

Если на вопрос о переедании вы однозначно ответить не можете, то вот вам шпаргалка, которая поможет понять разницу между нормальным здоровым голодом и аппетитом, ведущим к перееданию.

- Еда дарит приятные вкусовые ощущения на протяжении всего приема пищи, а аппетит притупляет вкус блюд. Вы просто «набиваете» желудок.
- Еда дает силы и способствует преодолению стрессов, а переедание лишь притупляет, «затушевывает» стресс и включает аварийные системы организма, расшатывая нервы.
- Еда удовлетворяет высокую потребность в глюкозе во время интеллектуальной деятельности, а безудержное поедание сладостей и снеков перед компьютером или телевизором характеризует переедание.
- Еда в компании лишь отвлекает от беседы, а аппетит заменяет беседу, являясь средством общения.
- Еда тонизирует организм, давая энергию для ума и тела, а переедание приносит тяжесть, сонливость, физический дискомфорт, недовольство собой, депрессивное состояние.
- В отношении работы еда служит средством зарядиться энергией для активной деятельности, а аппетит – средством от нее отвлечься. Например, некоторые хозяйки до того не хотят мыть полы и посуду на кухне, неважно по какой причине, что оттягивают этот момент всякими «ой, обедать уже пора» и «еще чайку кружечку и начну».

- Еда приятна на вкус и дарит удовольствие, а переедание вызывает чувство вины и снижает самооценку.
- Мысль о вреде, допустим, шоколадки для фигуры и здоровья сопровождается исчезновением желания эту шоколадку съесть, а аппетит приходит с мыслями: «Ну и ладно, пусть будет еще хуже», или: «Сегодня наемся, а завтра начну новую жизнь».
- Еда в кругу семьи объединяет семью, а аппетит снижает внутрисемейное напряжение, но проблем не решает.
- Чревоугодию вы предаетесь в основном «втихаря», чтоб никто не узнал о вашем «смертном грехе». И опять замкнутый цикл: переедание — стыд — чувство вины — надо ее заесть — переедание.

Ну как, узнали себе в каких-то пунктах? Ах, во всех? Что же делать? Не волнуйтесь, диагноз поставлен, будем с этим работать. Главное, что вы должны постоянно держать у себя в голове: вы едите, чтобы жить, а переедание сокращает жизнь.

Теперь внимание! Если какой-то из пунктов вам «не подошел», даже вызывал раздражение, отторжение или другие негативные эмоции, о чем это говорит? Правильно, самые догадливые читатели уже поняли, что это явление сопротивления. Как первая реакция на горячее — скорее отдернуть руку.

История пациента

Для одной моей пациентки ежевечерние ужины, на которые по традиции собирались все члены семейства (опоздать или пропустить можно только по очень уважительной причине, да-да, вот такие нравы), были не возможностью восполнить запасы энергии за приятным общением с родными людьми, а имитацией здоровых отношений внутри семьи, способом скрыть от самих себя, что есть проблемы, которые необходимо решать. Разнообразная, вкусная и обильная еда позволяла иметь гарантированную тему для бесед, механическое пережевывание пищи создавало иллюзию стабильности и благополучия в этой отдельно взятой ячейке общества.

Традиционно больше всего пациентов обращается ко мне осенью и весной. Оно и понятно: в первом случае все вернулись из отпусков, вошли в рабочий режим и готовы «трудиться», а не «отдыхать», что автоматически подразумевает для многих безудержное потребление «вкусненького», а весной чувствуется неотвратимость наступления курортного сезона. При этом сразу после новогодних праздников, когда, казалось бы, сама жизнь стимулирует начать все «с чистого листа», пациентов меньше. Я долго думала почему, а потом выяснила: остановиться чревоугодничать сложно.

Настроение на нуле, недовольство собой, чувство вины, бессилие – какой уж тут зал и диетолог. Обычно человек закутывается в этот депрессивный кокон и тоскливо ждет весны, мол, потеплеет и тогдаааа... И 28 февраля продолжает есть так, как ел все зимние праздники: сытно, с обилием жареного-копченого-сладкого... Ест и не может «слезть» с этого пищевого наркотика.

14 шагов борьбы с праздничным перееданием

1. **Забудьте о разгрузочных днях** на кефире, яблоках или гречке. Воспринимаете ли вы это как благо для себя («О, похудею!») или как наказание («Так мне, обжоре, и надо»), толку от разгрузок мало. После них обязательно последует очередной срыв. Я уж молчу про проблемы с желудком, которые вас ждут после «яблококефира».

2. **Голодание тоже не выход**. Это целая наука, которая требует соблюдения определенных правил и грамотного сопровождения. Вы добьетесь только замедления обмена веществ, голодных обмороков и последующего срыва.

3. Третий, а на самом деле первый шаг, если вы меня послушаете, – **начнем с водного режима**. Нужно пить простую воду, в количестве большем, чем стакан в день. Интересный факт: часто встречаются пациенты, которые могут выпить спокойно две бутылки шампанского за вечер, а литр воды для них большая проблема. Рассчитать объем просто: 30 мл воды на один килограмм вашего идеального веса. Литр за раз пить не нужно, распределяйте в течение дня с уменьшением к вечеру.

4. Если вы знакомы с правильным питанием, то **начинайте** просто **питаться в прежнем режиме**.

5. Уберите майонезные салаты, выпечку, сладости, сложносочиненные блюда. Вместо этого **выбирайте простые блюда простого состава**. Если салат, то зелень, овощи, заправленные нерафинированным маслом; если мясо, то запеченное или вареное без лишних компонентов и соусов.

6. На некоторое время **сделайте упор на белковые продукты** (среднежирные и маложирные сорта рыбы и мяса, морепродукты, творог, яйца) **и клетчатку** (овощи).

Минимизируйте простые углеводы, отдавая предпочтение сложным.

7. **Некоторое время не употребляйте алкоголь**. Любой. Для большинства, как выясняется, это реальная проблема. Но чтобы восстановиться после праздников, постарайтесь, хотя бы несколько недель обойтись без алкоголя.

8. **Отпустите себя на свободу.** Скорее всего, вы находитесь сейчас в напряженном психологическом состоянии, в котором, с одной стороны, думаете, что надо худеть, и ненавидите себя за срыв, с другой — не можете остановиться. А для такой остановки очень важно перестать «худеть». Пока вы себя накручиваете, никакого толку не будет, продолжите бегать по тому же замкнутому кругу. Надо себя отпустить, снять напряжение. Представьте, что вы не худеете, а оздоровляете свой организм, и что у вас впереди огромное количество времени. Расслабьтесь, во время приступов дурных мыслей о фигуре

и ненависти к себе начните медленно дышать под релаксирующую музыку.

9. **Найдите себе увлекательное занятие**, которое требовало бы от вас много сил и внимания, изучите что-нибудь новое. Например, если вы хотели выучить английский язык, сейчас самое время для этого. Этот способ называется переключением, отмахиваться от него нельзя, нужно обязательно применить.

10. **Следите за тем, чтобы получать достаточное количество калорий**. Точно нельзя питаться менее чем на 1200 килокалорий в день или на 1500 при занятиях фитнесом (минимальное количество!).

11. **Выберите на будущее самый комфортный** (и морально, и физически) **способ похудения**, при котором вы не будете себя чувствовать голодной и злой.

12. **Вводите изменения в режим питания очень медленно**. Все новое входит в привычку только через 21 день применения. Если сразу ввести несколько правил, организм запутается и воспримет это как новый стресс. Помните: мы отпускаем себя и не худеем, а оздоровляемся, и на все это у нас много времени. Поэтому все делаем спокойно, медленно и плавно.

Например, сегодня вы решили, что будете каждый день есть кисломолочные продукты. Далее дайте себе и своему организму время, чтобы определить, какие именно продукты вам по душе, сколько раз в день и в какое время вы предпочитаете их есть, чтобы это было не только полезно, но и приятно, покупать их или делать самой, каким образом готовить, какую степень жирности выбрать... Казалось бы, все просто, но на деле все требует внимания и времени. Как только вы почувствуете, что уже перестали думать над этим вопросом, а все решается как бы само собой, привычно, вот тогда можно переходить к выполнению следующего правила.

13. **Выйдите из того, во что вы себя замкнули** (четыре стены, любовная тоска, проблемы с родителями или друзьями). Зажор может возникать как результат нерешенных проблем в жизни. Вы по привычке заедаете тоску. Пока не сделаете хоть какие-то шаги для преодоления, все будет идти, как шло раньше: вы будете есть, а ком горестей — накапливаться. Старайтесь не рефлексировать, а совершать конкретные действия. Например, разорвать отношения с подругой, которая «ест» ваши нервы, разъехаться с родителями, выйти в клуб, чтоб найти новую любовь, записаться на постоянные курсы, чтобы выходить из дому.

Переход к ПП — терпение и труд

Любой резкий переход к непривычной пище отражается на самочувствии человека.

Ведь известно, что организм на новые, необычные пищевые продукты должен поставлять и специфичные ферменты, которых у него почти нет. В желудочно-кишечном тракте должна развиться другая микрофлора. Перестраиваются кишечная, гормональная системы, меняются вкусовые привычки и потребность в пище. Должна произойти перестройка всего организма, что отражается не только на его физиологии, но и на психике человека. Естественно, этот процесс растянут во времени. К тому же многие системы имеют большую инертность, поэтому надо знать и уважать физиологические механизмы, лежащие в основе этих процессов.

Именно по этой причине умерли, не приспособившись к новой пище, многие из первых переселенцев в Америку из Испании, что хорошо показано в фильме «Христофор Колумб». Это только один из известных истории примеров.

В вашем случае все не так плохо, даже наоборот, но вы все равно должны учесть, что при переходе на правильное питание с нашего обычного, «извращенного» наблюдается целый ряд перестроек в органах и системах, которые могут проявляться в виде болезненных кризисов: сыпь на лице, запоры, плохое самочувствие, головная боль, изжога...

Кризисы неизбежны, но они лишь указывают, что вы на правильном пути, после них вы поднимаетесь на новый уровень здоровья. Как показала практика, ферментные системы желудочно-кишечного тракта на новую пищу перестраиваются от трех до 12 месяцев. То же самое происходит и с микрофлорой кишечника. Кишечная гормональная система обладает большой инертностью, ей для полной перестройки необходимы 6–12 месяцев. Изменение вкусовых привычек, поведения и психики человека требует еще более продолжительного времени – одного-двух лет. Примерно за три года все эти механизмы входят в нужную силу и прекрасно работают.

Почему так долго? А как вы хотели?! Организм годами накапливал токсины, ароматизаторы, красители, шлаки от «мусорной» пищи, и он привык жить именно так, ему хорошо и комфортно. И вот в один прекрасный день хозяйка этого организма решила, что хочет быть здоровой и выглядеть красиво в купальнике, резко изменила стиль и образ жизни, убрала весь мусор и шлак. Ферментная система не готова, кишечник не готов, а мозг и подавно: в организме начинается «гражданская война». Все системы и органы сопротивляются «новому порядку», пытаются восстановить свой привычный режим... Тут происходит либо срыв, либо, если человек нацелен на результат, продолжает питаться правильно, перестраивать свои мысли, образ жизни, со временем организм «понимает», что ему, на самом деле, так намного легче функционировать... Поэтому, мои хорошие, пусть вас не пугают проблемы, появляющиеся при переходе на правильное питание. Это все временно, поверьте мне! Не сходите с пути, будьте стойкими и непреклонными, и все у вас получится!

Дефицит калорий

Одной из главных ошибок всех худеющих является неправильное понимание термина «дефицит калорий». Все мои пациенты, имеющие тот или иной опыт «похудения» и, рано или поздно, пришедшие к плато, однозначно не разобрались с этим термином. И все однозначно сидели на низкокалорийных диетах.

На практике дефицит калорий прекрасно работает — в начале. Конечно же! Ведь баланс сильно нарушен, тело расходует намного больше, чем получает. Но в этом и состоит вся ирония судьбы: тело быстро адаптируется к количеству потребляемой пищи, снижая уровень обмена веществ и уменьшая, тем самым, расход калорий.

Фатальный недостаток всех, абсолютно всех диет заключается в том, что этот самый дефицит калорий слишком велик. Поэтому я всегда говорю своим пациентам: чтобы худеть, нужно есть! Здоровую еду, много, правильно, сбалансировано, без жестких рамок и запретов, с дефицитом. Да, с дефицитом, но этот дефицит должен быть совсем небольшой: не на 600, не на 700 ккал; в среднем на 200–300, не более.

А когда человек ест-ест несколько месяцев свои 800 ккал (при основном обмене, скажем, в 1200 ккал), вес однажды останавливается.

По его логике нужно снижать калораж еще и еще, а меньше-то некуда... Замкнутый круг. Человек не понимает, что с ним происходит, в итоге бросает все к чертям, и быстро возвращается к тому, от чего ушел. В этом случае, чтобы худеть дальше, необходимо увеличивать калораж, а не снижать его. Плавно, постепенно...

Запомните!

- ✓ Дефицит не может быть более 20% от вашего суточного энергопотребления. Никогда! Минус 20% — это максимум.
- ✓ Никогда не гонитесь за быстрым результатом.
- ✓ Избегайте низкокалорийных диет, монодиет, безуглеводных, безжировых, «кремлевок» и т. д.
- ✓ Увеличивайте расход калорий не за счет сокращения еды, а за счет увеличения физической активности.

Как не сорваться?

Срыв — всегда следствие запрета. Нет запрета — нечего «срывать». Скажите «нет» жестким диетам, голоданию или чрезмерным ограничениям. Ваш организм больше всего страшится повторения периода, в котором ему не хватало питательных веществ. Это время было воспринято телом как очень тяжелое, стрессовое, причем вашему подсознанию оно также не понравилось. Отсюда проистекают повторные срывы. Если вы хотите худеть дальше, нужно однозначно поставить под запрет любые жесткие методы.

В общей практике срывом принято считать неумеренное, безудержное поглощение того, в чем себе долгое время отказывали. Почему так происходит? Если организм долго не получает того, к чему привык, чего желает, чего ему «хочется», то в определенный момент «планку сорвет», и он начнет добирать все, чего был лишен.

Происходит это в тот момент, когда организм понимает, что применяемые к нему меры временные, когда «лишения» он воспринимает как насилие. Например, люди, привыкшие есть мясо, но решившие соблюдать пост, довольно часто срываются, так как не выдерживают ограничений. В то же время вегетарианцы, которые сделали отсутствие мясной пищи образом жизни, не срываются, потому что, когда меняется образ жизни, понятие срыва устраняется само по себе.

Не хотите срывов — не насилуйте свой организм. Если он хочет торт, дайте ему кусочек утром (с утра больше и не влезет), а не лопайте после двухнедельной диеты целый торт, с последующими рвотными позывами. Кстати, именно запреты и диеты провоцируют такую опасную болезнь, как булимия.

Как только организм понимает, что питание остается стабильным, он начинает перестраиваться, срывов становится меньше. Одним словом, процесс похудения должен быть не ориентированным на результат в виде заветных цифр, а постоянным, навсегда. Выбирайте для себя оптимальную систему питания, которая не будет вас изнурять и которой вы сможете следовать всю жизнь.

!

А не с мыслью: «Вот похудею.... И буду есть, сколько хочу!» У нашего организма другое мнение на этот счет.

И в завершение этого раздела самое последнее и, казалось бы, нелепое: позвольте себе эти срывы, но не доводя до уровня срыва. Пусть это будут отступления. Как только мы перестаем себя корить, ругать и ненавидеть, а допускаем и разрешаем себе поесть вредное и чуточку больше, но помня об осознанности и живя в системе, наш организм на следующий день начинает сам контролировать себя — и вы с удивлением обнаружите, что после зажора как-то легче разгружаться!

Отступления — это осознанные поблажки, за которые вы несете ответственность, так же как и за поддержание системы. Это разрешение себе чуть отойти от правила в пользу удовольствия, но удовольствия умеренного и разумного, в радость, без чувства вины. Лучше сознательно разрешить себе отступление, не теряя контроля над собой и не доводя до «злоупотреблений». Тогда вы легко сегодня же растрясете все лишнее в процессе прогулки (игры, в спортзале, сексе, танцах). Подумайте, ведь это гораздо экологичнее, чем запрещать, срываться и есть без остановки, уничтожая все достигнутые результаты, нанося вред организму и психике, находясь потом в стрессе и мучаясь чувством вины.

Ну а теперь предлагаю еще углубиться в психологию!

Психологические аспекты пищевой зависимости

Знаете, как это бывает, когда человек, увлекшись рассказом, вдруг забалтывается и выдает что-то, что скрывал, возможно, и от себя. Так случилось с одной моей пациенткой. Она приходила ко мне на прием уже не в первый раз, но промежуточные результаты не радовали ни меня, ни ее саму. Мы быстро вырулили на правильное меню, сформированное в соответствии со вкусами и потребностями, все было идеально сбалансировано, но объемы практически стояли на месте.

Так бы мне и гадать на кофейной гуще, в чем дело, но однажды моя пациентка призналась: ей сложно соблюдать режим питания, и даже если она, вроде бы, наелась, что-то внутри не дает испытать чувство удовлетворения, хочется чего-то еще, непонятно чего, но хочется. То ли шоколадку, то ли копченую рыбу, то ли клубнику... Нет-нет, моя пациентка не была беременна. Ей хватало калорий, витаминов, микроэлементов. Не хватало... любви. Положительных эмоций. Внимания, заботы, в конце концов, секса.

Давайте разберемся, почему так велик риск незаметно для себя начать замещать недополученные радости едой.

Какова любовь на вкус?

- *«Кушай пирожок, бабушка старалась, для тебя пекла!»*
- *«Мамочка, вот, купила тебе конфетки, как ты любишь!»*
- *«Любимый, я тебе сегодня такой фантастический ужин приготовила!»*

Знакомо? Зачастую еда выступает, в первую очередь, как источник удовольствия, а не как источник получения необходимой энергии для функционирования организма. С самого рождения, когда младенец, что называется, «висит» на материнской груди не только, когда голоден. И потом, в сознательном возрасте. Ведь следующие пословицы придумали не несмышленые крохи.

Без блина — не масленица, без пирога — не именины.
Без обеда не красна беседа.
Выпей чайку — забудешь тоску.

Мы привыкаем выражать свои эмоции с помощью еды. Или ее отсутствия, как некоторые рассерженные жены, оставляющие провинившихся мужей без ужина: «Накосячил — вот пусть что в холодильнике найдет, то и ест».

Ну признайтесь, использовали хоть раз такой способ выразить свое недовольство и обиду? Нашкодившее чадо лишают сладостей, за хорошее поведение в кабинете врача, наоборот, награждают мороженым...

Раз за разом наш мозг запоминает ощущения, которые получает от конкретной еды. Радость, комфорт, расслабление... Запоминает и строит хитроумную ловушку сам себе: ведь потом, испытывая потребность в схожих ощущениях, ее можно будет удовлетворить только той же самой едой.

Нет, конечно, пирожок пирожку рознь, но слишком много я видела уставших и грустных, с кучей навалившихся проблем взрослых мальчиков и девочек, для которых огромным, хоть и до обидного кратковременным облегчением была именно еда, которая возвращала их в беззаботное детство, даря не столько сытость, сколько душевный покой... Но ведь реальная ситуация не меняется. А организм, уже зная самый простой способ получить желаемые ощущения, начинает требовать еды, еще и еще. Тем самым формируя самую настоящую зависимость, подобно той, которую испытывают наркоманы, курильщики и игроманы.

История пациента

В детстве Вероника была слабой болезненной девочкой. Она с родителями жила на Севере, где с фруктами-овощами в советские годы было не очень-то. Со всем остальным, признаться, тоже, но зато папа доставал ей икру, бутерброды с которой маленькая Ника ела каждое утро. Сегодня эта уже выросшая девочка рассказывает, что когда «что-то нет настроения», то есть в ПМС, который плавно перетекает в сдачу отчетности на работе, а потом продолжается еще каким-нибудь напрягом личного характера, она утешает себя баночкой икры. Полбаночки — раз, полбаночки два — и так чуть ли не полмесяца. Странно, да, откуда отеки и лишние килограммы, ведь и икра вроде полезна, и к сладкому относится без фанатизма?

Сладости жизни, или «Боря, брось булку!»

Если честно, случай с икрой-антидепрессантом я наблюдала тогда впервые. Гораздо чаще почетную миссию добавлять в жизнь радости исполняет сладкое: шоколад и разнообразная выпечка. В первом случае речь идет о попытке таким образом получить удовольствие, ощутить любовь и восполнить энергию, а вот плюшки да пироги — это ощущение безопасности. Одна из базовых потребностей человека, которую многим проще всего, к сожалению, реализовать именно так.

Вы ведь понимаете, что все вышеописанное не имеет с голодом ничего общего? И даже история с котом, который прославился на YouTube благодаря ролику, где не желал расстаться с булкой, перестает быть такой уж смешной, когда выясняется, что еще недавно он болтался по холодным улицам, спал где придется и рисковал погибнуть каждый час. Безопасность — вот к чему стремится все живое. Но у вас ведь сознательности больше, чем у кота, и вы уже читаете эту книгу. Так что булки в сторону и проверяем, не грозит ли нам опасность.

А вы пройдете проверку?

Вычислить, есть ли у вас зависимость от еды, очень просто. Достаточно задать себе простые вопросы.

- Есть ли продукт, который вы готовы съесть всегда, независимо от того, голодны вы на тот момент или нет?
- Помогает ли вам еда справиться с переживаниями?
- Можете ли вы жить без сладкого?
- Как часто вы задумываетесь, что бы такого приготовить и каких бы продуктов прикупить?
- Портит ли вам настроение пустота в холодильнике? Или вы всегда стремитесь его забить под завязку?
- Отправляясь куда-то, волнуетесь, успеете ли вернуться домой к следующему приему пищи и, если нет, волнуетесь, где и что будете есть?
- Даже поужинав, вы все равно встаете ночью к холодильнику?

ВНИМАНИЕ! Вы в опасности, если ответили «Да» хотя бы на один вопрос. И это актуально, даже если сейчас ваш вес в пределах нормы.

«О, да, еда!»

Зависимость от еды — это привычка, ведущая ваш организм к разрушению. Запомните это, пожалуйста.

Почему возникает зависимость? На это могут повлиять несколько факторов, которые мы рассмотрим ниже. Присутствуя вместе или по отдельности, в разных сочетаниях, выраженные в большей или меньшей степени, в разных сочетаниях, они, так или иначе, оказывают свое пагубное влияние, формируя у вас привычку есть, вместо того чтобы думать, анализировать, чувствовать, двигаться — одним словом, вместо того, чтобы жить.

Нелюбовь

Человек, страдающий пищевой зависимостью, не умеет заботиться о себе и просто-напросто себя не любит. Он может, конечно, утверждать обратное. Доказывать и словом, и делом. Как полные женщины, надевающие леопардовые лосины, на тему которых не шутил только ленивый, и рассказывающие всем и каждому, что комплексов у них нет и они себя любят со всеми жирами вместе. На самом деле, проблема столь велика, что, кажется, проще о ней не задумываться. Забота здесь выражается в том, чтобы себя «побаловать вкусненьким» или «тряпочкой». И ничего, что «тряпочка» размерами напоминает развевающийся на башне Кремля флаг.

Что делать?

Как ни банально, совет может быть один. Постарайтесь себя полюбить. А для этого нужно себя узнать. Что вам нравится? Чем хотелось бы заниматься? Кем представляете себя через год? А через пять лет? Какое у вас тело? Как оно реагирует на массаж? Послушно ли двигаются ноги в такт музыке? К краске какого цвета тянетесь, когда перед вами чистый лист бумаги? Отвечайте на эти и сотни других вопросов, которые обязательно у вас возникнут, не в теории, а на практике. Курс массажа, танцевальный клуб, уроки музыки, мастер-классы по рукоделию... Да хоть бесплатно посмотрите ролики с рекомендациями визажистов на YouTube — вы точно знаете, какой макияж в этом сезоне не только модный, но и подходит именно вам?

Контроль на ноль

Большая проблема людей, страдающих пищевой зависимостью, — отсутствие границ. Вот прям когда «берегов не видно». Любить так любить, гулять так гулять, жрать так жрать. Такой человек в праздничный вечер, усаживаясь за стол, сразу предусмотрительно расстегивает не только пиджак, но и пуговицу на поясе, чтоб не давило. А если это девушка, она, скорее всего, наденет не платье по фигуре, даже если пока такой силуэт позволителен, а что-нибудь посвободнее в области талии: «Ну что я, не человек? Я же поесть хочу нормально, а не салат по тарелке размазывать. Праздник!»

Есть еще одна опасная штука — склонность к самообману. Проявляется не только в отношениях с едой, но и во многих других аспектах жизни. Не замечать сгущающихся над головой туч на работе, не видеть проблем в отношениях, до последнего считать, что «прокатит», «проскочу»... Не-а. Не прокатывает.

Что делать?

За вашу жизнь и за все в ней происходящее отвечаете только вы. И то, что вы делаете сегодня, определяет ваш завтрашний день. Да что там, гораздо более отдаленный период времени. Вот прямо сейчас читаете эту книгу — здорово, возможно, вы задумаетесь о том, что неплохо бы относиться к себе более внимательно, может, достанете кроссовки, купите новую форму, пойдете в зал... И, если не бросите через пару недель, будете себе очень благодарны. И через год, и много позже. Но в вашей же воле, перелистнув страницу, пойти к холодильнику. Там наверняка есть что-то вкусненькое. Колбаска. Тортик. Пивко... Все, что вы делаете, — ваша зона ответственности. Возможно, исходная позиция не самая лучшая, но у вас, тем не менее, есть возможность хорошо продвинуться вперед и существенно улучшить то, что дано природой и жизнью. Установите для себя границы. Хотя бы минимальные. Ложиться спать не позже 23:00. Не есть фастфуд ни при каких обстоятельствах. Два вечера в неделю проводить в спортзале. Встречаться с друзьями без алкоголя. Соблюдайте новые правила своей жизни и наблюдайте, как она начинается меняться. Контролируйте то, что с вами происходит. Не позволяйте себя «накормить», «напоить» и заставить что-то делать вопреки вашему плану.

«Я девочка, я не хочу ничего решать!»

Что у вас там дальше по тексту? Платьица, кружевные трусики, пироженки и... полное отсутствие ответственности за свою жизнь. Мальчики тоже хороши. Именно мальчики, будь им под пятьдесят, — ну а как можно считать взрослым мужчиной того, кто не думает о том, проснется ли он вообще завтра, давая отвратительной едой, курением и/или алкоголем непомерную нагрузку на свой организм. А у такого ведь часто есть жена, дети, ипотека... В общем, миллион поводов быть здоровым, но нет — наш «мальчик» только рад скинуть с себя ответственность в этой, кажущейся самой незначительной сфере жизни. И чаще всего попытки повлиять на него воспринимаются по-детски. Не как руководство к действию, а как еще одно подтверждение: «Меня пилят-тюкают за неправильное поведение, значит, ЛЮБЯТ!» Ну что поделать, раз с детства многие привыкли воспринимать контроль и указания от близких именно так. Мама же за двойки гоняла, потому что любит!

Что делать?

Давайте продолжим аналогию со школой, так понятнее будет. Помните это гордое «Я „пятерку“ получил?» и обиженное «Мне „двойку“ поставили». Но ведь обе оценки, если не брать везде существующие исключения, не иначе как результат определенных действий. Вот этого конкретного ученика, который, вырастая, не всегда отдает себе отчет, — за пределами школы оценки ставит жизнь, и это уже серьезно. Здесь невозможно списать у отличников или прогулять урок. Но есть и хорошая новость — понимание и принятие этого факта дает уверенность в собственных силах. Потрясающе чувствовать, что можешь сдвинуть горы с места и повернуть реки вспять на планете «Я». Меняете поведение уже сегодня — завтра меняется ваша жизнь. Только вы решаете, сделать ее плохой или хорошей, пресной или захватывающей. Чего вам больше хочется? Прислушайтесь!

«Спасательный круг»

Как ни парадоксально, но случается, что человек просто психологически не может отпустить лишний вес, сам о том не догадываясь. Он ругает себя последними словами, но еще ужаснее для него перспектива остаться без защитного «панциря» из жира, наедине с самим собой или окружающим миром. «Кто я такой, кому вообще интересен?», «Да я ничтожество», «В жизни не состоялась, ничего не добилась, зря только небо копчу», «Я хуже всех!», «Я не достойна, ничего не получится»: вы не поверите, но именно такие страшные мысли живут в головах многих пациентов. А так и не догадаетесь, ведь с виду это часто жизнерадостные, уверенные в себе люди, утверждающие, что «хорошего человека должно быть много». Они клянутся, что ничего не знают о комплексах, что любят себя какими есть, и на мнение окружающих им плевать. Но мало кто из них даже с помощью специалиста решается признаться, прежде всего самому себе, что предстать перед миром без защитной оболочки, роль которой выполняют лишние килограммы, попросту страшно. Ведь тогда придется давать ответ на множество вопросов, от которых ранее можно было отмахнуться, как от назойливой мухи в летний полдень.

Вообще, я заметила прямую связь между избыточным весом женщины и ее проблемными отношениями с партнером. Не во всех, но в очень многих случаях это ситуация, когда пациентка буквально растворяется в своей семье, забывая о себе, своих потребностях и желаниях, смотрит мужу «в рот» и худеть-то пришла только потому, что он заставил или «ради него». Умный организм интуитивно понимает, что это ненормальная ситуация, и старается возвести некий барьер между своей хозяйкой и другим человеком, оставить место для маневров.

Разумеется, единственным доступным способом, который, вероятно, считает самым безопасным.

Что делать?

Такая простая рекомендация — найти себя. И так бывает сложно сделать это, потому что для этого нужно, в первую очередь, следовать своим желаниям. А есть ли они? А какие? А точно ли этого хотите вы, а не ваше окружение и не маркетологи из глянца и Instagram? Каждый раз задавайте себе этот вопрос, прежде чем что-то сделать. Вы на самом деле мечтали съесть этот благоухающий «химической» котлетой гамбургер или на подкорку записан рекламный ролик, где за столом в заведении популярной сети общепита собирается веселая компания друзей? Правда-правда не можете заниматься спортом, потому что нет денег на карту в фитнес-клуб? Вам «шашечки» или ехать? Видела я и девушек, приходящих в зал, только чтобы побродить вокруг тренажеров с отрешенным видом, а в бассейне большую часть времени провести, плюхаясь у бортика и греясь в сауне, и молодых мамочек, отжимающихся от скамейки в парке, пока дитя спит в коляске. И плевать им было, как они в этот момент выглядят и чье внимание привлекают. Разрешите себе делать то, что вы хотите. Условие одно — хотеть этого по-настоящему. Так, чтоб аж искры летели при одной только мысли об этом. Почаще спрашивайте себя, чьей жизнью вы живете, и забудьте о чувстве вины, которое сопровождает каждую мысль о своих потребностях и желаниях.

В жизни радость одна

Эта проблема связана с предыдущими теснее, чем некоторые из нас со своими родственниками. Как, откуда, в какой момент появляется в голове установка, не позволяющая даже подумать, чтобы найти в жизни какое-то удовольствие кроме еды? И даже самый увлекательный голливудский фильм не мил без попкорна и колы, и в сложный день на работе настроение поддерживает чуть выше плитнуса только перспектива вкусно (читай, хорошо, плотно и, скорее всего, вредно) поесть и попить, и общение с друзьями не представляется возможным без зажевывания радости встречи. Каждый, кто узнал в таком человеке себя, легко продолжит список самостоятельно. Что бы ни происходило, есть только один вариант реально кайфануть, да простят меня мои читатели за сленг, — еда.

Что делать?

Привыкайте жить по-новому, иначе никак. Вы сами себе — и учитель, и двоечник, до того прогуливавший уроки, но теперь решивший во что бы то ни стало получать одни только «пятерки». Слабо бросить вызов самому себе? Про «пятерки» я, кстати, не просто так сказала. Начините себя перевоспитывать и формировать новую схему поведения с пяти каких-то приятных вещей в день. Что это может быть? Позвольте себе просто посидеть на скамье в парке, слушая пение птиц и разглядывая облака на небе. Ну-ка, что там в синеве плывет? Похоже на сердечко, на цветок или, скорее, на рожок мороженого? Ну и пусть себе плывет дальше. Что вы еще хотели, но не делали? Помните, раньше вы задавали себе эти вопросы. Так вот, пусть это будут лишние 15 минут у зеркала и красиво уложенные волосы, интересная книжка, которую вы хотя бы полчаса читаете в тишине, ни на что не отвлекаясь. Отправьтесь в выходной не в кафе поесть, а на урок танцев — когда-то же мечталось, что стоите на сцене в лучах софитов и купаетесь в аплодисментах. Кто знает, куда придете потом, если сделаете шаг в желанном направлении сегодня? Однозначно, к чему-то хорошему. Что бы вы ни делали, наслаждайтесь жизнью, каждой ее минутой. Смотрите на мир с любовью, ищите хорошее в любом моменте, сумейте найти возможность для роста в поражении и знайте: если дверь закрыта, всегда можно влезть в окно. Особенно если чуток похудеете.

Весомые люди

«Павловский вытер пот со лба кружевным платком размером панталон мадам Лапидус, имевшей вес на Молдаванке...» Вы как, прочувствовали весь смак этой фразы? Уже поняли, к чему я клоню? Иметь вес — значит, пользоваться признанием, влиянием, репутацией в обществе. Он большой человек! Хорошо-то как звучит! Не то что вот это вот уничижительное — мелкий человечишка. А что делать тем, кто внутри ощущает себя именно таким, а душа, обстоятельства и социум требуют демонстрировать свою ценность и значимость? Конечно, отчаянно «добирать» физическим весом, причем, скорее всего, даже анализировать ситуацию, а потом предпринимать какие-то действия не придется — хитрая психика все сделает за человека. Вот почему бывает, когда не чувствующая своей значимости в жизни супруга женщина толстеет буквально от воды, а почтенная с виду мать семейства, которую ни в грош не ставят собственные родители, до сих пор считая себя вправе указывать и распоряжаться, ищет спасение в холодильнике. По этой же причине частенько вместе с повышением набирают вес не ощущающие своей значимости и уважения подчиненных начальники и начальницы, и никакой корпоративный фитнес тут не поможет, хоть на планерках педали велотренажера крути. Ну и в целом, человек, не уважающий, не любящий себя таким, какой есть, имеет гораздо больше шансов прирасти лишними килограммами. Чтобы стать весомее хотя бы в своих глазах.

Что делать?

Заметили, что в какой-то из сфер вашей жизни провал и вы теряете уверенность? Будьте бдительны, это важный сигнал! И начните прокачивать любовь к себе, а не ягодичную мышцу! Отношения в семье — это не «Большие гонки», где вы за синих, а партнер за красных. Ради своего же счастья, комфорта и здоровья не меряйтесь с мужем, матерью или отцом, сестрами или братьями, кто круче, быстрее, выше, сильнее. Какой смысл соперничать за весомость с человеком, который, по идее, ваша защита и опора? Пусть имеет значимость его слово. Пусть бóльшим весом обладает его решение. Если вы внутри станете мягче, вашей психике не придется «смягчать» ваше «я» мягкими боками и уютным пухлым животиком. Та же самая рекомендация, если вы увидели корень проблем в отношениях с родителями. Прошу об одном: помните, вы — взрослый человек, и даже если где-то они были реально не правы, уже много лет как именно вы, а не кто-то другой, отвечаете за свою жизнь. В том числе за решение принять все как данность и работать с тем, что есть, осознать, что вы никогда не будете равны, хотя бы потому, что вы принадлежите к разным поколениям, а значит, и весовые категории у вас разные.

Да уйдите же вы с ринга! Хватит! Вас ждет еще много по-настоящему увлекательного. Открытие своего внутреннего мира, знакомство со своими истинными желаниями и потребностями, выстраивание границ и, вместе с тем, отпирание засовов, так долго прятавших от окружающих столь прекрасную, интересную и интересующуюся многим и многими личность — вас! Шаг за шагом, ступень за ступенью, к цели — не бойтесь, вот моя рука, я рядом!

Баланс калорий и распределение продуктов в течение дня

Баланс БЖУ: золотая пропорция

Теперь давайте поговорим о том, в каком соотношении нужно есть белки, жиры и углеводы.

Цель — жиросжигание, то есть похудение за счет жировой ткани. Для этого нужно определить, какое количество из дневной нормы калорий вы должны получать за счет белков, какое за счет жиров, и какое — за счет углеводов (так называемый баланс БЖУ).

> Существует некая золотая пропорция, если у вас активная жизнь или вы тренируетесь:
>
> ✓ 50% углеводов;
>
> ✓ 30% белков;
>
> ✓ 20% жиров.

> Обратите внимание, речь идет не о количестве потребленных нутриентов, а именно о количестве полученной от них энергии! В чем разница? В их энергетической ценности: 1 г жиров содержит 9,29 ккал; 1 г белков — 4,11 ккал; 1 г углеводов — 4,11 ккал.
>
> То есть каждый грамм жиров содержит вдвое больше калорий, чем белки и углеводы, что и следует иметь в виду при расчетах.

Это соотношение, выведенное чисто практически.

Например, если вы выбираете рацион 40/40/20, то можете почувствовать, что вам не хватает энергии для тренировок. Такая пропорция больше подходит для людей, ведущих инертный образ жизни. Если же вы сильно сокращаете количество белка, то можете почувствовать, что вам сильно хочется съесть что-нибудь мясное.

При снижении количества жиров до 10% вы можете чувствовать хронический голод и раздраженность. В общем, экспериментируйте, и вы рано или поздно вернетесь к пропорции 50/30/20, которая иногда может слегка изменяться в зависимости от ситуации и периода тренировок.

Придерживайтесь золотой пропорции и в зависимости от целей корректируйте ее, но не впадайте в крайности. Только оценив на практике ваши результаты и самочувствие, вы сможете определить вашу личную золотую пропорцию. Скорее всего, это будет 50/30/20, но с небольшими изменениями плюс минус 5–10%.

Как питаться в течение дня: правила и схемы

1. Питаемся не менее трех раз в день!

Основные приемы пищи: завтрак, обед, ужин. При пятиразовом питании добавляем два небольших перекуса.

Если вам некомфортно или противопоказано питаться пять раз в день, не заставляйте себя через силу. Любое насилие над собой чревато заболеваниями.

2. Первый прием пищи в первый час после пробуждения, последний — за три-четыре часа до сна, но не позднее 21:00.

3. Не забывайте про режим: отход ко сну в 22:00, подъем не позднее 7:00.

4. Распределение объема и калорийности пищи по приемам

- Завтрак — 25%
- Первый перекус — 15%
- Обед — 30%
- Второй перекус — 10%
- Ужин — 20%

Если вы питаетесь три раза в день, то самый объемный прием пищи — обед, чуть меньше — завтрак, ужин — самый скромный по объему. Но врагу мы его не отдадим!

5. Не объедайтесь. После приема пищи вы никогда не должны чувствовать тяжесть, но так же категорически вы не должны ощущать голод. Чувство насыщения приходит через 20 минут после приема пищи. После того, как поели, спросите себя: «Наелась ли я?»

6. Всегда перед планируемым приемом пищи пейте один-два стакана простой воды комнатной температуры, за 20 минут до еды. Никогда не запивайте еду.

7. Прием жидкости, любой, в том числе чистой воды, через 30 минут после еды.

Чай/кофе пьем за час до или через час после еды, можно с молоком (до 50 мл).

ИСКЛЮЧЕНИЕ — лечебное питание.

8. Каждый прием пищи должен включать в себя белки, жиры и углеводы.

Например, омлет с овощами (белок + жир из яиц и углеводы из овощей).

Распределение приемов пищи

Итак, к примеру при пятиразовом питании

Подъем в 7:00, отход ко сну 22:30–23:00. Представленный ниже шаблон вы можете подстроить под свой индивидуальный режим.

07:00 — пробуждение.
07:10 — стакан чистой воды.
07:30 — завтрак + витамины (если пьете).
10:30 — первый перекус, или ланч.
13:30 — обед.
16:30 — второй перекус.
19:30 — ужин. Это последний прием пищи.

Водный режим: 30 мл на килограмм идеальной массы тела (которую необходимо рассчитать самостоятельно по формуле Devine, приведенной в главе 10).

При трехразовом питании

Подъем в 7:00, отход ко сну 22:30–23:00. Представленный ниже шаблон вы можете подстроить под свой индивидуальный режим.

07:00 — пробуждение.
07:10 — стакан чистой воды.
07:30 — завтрак + витамины (если пьете).
13:30 — обед.
19:30 — ужин. Это последний прием пищи.

Водный режим — см. предыдущий пункт.

Основное распределение продуктов в течение дня. Цель — ПОХУДЕНИЕ

Углеводы

1. Сложные углеводы вы употребляете на завтрак и обед. К ним относятся: каши, любые цельнозерновые крупы (все крупы замачивать); макароны твердых сортов; хлебобулочные изделия (хлебцы); бобовые (все бобовые предварительно замачивать на ночь).

2. Простые углеводы в виде натуральных сиропов и пекмезов, мед, ВСЕ ВИДЫ САХАРОВ (кокосовый, нерафинированный тростниковый) употребляете до 12 часов.

3. Простые углеводы в виде фруктов, таких как банан, виноград, хурма, арбуз, дыня, употребляйте за завтраком (пациенты с инсулинорезистентностью и гипотиреозом, АИТ исключают из своего рациона фрукты с высоким ГИ).

4. Фрукты с низким гликемическим индексом (см. Приложение 2) и ягоды можно есть до 14–15 часов.

5. Сухофрукты употребляете на завтрак и первый перекус.

6. Овощи (любые некрахмалистые) употребляете в любой прием пищи. Овощей должно быть очень много в рационе. Овощи не учитываем в размере порции.

7. Овощи с высоким гликемическим индексом (тыква, картофель и свекла, морковь) едим последний раз на обед. Картофель – до двух раз в неделю, отварной в «мундире» или запеченный, порция не более 150 г.

Жиры и белки

1. Орехи употребляете до 15 часов.

2. Растительные масла и авокадо – без ограничений по времени.

3. Маслами заправляем ВСЕГДА обеденные и вечерние салаты или овощи (после приготовления, непосредственно перед употреблением), льняное – после завтрака.

4. Молочнокислую продукцию употребляете до 17–18 часов, включая использование в соусах, маринадах и начинках.

5. Белковую пищу (мясо/рыба/морепродукты) употребляем преимущественно на обед и ужин.

6. Льняное масло пить только после завтрака, а не натощак, одну столовую ложку при отсутствии противопоказаний.

7. Рыбий жир пить курсами по два-три месяца с перерывом между ними месяц. Принимать в жидком виде или в капсулах, после завтрака.

ВНИМАНИЕ! Если вы пьете таблетки натощак, старайтесь запивать большим количеством воды — минимум один стакан.

Для кормящих мамочек

Вам необходимо добавить дополнительные калории.

Распределение продуктов в течение дня и правила питания остаются такими же, но можно добавить один дополнительный прием пищи, например, второй ужин (тем более если кормите ночью).

Если нет чувства голода к ночному времени — для всех приемов пищи увеличить порции на 20%, плюс добавить ко второму перекусу фрукты с низким гликемическим индексом или ягоды.

Поддержание веса/беременность

Распределение продуктов в течение дня остается на ваше усмотрение, вам должно быть комфортно (питание пятиразовое или трехразовое). Правила питания остаются ПРЕЖНИМИ, но можно в полтора-два раза увеличить потребление фруктов с низким гликемическим индексом или ягод и незначительно увеличить количество сложных углеводов.

Глава 25

Еда и спорт

Кардиотренировки

Эффективность кардио в программах снижения веса неоспорима, хотя вокруг этого вида нагрузок множество споров и разногласий. Кто-то утверждает, что кардио эффективно натощак, кто-то доказывает обратное, для кого-то оптимально кардио после силовой, а кто-то делает его отдельной тренировкой. Спорить на эту тему бесполезно, потому что любой из вариантов имеет место быть, просто нужно четко понимать свои цели и знать, «когда» и «сколько» кардио требуется лично вам для достижения лучшего результата.

Затронем самую распространенную цель — снижение веса и снижение жирового компонента, или жиросжигание за счет тренировок. И здесь можно предложить несколько вариантов, как эффективно проводить кардио. В зависимости от варианта тренировки будут иметь разную продолжительность. Это объясняется следующим: для того, чтобы сжечь жир, нужно истощить запасы гликогена, находящегося в мышцах (быстрого топлива). Тогда организм начнет использовать жировые запасы как резервный источник энергии. Честно говоря, само по себе время проведения (не путать с продолжительностью) тренировки не является самым важным фактором снижения веса. Что действительно важно, так это ее наличие. У всех вариантов кардио свои плюсы и свои минусы. Выбирайте наиболее подходящий для себя и своего ритма жизни вариант — и вперед, на тренировку.

Первый вариант: кардио утром натощак

Продолжительность: 45–50 минут.

Почему это эффективно: после восьми-десяти часов сна количество гликогена снижено, организм с первых минут мобилизует жир и начинает тратить его в качестве основного источника энергии.

«Голодная» тренировка предполагает активность в то время, когда инсулин находится на низком «базовом» уровне и в организме не идут процессы пищеварения (инсулин препятствует разрушению жирных кислот).

Плюсы:

- вы сожжете больше жира непосредственно во время тренировки;
- получаете заряд бодрости на весь день;
- после тренировки уровень метаболизма остается повышенным на протяжении дня — посттренировочный эффект жиросжигания максимален;
- экономия сил и времени — не нужно искать время для тренировки в течение дня, достаточно встать утром на час раньше.

Минусы:

- некоторым людям действительно тяжело вставать утром раньше;
- подходит для подготовленных людей со стажем регулярных занятий; если после такой тренировки у вас весь день слабость, головокружение, плохое самочувствие и т. д. — данный вариант вам не подходит;
- данный вариант не подходит для ежедневных тренировок на постоянной основе;
- если проводить данную тренировку больше указанного времени, можно сжечь не только жир, но и мышцы;
- если человек имеет заболевания сердечно-сосудистой системы (даже самые незначительные) — такая тренировка противопоказана.

Второй вид кардио: кардио после силовой

Продолжительность: около 30 минут.

Тоже хороший вариант кардио с целью жиросжигания.

Плюсы:

- после интенсивной силовой тренировки запасы гликогена истощены, и организм мобилизует жир как источник энергии;
- если тренировка в первой половине дня, то после завершения вы получаете посттренировочный эффект жиросжигания (если вечером — вы вскоре ложитесь спать, и метаболизм замедляется).

Минусы:

- достаточно тяжело после интенсивной силовой (45–60 минут), делать 30-минутный забег;
- затратно по времени, для некоторых людей 45–60 минут силовой плюс 30 минут кардио — непозволительная роскошь;
- если тренировка вечерняя, вы вскоре ложитесь спать и метаболизм замедляется.

Резюме: такая тренировка идеальна в первой половине дня или в обед.

Третий вариант: кардиотренировка после завтрака, обеда, ужина

То есть выделение кардио в отдельную тренировку.
Продолжительность: 45–60 минут.

Плюсы:

- если тренировка утром, после завтрака (через 2,5–3 часа), то опять же заряд бодрости на весь день, повышение уровня метаболизма на весь день;
- не нужно вставать рано;
- подходит тем людям, которые категорически не могут переместить по времени завтрак (допустим, привыкли кушать в первый час после того, как проснулись; или чувствуют головокружение и слабость, тренируясь натощак).

Минусы:

- продолжительность (первые 25–30 минут истощаются запасы гликогена, последующие минуты тратятся на истощение жировых запасов);

- если это вечерняя тренировка, опять же, после того, как вы ляжете спать, метаболизм замедлится, и вы не сожжете дополнительных калорий;
- такой вариант подойдет далеко не всем из-за напряженного рабочего графика.

Питание до и после!

1. Если речь идет об **утреннем кардио натощак**, вы не должны воспринимать это указание буквально. Заниматься полностью натощак нет смысла, опять же, нужно помнить, что мышечная ткань — самая дефицитная.

Поэтому завтрак должен состоять из омлета: три-четыре яичных белка, немного молока, взбить, на антипригарной сковороде под крышкой приготовить омлет. Едим с кусочком цельнозернового хлебца (1 шт.). Через 40 минут идем на кардио, после кардио — второй завтрак через 40–60 минут в виде порции сложных углеводов и белка (без жиров).

2. Если **кардио после силовой**, то через 30–40 минут после тренировки едим белок плюс сложные углеводы.

3. Если это **вечернее кардио**, то сразу можно выпить изолят (если пьете) и идти домой, ложиться спать. Если не пьете (и правильно делаете), то через 30–40 минут — белковый омлет с некрахмалистыми овощами.

Какой вариант тренировок выбрать, решать только вам. Я повторюсь, все очень индивидуально, никогда не примеряйте чужие тренировки для себя. Нет универсального шаблона для всех. Пробуйте, экспериментируйте. Не забывайте, что все вышеперечисленное будет эффективным и принесет желаемый результат только в совокупности со сбалансированным рационом, адекватными силовыми тренировками и правильным режимом сна и отдыха.

Силовые тренировки и их роль в процессе жиросжигания

У многих девушек силовая тренировка (тренировка с отягощением) ассоциируется с неженственными формами, набором веса, огромными мышцами. Это заблуждение. На самом деле, силовые тренировки не менее важны, чем кардио, особенно для успешной борьбы с лишним жиром. Регулярные силовые занятия позволяют набрать мышечную массу за счет гипертрофии (увеличения) мышечного волокна. Увеличение мышечной массы ведет к ускорению метаболизма (так как мышечная ткань «требует» больше энергии, чем жировая!), а это позволяет сжигать больше калорий в состоянии покоя.

Уровень основного обмена веществ напрямую зависит от количества мышц. Чем больше мышц, тем меньше жира. Силовые тренировки – важный составной элемент жиросжигающей программы. Но сама по себе силовая тренировка не является наилучшим и единственным способом сжигания жира. Лучшим способом сжигания жира является комбинация силовых и кардио. Есть множество различных комбинаций. Но сейчас не об этом.

Если вы соблюдаете диету, делаете много кардио, но не делаете силовые тренировки, вы практически всегда теряете мышечную ткань. Если вы теряете мышцы, скорость вашего метаболизма снижается. Если скорость обмена веществ снижается, вы сжигаете меньше калорий. Единственный способ сохранить мышцы и поддерживать высокий обмен веществ – это регулярные силовые тренировки. Причем как для женщин, так и для мужчин.

Самая большая фобия и заблуждение, особенно у девушек: страх «перекачаться». Запомните: набор мышц возможен только в условиях избытка калорий, поэтому если вы едите меньше, чем тратите, то не сможете набрать большое количество мышечной массы. Ну и, во-вторых, девушкам (в силу нашего природного гормонального фона) нужно очень много и усердно тренироваться, чтоб «перекачаться». Если нет возможности ходить в фитнес-клуб или зал, занимайтесь с отягощениями дома. К слову, знаю очень многих девушек, которые «строят» свое тело в домашних условиях, причем довольно успешно, и это действительно во много раз лучше, чем ничего не делать. Запомните: силовые тренировки, равно как правильное питание и кардионагрузки, являются залогом эффективного и качественного снижения веса, а также жиросжигания.

Силовые тренировки и питание

Я много раз говорила, что правильное питание при тренировках – это чуть ли не 80% успеха в построении «тела мечты». Часто слышу: «Я не завтракаю до тренировки», «Я не ем после тренировки», «Почему я занимаюсь интенсивно, но не вижу результата?» Можно трудиться в поте лица, стараться нарастить мышцы или согнать вес/жир, но если в организм не поступает должное количество правильных питательных веществ, то все ваши старания напрасны. То, что мы едим «до» и «после» тренировки, отражается на результате, который мы в итоге получаем. Только адекватное питание вкупе с силовыми занятиями дадут вам результат, и вы увидите, как меняются ваше тело и ваши мышцы.

Питание перед тренировкой

Цели:

- уменьшение разрушения белков мышечной ткани;
- уменьшение истощения гликогена мышц;
- снижение уровня гормона распада (кортизола) после силовой нагрузки.

Исходя из целей, подбираем адекватное питание.

Углеводы перед тренировкой обеспечат вас должной энергией.

Белки будут использованы организмом как источники аминокислот для работающих мышц.

Жиры должны быть в минимуме, потому что жир в пище замедляет всасывание других питательных веществ. К тому же жирная пища дольше находится в желудке, может вызвать дискомфорт.

Прием пищи перед началом тренировки: не позднее чем за два часа (переполненный желудок будет мешать полноценной тренировке).

Количество съедаемой пищи: небольшое, как средний завтрак.

Питание перед тренировкой должно включать:

- белок – примерно 0,4–0,5 г на килограмм идеальной массы тела;
- углеводы – 0,4–0,5 г на килограмм идеальной массы (в основном сложные: овощи, каши, хлеб грубого помола, макароны из муки твердых сортов и т. д.).

Питание после тренировки

Через 30–60 мин.

Цели:

- повышение мышечного гликогена, который был исчерпан в ходе занятий;
- уменьшение распада белков мышечной ткани;
- увеличение синтеза мышечного белка;
- восстановление, снижение болезненности в мышцах;
- снижение уровня кортизола.

Исходя из целей, подбираем адекватное питание: также белок и углеводы, здесь возможно включение небольшого количества простых углеводов. Тем самым мы добиваемся подъема уровня инсулина — этот гормон обладает антикатаболическими свойствами.

Углеводы способствуют лучшему усвоению белка, а также используются для восполнения затраченной энергии. Если организм не получает достаточное их количество, то начинается разрушение мышечных тканей под влиянием катаболических процессов. Необходимое количество углеводов после тренировки составляет приблизительно 0,4–0,5 г на килограмм идеальной массы тела.

Если вы худеете, и это вечер, то вы должны ужинать белковой пищей с порцией некрахмалистых овощей. Углеводы в данном случае лучше исключить.

Белок. Здесь нужны быстрые источники белка (сывороточный или многокомпонентный протеин, яичные белки, нежирная рыба) в количестве 0,4–0,5 г на килограмм веса.

Следующий прием пищи должен быть сбалансированным и идти через два-четыре часа после послетренировочного.

Если это вечер, и вы худеете, то идеальный ужин после тренировки: белок + некрахмалистые овощи.

Но стоит помнить, что питание «до» и «после», равно как и тренировки, нужно подбирать «под себя»: каждый организм индивидуален, нужно учиться слушать свое тело, оно вам подскажет.

Глава 26

Мои лайфхаки красоты

Меня очень часто просят порекомендовать те или иные продукты для женской красоты и здоровья. Конечно, поделюсь своими «лайфхаками» на эту тему.

Итак, что можно съесть, чтобы...

1. Рыбий жир или жирная рыба несколько раз в неделю. Для чего? Читаем главу про жиры еще раз внимательно, раз возник такой вопрос. Покупаю рыбий жир в жидком виде на всем известном сайте, либо в капсулах фирмы «Now Foods». Обычно очень качественный рыбий жир в магазинах спортивного питания.

2. Льняное масло (жидкое или в капсулах) или льняное семя (в кашу, например, лучше всего молотое).

3. Любые орехи или семена. Конечно же, не жареные, а сырые. В количестве «ладошка» в день, примерно 20–30 г.

4. Авокадо. Количество – полштуки в день. Самый «жирный» овощ/фрукт/ягода (до сих пор не определились, куда отнести авокадо). Можно использовать в салаты или просто на хлеб/хлебец. Жиры растительные — как раз то, что нам нужно.

5. Масла нерафинированные, различные. Не забывайте о подсолнечном (сыродавленное), а то мода нынче такая, что все пользуются только маслом вечерней примулы или маслом оливы. Шучу, конечно. Используйте, как заправку в салаты.

6. Творог. Обезжиренный не едим, выбираем жирность от двух до пяти процентов.

7. Кстати, замена творога и, одновременно, суточная норма кальция — в столовой ложке **кунжута**. Только нужно выбирать не кондитерский, а «дикий»: неочищенный, не шлифованный, лучше черный. Это отличный источник биодоступного кальция для здоровья костей, красивых волос и крепких ногтей.

Натуральные добавки и БАДы

Помимо здоровой еды, о которой я все время говорю, существуют некоторые необходимые компоненты для женского здоровья.

1. Омега-3 — для предотвращения накопления жира, профилактики развития тромбозов, атоespecially склероза и ишемических процессов, снижения риска развития опухолей, для нормальной работы мозга и зрения.

2. Льняное масло для нормализации гормонального фона, в частности, уровня прогестерона, улучшения тургора кожи, состояния волос и ногтей.

3. Незаменимый **белок коллаген**, уменьшение выработки которого с возрастом приводит к общим признакам старения кожи, волос, ногтей, мышц, суставов и костей.

4. Гиалуроновая кислота (в биодоступной форме) для поддержания увлажненности и эластичности кожи изнутри, здоровой работы суставов и связок.

5. Коэнзим Q10 как средство для поддержания здоровья сердечно-сосудистой системы, а также красоты и молодости кожи.

6. Органическое молотое семя льна в качестве источника нативных форм Омега-3 и Омега-6, которые незаменимы для нервной системы, укрепляют иммунитет, улучшают обмен веществ, выравнивают гормональный фон, улучшают эластичность сосудов, помогают контролировать чрезмерный набор веса.

Я взяла за основу эти и другие компоненты и сделала для своих многочисленных пациенток специальные комплексы, которые можно приобрести в моем интернет-магазине @zoopark_shop: для женского здоровья, для похудения, для планирования беременности, мужской комплекс (кстати, оооочень действенный).

Комплекс — это не баночка синтетических витаминов, а несколько (от трех до семи) пищевых добавок натурального происхождения, а также компонентов, родственных нашему организму, и продуктов питания, призванных восполнить дефицит этих микронутриентов. Среди огромного количества я выбрала только самых лучших производителей. Это не лекарства, не панацея, есть противопоказания и индивидуальная переносимость — но в сочетании с правильным питанием это работает на все 100%.

Продукты для красивого загара

А еще с удовольствием расскажу вам о продуктах для самого красивого загара, о котором вы, конечно, мечтаете, в правильной дозировке принимая солнечные ванны.

- **Куркума** — удивительный продукт, который способствует загару гораздо лучше, чем остальные, однако не все привыкли ее использовать в приготовлении пищи. В этой пряности содержатся витамины и минералы: С, К, В, Е, железо, цинк, магний, селен, кальций и многие другие. Употребляя в пищу куркуму, вы обеспечиваете себе надежную защиту от солнечного излучения и одновременно красивый стойкий загар.
- **Спаржа** — также защищает кожу от ультрафиолета и предотвращает развитие раковых заболеваний кожного покрова. В ее составе имеются витамины С, А, В и РР.
- **Шпинат** — в нем много витаминов С и РР, бета-каротин, что обеспечивает сохранение загара на более продолжительное время и защиту от опасного ультрафиолетового излучения.
- **Помидоры** — в них содержится мощный антиоксидант ликопин, который также способствует выработке пигмента, делающего нашу кожу золотистой. Еще в помидорах много воды, и это тоже важно для кожи, так можно избежать обезвоживания во время загара. Рекомендую два больших помидора ежедневно, и да пребудет с вами через месяц красивый загар.
- **Жирная морская рыба** — скумбрия, сардины, лосось, сельдь содержат жирные кислоты Омега-3; аминокислоту тирозин, предшествующую

меланину; витамины A, D, E, а также группы B поддерживают водный баланс в коже, защищают ее клетки от повреждений и устраняют шелушение. Как альтернатива — Омега-3 в добавках.

- Также природными «средствами для загара» являются **морковь**, **персики**, **дыня** и **виноград**. Но они не такие мощные, как ранее перечисленные мной продукты.

Поделюсь также БАДами для загара. Более активному образованию и накоплению в коже пигмента (меланина) способствуют две аминокислоты: L-тирозин и L-триптофан. Несмотря на такие «химические» названия, это абсолютно натуральные вещества, которые мы обычно получаем из белковой пищи. Курс этих аминокислот — четыре недели. Можно рассчитать таким образом, чтобы начать их прием заранее и закончить как раз к концу отпуска. Сколько капсул в день — смотрим на упаковке.

Внимание! У этих БАДов есть противопоказания, читайте инструкцию и обязательно советуйтесь с лечащим врачом при заболеваниях щитовидной железы.

И еще одна прекрасная добавка, которая способна помочь нам в получении прекрасного загара. Ликопин — тот самый красный пигмент, который содержится в кожице томатов и придает им красный цвет. Его можно пить от одного до трех месяцев. Отмечу, что ликопин, кроме прочего, является еще и одним из немногочисленных средств, поддерживающих здоровье простаты. Так что это очень важный элемент для мужчин.

Послесловие

«Выдыхай, бобер!» — говорю я сама себе, дописывая последние строки своей первой книги.

Ну вот и все, переворачиваю страницу... Невозможно описать, что я сейчас чувствую!

Это было невероятно, увлекательно, захватывающе, порой изматывающе и очень важно — проделать такой огромный труд, чтобы поделиться с вами своими знаниями, рассказать свою историю и истории своих пациентов, подсказать, научить, приободрить...

Несмотря на физическую нехватку времени (параллельно с написанием книги я продолжала вести прием пациентов, курировала несколько марафонов моей онлайн-школы #будьхудойнонеголовой, жила между Краснодаром, где моя семья, и Москвой, где в это время шли съемки программы «Утро пятницы» с моим участием) сама книга далась мне легко. Знаете почему? Море сил и вдохновения мне придавала мысль о том, что вы ее ждете. Спасибо, что дали мне возможность получить такой бесценный опыт!

Мои дорогие девчонки, я очень надеюсь, что вы нашли в книге то, что поможет вам качественно улучшить свою жизнь во всех ее аспектах и прийти к своей мечте, какой бы она ни была: здоровье, желанная беременность, яркая сексуальная жизнь, стройная фигура, чистая кожа, гармония и баланс во всем. Сейчас важно, чтобы вы не просто «проглотили информацию», но и начали применять ее на практике, день ото дня наблюдая радующие вас результаты и не теряя веры в себя в случае неудач. Через тернии к звездам! Я знаю, у вас все получится!

С любовью, ваша доктор Зубарева.

Приложение 1

Важнейшие гормоны, вырабатываемые в организме человека

Железы	Гормоны	Функции
Гипоталамус	Статины и либерины	Регулируют секрецию гормонов ГИПОФИЗА
Гипофиз	Тропные гормоны (АКТГ, ТТГ, ФСГ, ЛГ, ЛГТ)	Регулируют деятельность ЩИТОВИДНОЙ железы, ПОЛОВЫХ желез, НАДПОЧЕЧНИКОВ
	Соматотропный гормон	Регуляция РОСТА организма, стимуляция белкового синтеза
	Вазопрессин (антидиуретический гормон)	Влияние на интенсивность мочевыделения, регуляция количества выделяемой организмом ВОДЫ
Надпочечники	Катехоламины: адреналин, норадреналин	Повышение уровня глюкозы в крови (поступает из печени, для покрытия энергозатрат), стимуляция сердцебиения, ускорение дыхания, повышение кровяного давления
	Минералокортикоиды: альдостерон	Увеличение количества НАТРИЯ в крови, задержка жидкости в организме, повышение кровяного давления

Железы	Гормоны	Функции
	Глюкокортикоиды: кортизол и кортикостерон	Одновременное повышение глюкозы в крови и синтеза гликогена в печени, влияние на жировой и белковый обмен (расщепление белков), устойчивость к стрессу, противовоспалительное действие
	Стероиды: андрогены и эстрогены	Обеспечение половой функции организма, развитие вторичных половых признаков
Поджелудочная железа	Инсулин	Белковый гормон поджелудочной железы, регулирующий углеводный обмен в организме
	Глюкагон	Отвечает за образование глюкозы в печени, а также за достаточное ее содержание в крови человека. Стимулирует распад липидов в жировой ткани, что снижает уровень холестерина в крови
Щитовидная железа	Тиреоидные гормоны: тироксин и трийодтиронин	Тироксин — это прогормон основного гормона Т3. Усиливают энергетические процессы, повышают потребности тканей в кислороде, усиливают усвояемость глюкозы, влияют на ЦНС и сердечно-сосудистую систему, почки и печень

Железы	Гормоны	Функции
	Кальцитонин	Физиологический антагонист паратгормона, участвует в регуляции кальциевого обмена
Паращитовидная	Паратгормон	Регулирует уровень кальция и фосфора крови — увеличивая концентрацию кальция и понижая фосфор в сыворотке крови за счет усиления всасывания кальция в кишечнике и активации его усвоения организмом.
Половые железы	Эстрогены (женские гормоны)	Основные женские гормоны стероидной группы, играют важнейшую роль в правильном функционировании организма женщины
	Андрогены (мужские гормоны)	Мужские половые гормоны стероидной группы, образуются в половых железах и коре надпочечников. Стимулируют функцию мужских половых гормонов и развитие вторичных половых признаков
Эпифиз	Мелатонин	Играет важную роль в регуляции цикла сон-бодрствование. Является мощным антиоксидантом, является антагонистом кортизола

Железы	Гормоны	Функции
	Серотонин	Гормон счастья, хорошего настроения, действует как нейромедиатор. Обеспечивает крепкий сон ночью и бодрое состояние утром
	Адреногломерулотропин	Является производным продуктом, получающимся при биотрансформации мелатонина. Оказывает трофическое и стимулирующее влияние на клетки клубочковой зоны коры надпочечников, где синтезируется альдостерон
Тимус	Тимозин	Играет важную роль в углеводном обмене, а также обмене кальция, регулирует рост и развитие скелета организма, усиливает секрецию гонадотропных гормонов гипофиза
	Тималин	Регуляция иммунного ответа

Гликемический индекс пищевых продуктов по категориям

Низкий ГИ

Наименование продукта	ГИ
Устрицы, креветки, мидии, соевый соус	0
Пряности, приправы	5
Раки	5
Авокадо	10
Арахис	15
Брюссельская капуста	15
Брокколи	15
Грибы	15
Грецкие орехи	15
Зеленая фасоль	15
Имбирь	15
Кабачки	15
Капуста квашеная	15
Капуста цветная	15
Орехи кедровые	15
Красный болгарский перец	15
Лук	15
Лесные орехи	15

Наименование продукта	ГИ
Маслины	15
Миндаль	15
Огурцы	15
Редис	15
Ревень	15
Листовой салат	15
Сельдерей	15
Черная смородина	15
Укроп	15
Фисташки	15
Фундук	15
Шпинат	15
Шоколад горький с содержанием какао менее 85%	20
Йогурт не ароматизированный	20
Лимонный сок	20
Порошок какао	20
Вишня барбадосская	20
Баклажан	20
Артишок	20
Горох	25
Ежевика	25
Земляника	25
Крыжовник	25
Клубника	25
Малина	25
Фасоль	25

Наименование продукта	ГИ
Смородина красная	25
Черника	25
Черешня	25
Ячневая крупа	25
Чечевица	30
Чеснок	30
Свекла	30
Репа	30
Помидоры	30
Помело	30
Морковь	30
Молоко	30
Мармелад	30
Маракуйя	30
Мандарины	30
Курага	30
Груши	30
Грейпфрукт	30
Абрикосы	35
Апельсины	35
Айва	35
Гранат	35
Горчица	35
Дрожжи	35
Зеленый горошек	35
Зерна подсолнуха	35

Наименование продукта	ГИ
Йогурт	35
Корень сельдерея	35
Кунжут	35
Кукуруза	35
Мак	35
Нектарин	35
Персики	35
Рис дикий	35
Подсолнечные семечки	35
Сливы	35
Мороженое сливочное	35
Томатный сок	35
Консервированный горошек	35
Фасоль красная и черная	35
Хлеб цельнозерновой и из пророщенных зерен	35
Яблоко	35

Средний ГИ

Наименование продукта	ГИ
Сухие бобы	40
Гречка	40
Морковный сок	40
Овсяные хлопья	40
Спагетти из пшеничной муки	40
Цикорий	40

Наименование продукта	ГИ
Бананы	45
Виноград	45
Вермишель	45
Грейпфруктовый сок	45
Джем	45
Кокосовый орех	45
Клюква	45
Хлеб	45
Ананас	50
Варенье	50
Инжир	50
Киви	50
Крабовые палочки	50
Апельсиновый сок	50
Манго	50
Макароны из твердых сортов	50
Мюсли	50
Персики консервированные	50
Повидло	50
Рис неочищенный	50
Земляная груша	50
Черничный сок	50
Яблочный сок	50
Хурма	50
Персики консервированные	55
Роллы и суши	55

Наименование продукта	ГИ
Горчица	55
Кетчуп	55
Виноградный сок	55
Консервированная кукуруза	55
Дыня	60
Папайя	60
Какао с добавлением сахара	60
Овсяная каша	60
Мороженое	60
Длиннозернистый рис	60
Майонез промышленный	60
Дыня	60
Лазанья	60
Оладьи из пшеничной муки	60
Пицца с сыром и томатами	60
Макароны с сыром	65
Вареный картофель в мундире	65
Сорбет	65
Ржаной хлеб	65
Овощи консервированные	65
Сироп кленовый	65
Изюм	65
Мюсли с сахаром	65
Мармелад	65
Свекла вареная	65
Дрожжевой черный хлеб	65
Джем	65

Высокий ГИ

Название продуктов	ГИ
Мука пшеничная	70
Сахар	70
Манка	70
Чипсы картофельные	70
Круасан	70
Перловая крупа	70
Шоколадные батончики («марс», «твикс», «сникерс» и т.д.)	70
Сладкая газированная вода	70
Молочный шоколад	70
Пшено	70
Вафли несладкие	75
Рисовая каша на молоке и сахаре	75
Арбуз	75
Хлеб французский багет	75
Кабачок	75
Тыква	75
Кукурузные хлопья	75
Сладкий пончик	75
Крекер	80
Картофельное пюре быстрого приготовления	80
Мюсли с изюмом и орехами	80
Несладкий попкорн	85
Булочки для гамбургеров	85
Кукурузные хлопья	85

Название продуктов	ГИ
Рисовый пудинг на молоке	85
Морковь вареная	85
Картофельное пюре	85
Консервированные абрикосы	90
Рисовая лапша	90
Белый хлеб	90
Жареный картофель	95
Сдобные булочки	95
Печеный картофель	95
Картофельная запеканка	95
Тосты приготовленные из белого хлеба	100
Глюкоза	100
Крахмал модифицированный	100
Финики	105
Пивные напитки	110